伊犁州直耕地

◎ 宋 萍 李 娜 吉恩斯努尔·巴比西 主编

中国农业科学技术出版社

图书在版编目(CIP)数据

伊犁州直耕地／宋萍，李娜，吉恩斯努尔·巴比西主编. --北京：中国农业科学技术出版社，2024.10.
ISBN 978-7-5116-7064-9

Ⅰ.F323.211

中国国家版本馆 CIP 数据核字第 2024DS0373 号

责任编辑	张国锋
责任校对	李向荣
责任印制	姜义伟　王思文

出 版 者	中国农业科学技术出版社
	北京市中关村南大街 12 号　邮编：100081
电　　话	（010）82109705（编辑室）　　（010）82106624（发行部）
	（010）82109709（读者服务部）
网　　址	https://castp.caas.cn
经 销 者	各地新华书店
印 刷 者	北京建宏印刷有限公司
开　　本	185 mm×260 mm　1/16
印　　张	15
字　　数	340 千字
版　　次	2024 年 10 月第 1 版　2024 年 10 月第 1 次印刷
定　　价	120.00 元

◆ 版权所有·翻印必究 ◆

《伊犁州直耕地》
编委会

主　　编：宋　萍　李　娜　吉恩斯努尔·巴比西
副主编：吴伊军　耿庆龙　罗新湖　巴特铁木尔·吾其巴特
编写人员：迪力夏提·吾布力卡生　依力哈木·斯拉木
　　　　　沙　丽　郝丽娜　赵卫芳　温泽林　关丽菊
　　　　　刘小龙　常紫阳　杨　辉　丁　磊　杨　莉
　　　　　张定国　刘　文　黄红梅　方海晶　游成勇
　　　　　刘云霄　刘新艳　曾洪寿　吴海华　何晓慧
　　　　　阿拉西·阿木把图　　　居马别克·热斯巴衣
　　　　　吕占亮　徐世民　孙　鹏　陆伟伟　刘　燕
　　　　　王青凤　帕提曼·加马力丁　　　陈署晃
　　　　　付彦博　赖　宁　董刚山　曾雅娟　吕彩霞
　　　　　信会男　李永福　葛春辉　孟凤轩　唐亚莉
　　　　　段婧婧　李红艳　常梦迪　张梦婕

前　言

为落实"藏粮于地、藏粮于技"战略，按照耕地质量等级调查评价总体工作安排部署，全面掌握伊犁哈萨克自治州直（以下简称伊犁州直）耕地质量状况，查清影响耕地生产的主要障碍因素，提出加强耕地质量保护与提升的对策措施与建议，2018—2020年，伊犁州农业技术推广中心依据《耕地质量调查监测与评价办法》和国家标准《耕地质量等级》（GB/T 33469—2016），组织开展了伊犁州直耕地质量区域评价工作。

为总结伊犁州直耕地质量区域评价成果，推动评价成果为农业生产服务，伊犁州农业技术推广总站组织编写了《伊犁州直耕地》一书。全书分为六章：第一章伊犁州直概况。介绍了区域地理位置、行政区划、气候条件、地形地貌、植被分布、水文情况、成土母质等自然环境条件，区域种植结构、产量水平、施肥情况、灌溉情况、机械化应用等农业生产情况。第二章耕地土壤类型。对伊犁州直耕地面积较大的干旱土、钙层土、半水成土等土纲的灰钙土、栗钙土、黑钙土、潮土、草甸土等5个土类进行了重点描述。第三章耕地质量评价方法与步骤。系统地对区域耕地质量评价的每个技术环节进行了详细介绍，具体包括资料收集与整理、评价指标体系建立、数据库建立、耕地质量等级评价方法、评价指标权重确定、专题图件编制方法等内容。第四章耕地质量等级分析。详细阐述了伊犁州直各等级耕地面积及分布、主要属性及存在的障碍因素，提出了有针对性的对策与建议。第五章耕地土壤有机质及主要营养元素。重点分析了土壤有机质、全氮、碱解氮、有效磷、速效钾、缓效钾、有效铜、有效锌、有效铁、有效锰、有效硼、有效钼、有效硅、有效硫等14个耕地质量主要性状指标及变化趋势。第六章其他指标。详细阐述了土壤pH、灌溉排水能力、有效土层厚度、质地构型、耕层质地、障碍因素、林网化程度、盐渍化程度等指标分布情况。

本书编写过程中得到了新疆维吾尔自治区土壤肥料工作站、伊犁州农业农村局领导的大力支持和伊犁州农业技术推广总站、伊犁州各县（市）的农业技术推广中心（站）参与了数据资料收集整理与分析工作，新疆农业科学院土壤肥料和农业节水研究所承担了数据汇总、专题图制作工作，在此一并表示感谢！

由于编者水平有限，书中疏漏之处在所难免，敬请广大读者批评指正。

编者

2024年5月

目 录

第一章 伊犁州直概况 ... 1
第一节 地理位置与区划 ... 1
一、地理位置 ... 1
二、行政区划 ... 1
三、社会经济人口情况 ... 1
第二节 自然环境概况 ... 2
一、气候条件 ... 2
二、地形地貌 ... 2
三、植被分布 ... 3
四、水文条件 ... 3
五、成土母质 ... 4
第三节 农业生产概况 ... 4
一、耕地利用情况 ... 4
二、区域主要农作物播种面积及产量 ... 5
三、农作物施肥品种和用量情况 ... 6
四、农作物灌溉情况 ... 7
五、农作物机械化应用情况 ... 7

第二章 耕地土壤类型 ... 9
第一节 灰钙土 ... 10
一、灰钙土的分布 ... 10
二、灰钙土的剖面形态 ... 10
三、灰钙土的养分 ... 11
第二节 栗钙土 ... 11
一、栗钙土的分布 ... 11
二、栗钙土的剖面形态 ... 11
三、栗钙土的养分 ... 12
第三节 黑钙土 ... 12
一、黑钙土的分布 ... 12
二、黑钙土的剖面形态 ... 12
三、黑钙土的养分 ... 13

第四节　潮土 ·· 13
一、潮土的分布 ·· 13
二、潮土的剖面形态 ··· 14
三、潮土的养分 ·· 14
第五节　草甸土 ·· 14
一、草甸土的分布 ··· 14
二、草甸土的剖面形态 ·· 15
三、草甸土的养分 ··· 15
第六节　其他土类 ·· 15

第三章　耕地质量评价方法与步骤 ··· 16
第一节　评价指标体系的建立 ··· 16
一、评价指标的选取原则 ·· 16
二、指标选取的方法及原因 ··· 17
三、耕地质量主要性状分级标准的确定 ··· 18
第二节　数据库的建立 ·· 21
一、建库的内容与方法 ·· 21
二、建库的依据及平台 ·· 21
三、建库的引用标准 ··· 21
四、建库资料的核查 ··· 22
五、空间数据库建立 ··· 23
六、属性数据库建立 ··· 24
第三节　耕地质量评价方法 ·· 25
一、评价的原理 ·· 25
二、评价的原则与依据 ·· 26
三、评价的流程 ·· 27
四、评价单元的确定 ··· 27
五、评价指标权重的确定 ·· 29
六、评价指标的处理 ··· 31
七、耕地质量等级的确定 ·· 37
八、耕地质量等级图的编制 ··· 37
九、耕地清洁程度评价 ·· 38
十、评价结果的验证方法 ·· 40
第四节　耕地土壤养分等专题图件编制方法 ·· 42
一、图件的编制步骤 ··· 42
二、图件的插值处理 ··· 42
三、图件的清绘整饰 ··· 42

第四章　耕地质量等级分析 ·· 43
第一节　耕地质量等级 ·· 43

一、伊犁州直耕地质量等级分布 …… 43
二、伊犁州直耕地质量高中低等级分布 …… 46
三、地形部位耕地质量高中低等级分布 …… 47
四、各县市耕地质量等级分布 …… 48
五、主要土壤类型的耕地质量状况 …… 49

第二节 一等地耕地质量等级特征 …… 53
一、一等地分布特征 …… 53
二、一等地属性特征 …… 54

第三节 二等地耕地质量等级特征 …… 59
一、二等地分布特征 …… 59
二、二等地属性特征 …… 60

第四节 三等地耕地质量等级特征 …… 66
一、三等地分布特征 …… 66
二、三等地属性特征 …… 67

第五节 四等地耕地质量等级特征 …… 72
一、四等地分布特征 …… 72
二、四等地属性特征 …… 74

第六节 五等地耕地质量等级特征 …… 79
一、五等地分布特征 …… 79
二、五等地属性特征 …… 80

第七节 六等地耕地质量等级特征 …… 86
一、六等地分布特征 …… 86
二、六等地属性特征 …… 87

第八节 七等地耕地质量等级特征 …… 93
一、七等地分布特征 …… 93
二、七等地属性特征 …… 94

第九节 八等地耕地质量等级特征 …… 100
一、八等地分布特征 …… 100
二、八等地属性特征 …… 101

第十节 九等地耕地质量等级特征 …… 106
一、九等地分布特征 …… 106
二、九等地属性特征 …… 107

第十一节 十等地耕地质量等级特征 …… 113
一、十等地分布特征 …… 113
二、十等地属性特征 …… 114

第十二节 耕地质量提升与改良利用 …… 119
一、高等地的地力保持途径 …… 119
二、中等地的地力提升措施 …… 120

三、低等地的培肥改良途径……120

第五章 耕地土壤有机质及主要营养元素……122

第一节 土壤有机质……123
一、土壤有机质含量及其空间差异……123
二、不同土壤类型有机质含量差异……124
三、不同地形部位土壤有机质含量差异……124
四、不同土壤质地土壤有机质含量差异……125
五、土壤有机质的分级与分布……126
六、土壤有机质调控……126

第二节 土壤全氮……129
一、土壤全氮含量及其空间差异……129
二、不同土壤类型土壤全氮含量差异……130
三、不同地形部位土壤全氮含量差异……130
四、不同土壤质地土壤全氮含量差异……131
五、土壤全氮的分级与分布……132
六、土壤全氮调控……134

第三节 土壤有效磷……136
一、土壤有效磷含量及其空间差异……136
二、不同土壤类型有效磷含量差异……137
三、不同地形部位土壤有效磷含量差异……137
四、不同土壤质地土壤有效磷含量差异……138
五、土壤有效磷的分级与分布……138
六、土壤有效磷调控……140

第四节 土壤速效钾……141
一、土壤速效钾含量及其空间差异……142
二、不同土壤类型速效钾含量差异……142
三、不同地形部位土壤速效钾含量差异……143
四、不同土壤质地土壤速效钾含量差异……144
五、土壤速效钾的分级与分布……144
六、土壤速效钾调控……146

第五节 土壤碱解氮……147
一、土壤碱解氮含量及其空间差异……147
二、不同土壤类型碱解氮含量差异……148
三、不同地形部位土壤碱解氮含量差异……148
四、不同土壤质地土壤碱解氮含量差异……149
五、土壤碱解氮的分级与分布……150
六、土壤碱解氮调控……150

第六节 土壤缓效钾……152

一、土壤缓效钾含量及其空间差异 ……………………………………………… 153
　　二、土壤缓效钾的分级与分布 …………………………………………………… 153
　　三、土壤缓效钾调控 ……………………………………………………………… 156
第七节　土壤有效铁 …………………………………………………………………… 157
　　一、土壤有效铁含量及其空间差异 ……………………………………………… 157
　　二、土壤有效铁的分级与分布 …………………………………………………… 158
　　三、土壤有效铁调控 ……………………………………………………………… 160
第八节　土壤有效锰 …………………………………………………………………… 162
　　一、土壤有效锰含量及其空间差异 ……………………………………………… 162
　　二、土壤有效锰的分级与分布 …………………………………………………… 163
　　三、土壤有效锰调控 ……………………………………………………………… 163
第九节　土壤有效铜 …………………………………………………………………… 166
　　一、土壤有效铜含量及其空间差异 ……………………………………………… 166
　　二、土壤有效铜的分级与分布 …………………………………………………… 167
　　三、土壤有效铜调控 ……………………………………………………………… 167
第十节　土壤有效锌 …………………………………………………………………… 170
　　一、土壤有效锌含量及其空间差异 ……………………………………………… 170
　　二、土壤有效锌的分级与分布 …………………………………………………… 171
　　三、土壤有效锌调控 ……………………………………………………………… 173
第十一节　土壤有效硫 ………………………………………………………………… 174
　　一、土壤有效硫含量及其空间差异 ……………………………………………… 174
　　二、土壤有效硫的分级与分布 …………………………………………………… 175
　　三、土壤有效硫调控 ……………………………………………………………… 177
第十二节　土壤有效硅 ………………………………………………………………… 178
　　一、土壤有效硅含量及其空间差异 ……………………………………………… 178
　　二、土壤有效硅的分级与分布 …………………………………………………… 179
　　三、土壤有效硅调控 ……………………………………………………………… 181
第十三节　土壤有效钼 ………………………………………………………………… 182
　　一、土壤有效钼含量及其空间差异 ……………………………………………… 182
　　二、土壤有效钼的分级与分布 …………………………………………………… 183
　　三、土壤有效钼调控 ……………………………………………………………… 183
第十四节　土壤有效硼 ………………………………………………………………… 186
　　一、土壤有效硼含量及其空间差异 ……………………………………………… 187
　　二、土壤有效硼的分级与分布 …………………………………………………… 187
　　三、土壤有效硼调控 ……………………………………………………………… 190

第六章　其他指标 ……………………………………………………………………… 191
第一节　土壤pH值 ……………………………………………………………………… 191
　　一、土壤分布情况 ………………………………………………………………… 191

二、土壤pH值分级与变化……………………………………………… 192
第二节　灌排能力……………………………………………………………… 197
　　一、灌排能力分布情况…………………………………………………… 197
　　二、耕地主要土壤类型灌排能力………………………………………… 200
第三节　有效土层厚度………………………………………………………… 202
　　一、土壤有效土层厚度分布情况………………………………………… 202
　　二、土壤有效土层厚度分级……………………………………………… 202
　　三、耕地主要土壤类型有效土层厚度…………………………………… 204
第四节　剖面土体构型………………………………………………………… 205
　　一、剖面土体构型各县市分布情况……………………………………… 205
　　二、耕地主要土壤类型剖面土体构型…………………………………… 208
第五节　耕层质地……………………………………………………………… 209
　　一、耕层质地各县市分布情况…………………………………………… 209
　　二、耕地主要土壤类型耕层质地………………………………………… 211
　　三、耕层质地与地形部位………………………………………………… 213
　　四、耕层质地调控………………………………………………………… 214
第六节　障碍因素……………………………………………………………… 215
　　一、障碍因素分类分布…………………………………………………… 215
　　二、障碍因素调控措施…………………………………………………… 216
第七节　农田林网化程度……………………………………………………… 218
　　一、伊犁州直农田林网化现状…………………………………………… 219
　　二、有关措施……………………………………………………………… 220
第八节　土壤盐渍化程度分析………………………………………………… 221
　　一、伊犁州直盐渍化分布及面积………………………………………… 221
　　二、各县市之间土壤盐分含量差异……………………………………… 222
　　三、不同地形部位土壤盐分含量差异…………………………………… 223
　　四、土壤盐化类型………………………………………………………… 224
　　五、盐渍化土壤的改良和利用…………………………………………… 224

第一章 伊犁州直概况

第一节 地理位置与区划

一、地理位置

伊犁哈萨克自治州位于新疆西北部，地处北纬 40°14′16″~49°10′45″，东经 80°09′42″~91°01′45″之间。自治州东北部为阿勒泰地区，地处阿尔泰山南部、额尔齐斯河上游流域；中部为塔城地区，地处准噶尔盆地中部、南北两缘之间；西南部为州直属县（市），地处伊犁河上游流域。州境西北面与哈萨克斯坦交界，东北面与俄罗斯、蒙古国接壤，东面与昌吉回族自治州、巴音郭楞蒙古自治州相连，西南与阿克苏地区毗邻，西北面中段与博尔塔拉蒙古自治州相依，中嵌克拉玛依市。全州总面积268 593km²。

二、行政区划

伊犁州直行政区域主要为伊犁哈萨克自治州直辖的 8 县 3 市，即伊宁市、奎屯市、伊宁县、霍城县、霍尔果斯市、察布查尔县、尼勒克县、新源县、巩留县、特克斯县和昭苏县。驻地单位有新疆生产建设兵团农四师及所属 18 个团场，自治区天山西部林业局所属 8 个林场，核工业部新疆矿冶局所属 2 矿 1 厂，新疆军区后勤部所属 3 个军马场等。

三、社会经济人口情况

2019 年伊犁州直总人口 291.65 万人，城镇人口 118.27 万人，农村人口 146.57 万人。是一个多民族聚居区，现有 41 个民族，其中哈萨克、维吾尔、汉、回、蒙、锡伯、柯尔克孜、乌孜别克、俄罗斯、塔塔尔、达斡尔、塔吉克等 13 个民族在本地居住历史悠久。

2019 年州直属县市生产总值 2 338.11 亿元，比上年增长 4.4%。其中第一产业增加值 582.52 亿元，增长 4.0%；第二产业增加值 579.41 亿元，增长 8.9%；第三产业增加值 1 176.19 亿元，增长 2.3%。全州三次产业比重由 2019 年的 22.9∶25.7∶51.4 调整到 24.9∶24.8∶50.3，州直三次产业比重由 2019 年的 17.2∶24.7∶58.1 调整到 18.0∶25.6∶56.4。伊犁州直人均生产总值47 390元，增长 6.3%，州直人均生产总值42 768

元，增长7.0%。

第二节 自然环境概况

一、气候条件

伊犁州直地处欧亚大陆腹地，远离海洋，但由于独特的地形、地貌，形成了温和、湿润、降水丰富的亚湿润大陆性温带气候特征，是新疆降水量最多的地区。昼夜温差大，夏季少酷暑，冬季少严寒，春季升温快，秋季降温迅速，全年盛行山谷风，但大风日数不多。气温、降水、蒸发变化规律大致为：气温为西北高，东南低。降水量一般随地势升高而逐渐增多，平原区降水四季分配较均匀，山地降水多集中于春、夏两季。平均蒸发量在全疆范围内相对较低。气候变化规律是由西向东随地势升高，气温降低，降水量增加而蒸发量递减。

全年日照时数达2 600～2 900小时，年平均日照百分率变化于61%～67%，光合有效辐射丰富，太阳总辐射量大，每年有130～140千卡/cm²，比我国同纬度的华北和东北多。

气候湿润，雨量充沛，多年平均气温0.7～9.7℃，年较差26.7～34.5℃，月平均较差9.7～18.8℃，最暖月份7月平均气温为14.4～23.4℃，最冷月份为1月，平均气温为-12.2～-6.8℃。极端最高气温33.4～41℃，极端最低气温-27～-43.2℃。春季升温较快，有利于早春作物和越冬作物迅速生长发育。西部平原全年日照时数为2 600～2 900小时，东部为2 400～2 700小时。多年平均风速1.7～2.5m/s，风向多为西、西北、东及东北向。无霜期，西部为140～180天，东部为140～160天，山区低于129天；≥10℃年积温，山区为1 000～1 500℃，西部为3 000～3 500℃，东部为2 000～3 400℃。冻土深在60～130cm。

独特的逆温带是伊犁重要的气象环境资源，逆温带一般在海拔高度800～1 200m区间内，总面积约1 113万亩，逆温从8月开始增温，1月最强，3月逐渐消失，冬季逆温区域内的平均温度普遍高于非逆温区域6～8℃，从而使在平原难于过冬的畜牧业和苹果、杏、桃、梨、核桃等经济果林能在逆温带内安全越冬，为发展园艺果品生产和牲畜越冬提供了良好的场所。

二、地形地貌

伊犁哈萨克自治州地域跨度大，自然地貌特色明显。其中由三大山系阿尔泰山、准噶尔山、天山山脉及其水系构成自治州重要的人文和自然经济区。地貌类型复杂多样，主要划分为4类，即山地，分布在境内西南部、东北部和准噶尔盆地西部；丘陵分布在山麓缓坡地带；平原分布在天山谷地、乌伦古河河谷、额尔齐斯河河谷、准噶尔盆地及

注：1亩=666.7m²，全书同。

盆地西部山区山间谷地。

三、植被分布

伊犁哈萨克自治州境内生长着 3 000 多种种子植物，盛产小麦、油菜、水稻及经济作物甜菜、亚麻、油葵、打瓜、红花、啤酒花、蔬菜瓜果等。州直境内有高等植物 2 500 多种，分属 97 科、341 属。其中药用植物有 200 多种，被国家列为重点保护的有十几种，阿魏菇（学名"阿魏侧耳"），是一种生于野生中草药阿魏根基部的可食用菌种，具有很高的食用和药用价值；珍稀物种有国家二级保护植物野核桃、中麻黄、阿尔泰芍药、块根芍药、野杏、野苹果、樱桃李、甘草、天山槭；三级保护植物有伊犁贝母、新疆贝母。自治区重点保护植物有准噶尔山楂、节节麦等。全州共有国家级自然保护区 3 个：新疆西天山自然保护区、伊犁小叶白蜡国家级自然保护区、霍城四爪陆龟保护区，自治区级自然保护区 21 个，面积 386.61 万 hm^2。

四、水文条件

伊犁州直水资源总量为 161.27 亿 m^3，其中地表水资源量为 159.3 亿 m^3，地下水资源量为 1.97 亿 m^3（不含重复计算量）。

1. 地表水

地表水资源总量为 159.3 亿 m^3，多年平均径流量 167 亿 m^3，占新疆地表总水量的 21%。由哈萨克斯坦入境水量 5.89 亿 m^3，占州直水资源总水量的 3.50%。

地表水主要来自伊犁河。伊犁河属中亚内陆河，是新疆境内的国际河流之一。伊犁河从特克斯源头至入湖处全长 1 439km，在我国境内长 458km，流域面积 6.28 万 km^2。伊犁河由南支特克斯河、北支喀什河和中支巩乃斯河三大支流及众多的中小支流汇合而成，全流域共有大小河流 120 多条。其中特克斯河是伊犁河的主源，亦是最大支流，它发源于天山主峰——汗腾格里峰的北坡（哈萨克斯坦境内），多年平均径流 77.63 亿 m^3；喀什河是伊犁河第二大支流，多年平均径流量 39.33 亿 m^3；第三大支流为巩乃斯河，多年平均径流量 24.24 亿 m^3。其他年径流量大于 5.0 亿 m^3 的支流（除三大支流外）有夏塔河、阿合牙孜河、库克苏河、大吉尔格郎河、卡普河等，均分布在河流的上游，合计多年平均径流量 30.86 亿 m^3。

2. 地下水

地下水资源量为 1.97 亿 m^3（不含重复计算量），地下水总补给量约 29.39 亿 m^3。

3. 水文特征

地表水资源丰富，年际变化小，水量稳定，水资源地区分布不均，河流含沙量小，水能蕴藏量丰富，水质良好，矿化度低。在地表水资源总量中流入哈萨克斯坦水量 124.6 亿 m^3，国内实耗水量仅占地表水资源总量的 21%。由于水资源量丰富且稳定，含沙量小，水质良好，这为水资源的开发利用提供了有利的条件。伊犁州直三面环山，谷地平原，有利于地表水和地下水的相互转换，提高水的重复利用率，增加水资源利用量。目前各县（市）各业引用地表水量 50.40 亿 m^3，引用量仅占地表水径流量的

30.20%，尚有较大开发利用潜力。

五、成土母质

母质来源于母岩，母质在气候和生物作用下，逐渐发育成土壤。伊犁地区河谷平原的母岩及母质主要有下列几种。

1. 洪积冲积黄土状母质

主要分布在伊犁各条谷地和盆地的两侧，组成广阔的山前平原或冲积扇群，这是本区的主要母质类型，约占60%。主要成分为砾石、砂屑，分选不好。砾石及碎屑与粗砂，亚黏土的组成比例，依基岩为转移。一般在洪积冲积平原上部，是由大量石块、石砾、碎石和粗砂所组成，以其顶部最粗，向下逐渐变细，坡度也由陡变缓，并过渡为细粒沉积物，至下部为壤质型，个别达到重壤型至轻黏型，土层也由浅变深，在上部一般只有几十厘米，至下部少数在两米以上，有的甚至十几米。

2. 冲积黄土状母质

在伊犁河、喀什河、巩乃斯河、特克斯河及其主要支流均有广泛分布。主要构成一、二、三级河流阶地的冲积平原。

3. 第三纪红色泥岩母质

主要分布在伊宁县布留开沟的洪积冲积扇，如青年农场至愉群翁一带的山前倾斜平原、新源县高潮牧场至哈拉布拉七大队的山前平原、伊宁市界梁子牧场至农四师六六团的山麓台地昭苏县小红海沟两侧、霍城县伊车嘎善的山前平原、尼勒克克令乡和红光牧场的山前平原。

4. 淡黄色沙及少量粉沙的石英沙母质

主要分布在霍城县西南的沙漠以及察布查尔县西部的沙丘。它是一个以固定、半固定为主体、局部流动的沙漠。热量资源丰富，≥10℃积温3 528.4℃，无霜期166天，适于农、林、牧的发展。

5. 灰色石英沙、云母沙组成的母质

主要分布在新源西部哈拉布拉沿特克斯河边一带，其次分布在巩留县东部的特克斯河边，以及各河谷的河滩地，察布查尔县西部河滩和霍城县南部的河滩地分布面积较大。土壤质地为砂土或砂壤土，保水保肥性能差。

第三节 农业生产概况

一、耕地利用情况

伊犁州直现有耕地面积681.56千hm^2，其中水浇地541.64千hm^2，旱地0.43千hm^2，各县市耕地情况见表1-1。

表 1-1 伊犁州直各县市的耕地分布 （千 hm²）

县市	面积	其中：水浇地	旱地
伊宁市	15.50	15.45	0.05
奎屯市	31.61	31.61	-
伊宁县	88.08	86.79	1.29
察布查尔锡伯自治县	119.71	98.19	5.79
霍城县	94.27	91.75	1.58
巩留县	61.75	58.47	2.82
新源县	85.52	74.17	9.74
昭苏县	104.71	37.54	67.18
特克斯县	31.01	21.33	9.68
尼勒克县	49.40	26.35	23.04
伊犁州直	681.56	541.65	121.17

数据来源：《2020 年新疆统计年鉴》

二、区域主要农作物播种面积及产量

伊犁州直农作物播种面积 518.01 千 hm²，占全疆播种面积的 8.40%。主要种植作物为棉花、小麦、玉米、蔬菜、苜蓿、甜瓜和豆类，面积分别为 11.58 千 hm²、162.31 千 hm²、196.22hm²、6.63hm²、17.5hm²、12.38hm² 和 18.58hm²，占全疆的比例分别为 0.46%、15.29%、19.68%、2.41%、8.69%、20.66% 和 37.32%。棉花、小麦、玉米、蔬菜、苜蓿、甜瓜和豆类种植面积占伊犁州直农作物种植面积的 2.24%、31.33%、37.88%、1.28%、3.38%、2.39% 和 3.59%，各县市的农作物种植面积见表 1-2。

伊犁州直棉花、小麦、玉米、蔬菜、苜蓿、甜瓜和豆类的产量分别为 22 611t、887 799t、1 847 764t、374 754t、193 068t、841 256t 和 55 116t，占全疆的比例分别为 0.45%、15.41%、21.53%、2.54%、9.41%、18.89% 和 37.25%，各县市的农作物产量见表 1-3。

表 1-2 伊犁州直各县市的农作物种植面积 （千 hm²）

县市	播种面积	棉花	小麦	玉米	蔬菜	苜蓿	甜瓜	豆类
伊宁市	15.84		3.06	6.20	2.07	0.69	0.01	0.60
奎屯市	12.28	10.34	0.45	0.21	0.06	0.33	0.23	-
霍尔果斯市	7.26	0.48	1.64	3.86	-	0.2	0.16	0.06
伊宁县	80.05	-	16.3	46.66	0.33	2.94	1.04	4.59

(续表)

县市	播种面积	棉花	小麦	玉米	蔬菜	苜蓿	甜瓜	豆类
察布查尔锡伯自治县	97.01	0.49	20.59	43.69	0.65	2.29	1.51	2.00
霍城县	39.62	0.27	7.66	18.07	0.70	1.53	0.84	0.70
巩留县	60.68	-	16.66	27.79	0.37	2.52	0.13	9.37
新源县	64.15	-	24.26	30.31	0.14	1.07	1.92	0.59
昭苏县	63.79	-	38.96	0.12	0.02	0.04	3.94	0.54
特克斯县	36.29	-	14.83	7.61	1.94	2.56	1.28	0.13
尼勒克县	41.04	-	17.9	11.7	0.35	3.33	1.32	-
伊犁州直	518.01	11.58	162.31	196.22	6.63	17.5	12.38	18.58
占伊犁州直比例（%）	100	2.24	31.33	37.88	1.28	3.38	2.39	3.59
占全疆比例（%）	8.40	0.46	15.29	19.68	2.41	8.69	20.66	37.32

数据来源：《2020年新疆统计年鉴》

表1-3 伊犁州直各县市的农作物产量 （t）

县市	棉花	小麦	玉米	蔬菜	苜蓿	甜瓜	豆类
伊宁市	-	13 925	50 973	137 812	9 716	831	2 135
奎屯市	20 977	1 672	1 383	4 385	3 750	4 900	-
霍尔果斯市	656	7 710	34 869	60	3 335	10 423	182
伊宁县	-	88 766	438 482	13 064	30 892	73 715	11 577
察布查尔锡伯自治县	661	109 020	385 531	38 932	37 139	113 250	9 463
霍城县	317	44 188	180 349	40 207	19 500	61 495	2 881
巩留县	-	86 274	257 211	20 845	12 478	10 192	24 545
新源县	-	130 228	323 000	7 837	11 028	119 876	1 224
昭苏县	-	238 008	936	795	408	273 980	2 675
特克斯县	-	82 133	71 407	87 300	14 897	86 535	434
尼勒克县	-	85 875	103 623	23 517	49 925	86 059	-
伊犁州直	22 611	887 799	1 847 764	374 754	193 068	841 256	55 116
占全疆比例（%）	0.45	15.41	21.53	2.54	9.41	18.89	37.25

数据来源：《2020年新疆统计年鉴》

三、农作物施肥品种和用量情况

从表1-4可以看出，伊犁州直的化肥总用量（折纯）为13.5412万t，农作物使用的化肥主要为氮肥、磷肥、钾肥和复合肥，用量（折纯）分别为 4.6351 万 t、2.834 万 t、0.9892 万 t、5.0829 万 t，占总用量的比例分别为 34.23%、20.93%、7.31% 和 37.54%。伊犁州直复合肥和氮肥用量大，但是钾肥用量不足。

表 1-4　伊犁州直各县市的化肥折纯用量　　　　　　　　　　（t）

县市	氮肥	磷肥	钾肥	复合肥	总用量
伊宁市	1 637	478	233	1 895	4 243
奎屯市	3 438	3 451	246	1 526	8 661
伊宁县	1 518	1 079	720	1 280	4 597
察布查尔锡伯自治县	9 193	4 249	1 338	12 932	27 712
霍城县	10 572	8 795	3 590	5 378	28 335
巩留县	3 143	2 877	1 091	3 818	10 929
新源县	5 752	—	—	7 798	13 550
昭苏县	4 363	1 704	697	7 463	14 227
特克斯县	3 416	2 656	572	2 143	8 787
尼勒克县	726	1 691	985	1 756	5 158
霍尔果斯市	2 593	1 360	420	4 840	9 213
伊犁州直	46 351	28 340	9 892	50 829	135 412
占总量比例（%）	34.23	20.93	7.31	37.54	100.00

数据来源：《2020 年新疆统计年鉴》

四、农作物灌溉情况

伊犁州直灌溉水资源总量较为丰富，主要有伊犁河（支流有特克斯河、巩乃斯河、喀什河 3 大河流）、恰普河、切得克苏河、加格斯台河、匹里青河等。伊犁河流流域地表水资源总量达到了 $166×10^8 m^3$，大量解决了当地及周边区域工业、农业、居民生活用水的基本需求。伊犁州直不断提高水资源利用水平，全面推进农业高效节水，截至 2021 年已累计实施高标准农田建设面积 352.17 万亩。

五、农作物机械化应用情况

伊犁州直农业机械总动力为 2 263 759kW，其中农业大中型拖拉机 28 875 台，动力为 1 356 191kW，占农业机械总动力的 59.91%；小型拖拉机 24 567 台，动力为 329 770kW，占农业机械总动力的 14.57%；农用排灌柴油机 5 648 台。大中型拖拉机配套农具 33 213 套，小型拖拉机配套农具 60 793 套。各县市的农业机械情况见表 1-5。

伊犁州直区域各县（市）在现有机械基础上提升农业种植业机械化效率和作业质量，大力推广小麦、玉米、棉花等主要作物全程机械化，做到犁地、整地、播种、中耕、施肥、打药、除草、收获、运输、打捆等全程机械化。伊犁州直区域农用机械化率逐年提升，2021年，伊犁州直主要农作物耕种收机械化率达到96.8%。

表1-5 伊犁州直各县市的农业机械情况

县市	总动力（kW）	大中型拖拉机 数量（台）	大中型拖拉机 动力（kW）	小型拖拉机 数量（台）	小型拖拉机 动力（kW）	大中型拖拉机配套农具（部）	小型拖拉机配套农具（部）	农用排灌柴油机 数量动力（台）
伊宁市	106 152	543	36 310	1 642	25 330	-	3 740	1 078
奎屯市	11 159	222	9 487	101	1 672	595	43	300
伊宁县	399 895	5 329	268 190	6 842	104 560	4 126	10 634	469
察布查尔锡伯自治县	296 986	5 081	186 190	1 041	11 478	3 720	10 702	10
霍城县	219 540	4 099	166 149	436	5 809	3 526	13 517	1 486
巩留县	268 101	2 722	151 686	5 134	70 648	4 797	2 538	8
新源县	308 221	2 727	141 457	2 864	47 203	3 267	10 143	64
昭苏县	202 255	2 682	154 394	2 700	5 967	4 331	-	13
特克斯县	159 961	2 536	81 127	1 267	16 504	6 123	3 870	1 397
尼勒克县	254 219	2 242	133 361	2 119	31 295	2 036	5 246	808
霍尔果斯市	37 270	692	27 840	421	9 304	692	360	15
伊犁州直	2 263 759	28 875	1 356 191	24 567	329 770	33 213	60 793	5 648

数据来源：《2020年新疆统计年鉴》

第二章 耕地土壤类型

伊犁州直耕地总面积为 681.56 千 hm^2。依据《中国土壤分类与代码》（GB/T 17296—2009），伊犁州直耕地土壤类型分 9 个土纲、13 个土类、29 个亚类。本次仅针对面积较大的灰钙土、栗钙土、黑钙土、潮土和草甸土 5 个土类进行重点描述。伊犁州直耕地土壤分类系统见表 2-1。

表 2-1 伊犁州直耕地土壤分类系统

土纲	亚纲	土类	亚类
半水成土	暗半水成土	草甸土	典型草甸土
			石灰性草甸土
			盐化草甸土
		林灌草甸土	典型林灌草甸土
	淡半水成土	潮土	灰潮土
			典型潮土
			湿潮土
			盐化潮土
水成土	水成土	沼泽土	草甸沼泽土
			典型沼泽土
			泥炭沼泽土
			盐化沼泽土
初育土	土质初育土	风沙土	荒漠风沙土
		新积土	典型新积土
人为土	灌耕土	灌漠土	典型灌漠土
钙层土	半湿温钙层土	黑钙土	典型黑钙土
			淋溶黑钙土
			石灰性黑钙土
	半干温钙层土	栗钙土	暗栗钙土
			草甸栗钙土
			淡栗钙土
			典型栗钙土

（续表）

土纲	亚纲	土类	亚类
干旱土	干旱温钙层土	灰钙土	淡灰钙土
			草甸灰钙土
			典型灰钙土
			盐化灰钙土
半淋溶土	半湿温半淋溶土	灰褐土	典型灰褐土
漠土	温漠土	灰漠土	灌耕灰漠土
盐碱土	盐土	草甸盐土	典型草甸盐土

第一节　灰钙土

一、灰钙土的分布

伊犁州直灰钙土是半荒漠草原带的土壤，它是伊犁河谷的地带性土壤。分布伊犁河谷和巩乃斯河、喀什河谷地西部两侧的丘陵长岗、山前倾斜平原、河谷阶地（指二级以上）上。海拔高程变化在560~1 000m。从行政区划上来说，主要分布在霍城县、伊宁县、察布查尔县、巩留县、伊宁市和新源县、尼勒克县的西部地区，面积263.98千hm^2，占全地区土壤耕地面积的38.73%，是伊犁州直分布面积最大的耕地土壤。

二、灰钙土的剖面形态

灰钙土的剖面特征如下。①表层2~3cm为一疏松具海绵状气孔，呈不规则裂隙的层片状结皮层。这一层次仅可在坡度陡，牲畜很少践踏的坡地上看到。缓坡丘陵和平地一般只能看到疏松具裂隙的层片状结皮层。②剖面发育微弱，分化不甚明显，腐殖质层较薄，一般厚8~12cm，呈灰黄色。③过渡层深厚，呈淡灰黄色，过渡不明显，是由于春季下渗土壤溶液溶解染色的结果，其深度几乎与土壤溶液下渗温润的深度相一致，西部较浅，约40cm，东部较深，为50~70cm。④在剖面中上部30~40cm，有一不明显的钙积层，部位较高，呈斑点或菌丝状，东部呈斑眼状，其碳酸钙的含量较上部土层略高，一般为16%~20%，较腐殖质过渡层碳酸钙含量高6%~10%。⑤剖面通体碳酸盐反应强，说明碳酸钙虽有移动，但其淋溶强度较弱。⑥土体下部干燥，降水较少，同时由于干旱季节土壤溶液的毛管水上升，加速了下部土体的干燥。⑦土体下部为干燥、稍紧的乳黄色的黄土母质层，说明土壤形成过程诸因子对其影响微弱。⑧土壤的pH值多在7.5~8.2，与碳酸钙的含量相关，呈弱碱—碱性反应。

三、灰钙土的养分

从表2-2可以看出，灰钙土pH平均值为8.29，变异系数为2.74%，属于弱变异性。灰钙土有机质平均值为18.32g/kg，变异系数为42.01%，属于中等变异性。灰钙土全氮平均值为1.03g/kg，变异系数为40.61%，属于中等变异性。灰钙土碱解氮平均值为86.68mg/kg，变异系数为39.49%，属于中等变异性。灰钙土有效磷平均值为20.72mg/kg，变异系数为121.95%，属于强变异性。灰钙土速效钾平均值为194mg/kg，变异系数为73.45%，属于中等变异性。

表2-2 伊犁州直灰钙土养分状况

养分类型	平均值	标准差	变异系数（%）
pH值	8.29	0.23	2.74
有机质（g/kg）	18.32	7.69	42.01
全氮（g/kg）	1.03	0.42	40.61
碱解氮（mg/kg）	86.68	34.23	39.49
有效磷（mg/kg）	20.72	25.27	121.95
速效钾（mg/kg）	194	143	73.45

第二节 栗钙土

一、栗钙土的分布

伊犁州直分布的栗钙土，上限与黑钙土带毗连，下限与灰钙土带相接，海拔高度在50~1 500m（各个谷地均有不同），分布面积较大。全州栗钙土分布面积129.34千hm^2（包括山地栗钙土），占土壤耕地面积18.98%。农区栗钙土主要分布在特克斯县，昭苏县西南部、新源县中部、尼勒克县中部，其次是巩留县莫合一带、察布查尔县团结公社的南部地区、伊宁县北山沟的三牧场。

二、栗钙土的剖面形态

栗钙土形成的基本过程，仍以腐殖质积累过程的钙化过程为主。栗钙土剖面分化比较明显，表层3~5cm为栗灰色的草根密积层，紧接有20~40cm的腐殖质层，中部有20~30cm的钙积层，100cm左右为棕黄或浅黄的黄土母质层。但在少数地区由于土层浅薄，上述规律性不明显。土壤剖面通体有石灰泡沫反应，表层稍弱，往下渐强，土壤呈微碱性。栗钙土中的易溶性盐分已基本淋失，没有明显的盐渍化表现。

三、栗钙土的养分

从表2-2可以看出,栗钙土pH平均值为8.27,变异系数为2.55%,属于弱变异性。栗钙土有机质平均值为37.52g/kg,变异系数为55.62%,属于中等变异性。栗钙土全氮平均值为2.09g/kg,变异系数为52.00%,属于中等变异性。栗钙土碱解氮平均值为141.79mg/kg,变异系数为71.43%,属于中等变异性。栗钙土有效磷平均值为19.50mg/kg,变异系数为82.86%,属于中等变异性。栗钙土速效钾平均值为245mg/kg,变异系数为57.65%,属于中等变异性。

表2-3 伊犁州栗钙土养分状况

养分类型	平均值	标准差	变异系数（%）
pH 值	8.27	0.21	2.55
有机质（g/kg）	37.52	20.87	55.62
全氮（g/kg）	2.09	1.09	52.00
碱解氮（mg/kg）	141.79	71.48	50.41
有效磷（mg/kg）	19.50	16.15	82.86
速效钾（mg/kg）	245	141	57.65

第三节 黑钙土

一、黑钙土的分布

黑钙土是典型的草原土壤,它是伊犁地区的重要牧场和农业区。主要分布在昭苏盆地,巩乃斯河谷地东部和喀什河谷地东部,另外在伊犁河谷的低山、特克斯河谷地、喀什河谷地、巩乃斯河谷地的丘陵和低山呈带状分布。并在亚高山和亚高山草甸土或灰褐色森林土成复区存在,分布在海拔1 400~2 100m。黑钙土是在比较寒冷,且多降水,草原植被生长繁茂的生壤。年平均气温2~3℃,年降水量60mm以上,由于水分条件好,利于植物生长,多由禾本科及杂类草组成的草原及草甸草原,草高30~70cm,植被生长繁茂,覆盖度80%~90%。面积为99.60千hm^2,占全地区土壤耕地面积的14.61%。

二、黑钙土的剖面形态

黑钙土草木植被极为发达,死亡之后形成大量腐殖质,并形成有机胶体,同时活的根系在根际周围可以分泌出有机化合物和有机胶体,有机胶体与土粒在钙离子的胶结和根系的挤压作用下,使黑钙土剖面上部形成良好的团粒结构和表层5~7cm的生草层。

其剖面特征是：表层为 5~7cm 厚的生草层，草根密织，稍紧实，无石灰反应；腐殖质层深度达 30~60cm，色暗，呈黑色或灰色，团粒状结构，疏松，有机质含量高，一般为 7%~10%，近山麓地区可达 20%；腐殖质层以下为舌状淋溶层，颜色逐渐变浅，呈浅棕黄色，结构变差；在剖面的 70cm 以下为斑点或斑眼状的钙积层，其下为乳黄色的母质层，呈中性—微碱性反应。

三、黑钙土的养分

从表 2-4 可以看出，黑钙土 pH 平均值为 8.09，变异系数为 13.42%，属于中等变异性。黑钙土有机质平均值为 74.25g/kg，变异系数为 35.03%，属于中等变异性。黑钙土全氮平均值为 4.07g/kg，变异系数为 33.35%，属于中等变异性。黑钙土碱解氮平均值为 246.39mg/kg，变异系数为 35.16%，属于中等变异性。黑钙土有效磷平均值为 31.12mg/kg，变异系数为 74.54%，属于中等变异性。黑钙土速效钾平均值为 278mg/kg，变异系数为 72.37%，属于中等变异性。

表 2-4 伊犁州直黑钙土养分状况

养分类型	平均值	标准差	变异系数（%）
pH 值	8.09	1.09	13.42
有机质（g/kg）	74.25	26.01	35.03
全氮（g/kg）	4.07	1.36	33.35
碱解氮（mg/kg）	246.39	86.63	35.16
有效磷（mg/kg）	31.12	23.19	74.54
速效钾（mg/kg）	278	201	72.37

第四节　潮土

一、潮土的分布

潮土分布在伊犁州直洪积—冲积倾斜平原的扇缘地带、河流冲积平原的低阶地以及山间洼地。伊犁的各个山间河谷地形均属东西长，南北窄，西部低，东部高。潮土分布虽然是非地带性土壤，但仍受生物气候条件影响。地形部位高，气候冷凉，植被茂密，土壤腐殖质积累作用强，在西部地区，生物气候条件较差，土壤腐殖质的积累远不如东部的高。在小地形分布上，受到土壤母质的差异和水热条件的变化影响，土壤腐殖质积累作用也有明显变化。如扇缘地带和河流低阶地发育的潮土，土壤质地和肥力特征的差异性明显，尤其土壤盐化更受到气候因素的影响十分突出，在西部区由于干旱少雨，气温高，蒸发强，在地下水矿化度高的地区，"盐随水来"而产生土壤盐化现象。潮土是草甸上或沼泽土开垦种植演化而来。潮土面积为 73.38 千 hm²，占全地区土壤耕地面积的 10.77%。

二、潮土的剖面形态

潮土一般分布区地下水位均在 1~3m。由于地下水位浅，土壤毛管水的升降运动对土壤的形成和发育起了主导作用。一般土壤剖面通体潮润、阴湿，少数地方并有"夜"潮现象。地下水位的升降受到季节性的影响，在土壤剖面中下部产生氧化还原的交替过程，出现铁锰或锈纹锈斑，个别地区还能见到铁锰结核，在地下水位浅的地方，长期受地下水淹没，在剖面下部出现灰蓝色或青灰色潜育层。

三、潮土的养分

从表 2-5 可以看出，潮土 pH 平均值为 8.31，变异系数为 2.00%，属于弱变异性。潮土有机质平均值为 30.84g/kg，变异系数为 49.93%，属于中等变异性。潮土全氮平均值为 1.67g/kg，变异系数为 48.72%，属于中等变异性。潮土碱解氮平均值为 120.09mg/kg，变异系数为 49.03%，属于中等变异性。潮土有效磷平均值为 16.48mg/kg，变异系数为 70.43%，属于中等变异性。潮土速效钾平均值为 228mg/kg，变异系数为 73.47%，属于中等变异性。

表 2-5　伊犁州直潮土养分状况

养分类型	平均值	标准差	变异系数（%）
pH 值	8.31	0.17	2.00
有机质（g/kg）	30.84	15.4	49.93
全氮（g/kg）	1.67	0.81	48.72
碱解氮（mg/kg）	120.09	58.88	49.03
有效磷（mg/kg）	16.48	11.61	70.43
速效钾（mg/kg）	228	167	73.47

第五节　草甸土

一、草甸土的分布

草甸土是在地下水浸润和生长草甸植被作用下发育而成的水成性土壤。草甸土分布在伊犁各条河流两岸的低阶地、河漫滩和泉水溢出带的上、下边缘，以伊犁河、巩乃斯河两岸分布广泛。全地区各县都有分布。草甸土面积为 68.01 千 hm²，占全地区土壤耕地面积的 9.98%。

二、草甸土的剖面形态

草甸土的成土母质多为较新的冲积物，其剖面发生层基本可分为腐殖质层和锈纹锈斑层。腐殖质层表层为根系密集交织的草根层，呈灰色，或棕灰色。草根层以下为灰色或棕灰色的腐殖质层，厚度为10~28cm。其下为锈纹锈斑层，呈棕黄或黄棕色。

三、草甸土的养分

从表2-6可以看出，草甸土pH平均值为7.81，变异系数为26.33%，属于中等变异。草甸土有机质平均值为22.57g/kg，变异系数为54.59%，属于中等变异。草甸土全氮平均值为1.23g/kg，变异系数为52.94%，属于中等变异。草甸土碱解氮平均值为98.29mg/kg，变异系数为53.12%，属于中等变异。草甸土有效磷平均值为28.29mg/kg，变异系数为75.70%，属于中等变异。草甸土速效钾平均值为193mg/kg，变异系数为119.35%，属于强变异。

表2-6 伊犁州直草甸土养分状况

养分类型	平均值	标准差	变异系数（%）
pH	7.81	2.06	26.33
有机质（g/kg）	22.57	12.32	54.59
全氮（g/kg）	1.23	0.65	52.94
碱解氮（mg/kg）	98.29	52.21	53.12
有效磷（mg/kg）	28.29	21.42	75.70
速效钾（mg/kg）	193	231	119.35

第六节 其他土类

除潮土、黑钙土、灰钙土、栗钙土、草甸土外，风沙土、灌漠土、灰褐土、灰漠土、林灌草甸土、新积土、草甸盐土及沼泽土等其他土类面积共计47.26千hm^2，占伊犁州直耕地总面积的6.93%。

第三章 耕地质量评价方法与步骤

本次耕地质量调查评价根据《耕地质量调查监测与评价办法》和《耕地质量等级》（GB/T 33469—2016）进行，本次评价的数据主要来源于2018年耕地质量调查评价监测样点野外调查及室内分析数据。在评价过程中，应用GIS空间分析、层次分析、特尔斐等方法，划分评价单元、确定指标隶属度、建立评价指标体系、构建评价数据库、计算耕地质量综合指数、评价耕地质量等级、编制耕地质量等级及养分等相关图件。

第一节 评价指标体系的建立

本次评价重点包括耕地质量等级评价和耕地理化性状分级评价两个方面。为满足评价要求，首先要建立科学的评价指标体系。

一、评价指标的选取原则

参评指标是指参与评价耕地质量等级的一种可度量或可测定的属性。正确地选择评价指标是科学评价耕地质量的前提，直接影响耕地质量评价结果的科学性和准确性。伊犁州直耕地质量评价指标的选取主要依据《耕地质量等级》国家标准，综合考虑评价指标的科学性、综合性、主导性、可比性、可操作性等原则。

科学性原则是指评价指标体系能够客观地反映耕地综合质量的本质及其复杂性和系统性。选取评价指标应与评价尺度、区域特点等有密切的关系，因此，应选取与评价尺度相应、体现区域特点的关键因素参与评价。本次评价以伊犁州直耕地单元为评价区域，既需考虑地形部位等大尺度变异因素，又需选择与农业生产相关的灌溉、土壤养分等重要因子，从而保障评价的科学性。

综合性原则是指评价指标体系要反映出各影响因素的主要属性及相互关系。评价因素的选择和评价标准的确定要考虑当地的自然地理特点和社会经济因素及其发展水平，既要反映当前的局部和单项的特征，又要反映长远的、全局的和综合的特征。本次评价选取了土壤化学性状、物理性状、立地条件、土壤管理等方面的相关因素，形成了综合性的评价指标体系。

主导性原则是指耕地系统是一个非常复杂的系统，要把握其基本特征，选出有代表性的起主导作用的指标。指标的概念应明确，简单易行。各指标含义没有重复。选取的因子应对耕地质量有比较大的影响，如地形因素、土壤因素和灌溉条件等。

可比性原则是指由于耕地系统中的各个因素具有很强的时空差异，因而评价指标体系在空间分布上应具有可比性，选取的评价因子在评价区域内的变异较大，数据资料应具有较好的时效性。

可操作性原则是指各评价指标数据应具有可获得性，易于调查、分析、查找或统计，有利于高效准确完成整个评价工作。

二、指标选取的方法及原因

耕地质量是由耕地质量、土壤健康状况和田间基础设施构成的满足农产品持续产出和质量安全的能力。选取的指标主要能反映耕地土壤本身质量属性的好坏。按照《耕地质量等级》标准要求区域耕地质量指标由基础性指标和区域补充性指标组成，建立"N+X"指标体系。N为基础性指标（14个），X为区域补充性指标，通过自治区相关科研院所及各地州农技中心专家遴选出全疆区域性评价指标2个，共选取16个指标作为自治区评价指标，各地州统一采用自治区评价指标，具体如下。

1. 基础性指标

地形部位、有效土层厚度、有机质含量、耕层质地、土壤容重、质地构型、土壤养分状况（有效磷、速效钾）、生物多样性、障碍因素、灌溉能力、排水能力、清洁程度、农田林网化率。

2. 区域性指标

盐渍化程度、地下水埋深。

运用层次分析法建立目标层、准则层和指标层的三级层级结构，目标层即耕地质量等级，准则层包括立地条件、剖面性状、耕层理化性状、养分状况、健康状况和土壤管理6个部分。

3. 立地条件

包括地形部位和农田林网化程度。伊犁州直地形地貌较为复杂，地形部位的差异对耕地质量有重要的影响，不同地形部位的耕地坡度、坡向、光温水热条件、灌排能力差异明显，直接或间接地影响农作物的适种性和生长发育；农田林网能够很好地防御灾害性气候对农业生产的危害，保证农业的稳产、高产，同时还可以改善农田生态系统的环境。

4. 剖面性状

包括有效土层厚度、质地构型、地下水埋深和障碍因素。有效土层厚度影响耕地土壤水分、养分库容量和作物根系生长；土壤剖面质地构型是土壤质量和土壤生产力的重要影响因子，不仅反映土壤形成的内部条件与外部环境，还体现出耕作土壤肥力状况和生产性能；地下水埋深影响作物土壤水分吸收和盐分运移，影响作物生长发育、产量；障碍因素影响耕地土壤水分状况以及作物根系生长发育，对土壤保水和通气性以及作物水分和养分吸收、生长发育以及生物量等均具有显著影响。

5. 耕层理化性状

包括耕层质地、土壤容重和盐渍化程度。耕层质地是土壤物理性质的综合指标，与作物生长发育所需要的水、肥、气、热关系十分密切，显著影响作物根系的生长发育、土壤水分和养分的保持与供给；容重是土壤最重要的物理性质之一，能反映土壤质量和土壤生产力水平；盐渍化程度是土壤的重要化学性质之一，作物正常生长发育、土壤微生物活动、矿质养分存在形态及其有效性、土壤通气透水性等都与盐渍化程度密切相关。

6. 养分状况

包括有机质、有效磷和速效钾。有机质是微生物能量和植物矿质养分的重要来源，不仅可以提高土壤保水、保肥和缓冲性能，改善土壤结构性，而且可以促进土壤养分有效化，对土壤水、肥、气、热的协调及其供应起支配作用。土壤磷、钾是作物生长所需的大量元素，对作物生长发育以及产量等均有显著影响。

7. 健康状况

包括清洁程度和生物多样性。清洁程度反映了土壤受重金属、农药和农膜残留等有毒有害物质影响的程度；生物多样性反映了土壤生命力丰富程度。

8. 土壤管理

包括灌溉能力和排水能力。灌溉能力直接关系到耕地对作物生长所需水分的满足程度，进而显著制约着农作物生长发育和生物量；排水能力通过制约土壤水分状况而影响土壤水、肥、气、热的协调及作物根系生长和养分吸收利用等，同时直接影响盐渍化土壤改良利用的效果。

三、耕地质量主要性状分级标准的确定

20世纪80年代，全国第二次土壤普查项目开展时，曾对土壤pH值、有机质、全氮、碱解氮、有效磷、速效钾、有效硼、有效钼、有效锰、有效锌、有效铜、有效铁等耕地理化性质、酸碱度进行分级，其分级标准见表3-1、表3-2。经过近40年的发展，耕地土壤理化性质发生了较大变化，有的分级标准与目前的土壤现状已不相符合。本次评价在全国二次土壤普查耕地土壤主要性状指标分级的基础上进行了修改或重新制定。

（一）制定的原则

一是要与第二次土壤普查分级标准衔接，在保留原全国分级标准级别值基础上，可以在一个级别中进行细分，以便于资料纵向、横向比较。二是细分的级别值，以及向上或向下延伸的级别值要有依据，需综合考虑作物需肥的关键值，养分丰缺指标等。三是各级别的幅度要考虑均衡，幅度大小基本一致。

表3-1 全国第二次土壤普查土壤理化性质分级标准

分级标准	一级	二级	三级	四级	五级	六级
有机质（g/kg）	>40	30~40	20~30	10~20	6~10	<6
全氮（g/kg）	>2	1.5~2	1.5~1.0	1~0.75	0.5~0.75	<0.5
碱解氮（mg/kg）	>150	120~150	90~120	60~90	30~60	<30
有效磷（mg/kg）	>40	20~40	10~20	5~10	3~5	<3

(续表)

分级标准	一级	二级	三级	四级	五级	六级
速效钾（mg/kg）	>200	150~200	100~150	50~100	30~50	<30
有效硼（mg/kg）	>2.0	1.0~2.0	0.5~1.0	0.2~0.5	<0.2	—
有效钼（mg/kg）	>0.3	0.2~0.3	0.15~0.2	0.1~0.15	<0.1	—
有效锰（mg/kg）	>30	15~30	5~15	1~5	<1	—
有效锌（mg/kg）	>3.0	1.0~3.0	0.5~1.0	0.3~0.5	<0.3	—
有效铜（mg/kg）	>1.8	1.0~1.8	0.2~1.0	0.1~0.2	<0.1	—
有效铁（mg/kg）	>20	10~20	4.5~10	2.5~4.5	<2.5	—

表 3-2　全国第二次土壤普查土壤酸碱度分级标准

项目	强碱性	碱性	微碱性	中性	微酸性	酸性	强酸性
pH 值	>9.0	8.5~9.0	7.5~8.5	6.5~7.5	5.5~6.5	4.5~5.5	<4.5

（二）耕地质量主要性状分级标准

依据新疆耕地质量评价 7 054 个调查采样点数据，对相关指标进行了数理统计分析，计算了各指标的平均值、中位数、变异系数和标准差等统计参数（表 3-3）。以此为依据，同时参考相关已有的分级标准，并结合当前区域土壤养分的实际状况、丰缺指标和生产需求，确定依据新疆科学合理调整的养分分级标准（表 3-4）进行分级。

以土壤有机质为例，本次评价分为 5 级，考虑到新疆耕地有机质含量大于 25g/kg 的样点数只有 1 124 个，比例较小，因此，将有机质>25.0g/kg 列为一级；同时，考虑到土壤有机质含量在 10~20g/kg 的比例较高，占 53.84%，为了细分有机质含量对耕地质量等级的贡献，将 10~20g/kg 拆分为 15~20g/kg 和 10~15g/kg，分别作为三、四级。

表 3-3　新疆耕地质量主要性状描述性统计

项目	单位	中位数	平均值	标准差	变异系数（%）
pH 值	—	8.22	8.21	0.37	4.45
总盐	g/kg	1.5	2.73	3.94	144.27
有机质	g/kg	15.77	18.74	14.07	75.10
全氮	g/kg	0.87	0.95	0.52	54.86
碱解氮	mg/kg	61.20	69.48	40.19	57.84
有效磷	mg/kg	17.80	23.08	19.36	83.88
速效钾	mg/kg	172.00	211.51	145.70	68.89

(续表)

项目	单位	中位数	平均值	标准差	变异系数（%）
缓效钾	mg/kg	1 001.15	1 038.00	397.05	38.25
有效锰	mg/kg	6.30	7.95	6.65	83.68
有效硅	mg/kg	143.70	182.97	151.78	82.95
有效硫	mg/kg	119.70	398.01	699.78	175.82
有效钼	mg/kg	0.07	0.15	0.22	145.24
有效铜	mg/kg	1.49	3.58	5.86	163.81
有效铁	mg/kg	9.60	13.07	16.37	125.20
有效锌	mg/kg	0.60	0.78	0.87	111.55
有效硼	mg/kg	1.30	1.78	1.97	110.33

表3-4 新疆维吾尔自治区耕地质量监测分级标准

项目	单位	分级标准				
		一级	二级	三级	四级	五级
有机质	g/kg	>25.0	20.0~25.0	15.0~20.0	10.0~15.0	≤10.0
全氮	g/kg	>1.50	1.00~1.50	0.75~1.00	0.50~0.75	≤0.50
碱解氮	mg/kg	>150	120~150	90~120	60~90	≤60
有效磷	mg/kg	>30.0	20.0~30.0	15.0~20.0	8.0~15.0	≤8.0
速效钾	mg/kg	>250	200~250	150~200	100~150	≤100
缓效钾	mg/kg	>1 200	1 000~1 200	800~1 000	600~800	≤600
有效硼	mg/kg	>2.00	1.50~2.00	1.00~1.50	0.50~1.00	≤0.50
有效钼	mg/kg	>0.20	0.15~0.20	0.10~0.15	0.05~0.10	≤0.05
有效硅	mg/kg	>250	150~250	100~150	50~100	≤50
有效铜	mg/kg	>2.00	1.50~2.00	1.00~1.50	0.50~1.00	≤0.50
有效铁	mg/kg	>20.0	15.0~20.0	10.0~15.0	5.0~10.0	≤5.0
有效锰	mg/kg	>15.0	10.0~15.0	5.0~10.0	3.0~5.0	≤3.0
有效锌	mg/kg	>2.00	1.50~2.00	1.00~1.50	0.50~1.00	≤0.50
有效硫	mg/kg	>50.0	30.0~50.0	15.0~30.0	10.0~15.0	≤10.0
pH值	-	≤6.5	6.5~7.5	7.5~8.5	8.5~9.0	≥9.0
总盐	mg/kg	≤2.5	2.5~6.0	6.0~12.0	12.0~20.0	≥20.0

第二节 数据库的建立

一、建库的内容与方法

（一）数据库建库的内容

数据库的建立主要包括空间数据库和属性数据库。

空间数据库包括道路、水系、采样点点位图、评价单元图、土壤图、行政区划图等。道路、水系通过土地利用现状图提取；土壤图通过扫描纸质土壤图件拼接校准后矢量化；评价单元图通过土地利用现状图、行政区划图、土壤图叠加形成；采样点点位图通过野外调查采样数据表中的经纬度坐标生成。

属性数据库包括土地利用现状图属性数据表、土壤样品分析化验结果数据表、土壤属性数据表、行政编码表、交通道路属性数据表等。通过分类整理后，以编码的形式进行管理。

（二）数据库建库的方法

耕地质量等级评价系统采用不同的数据模型，分别对属性数据和空间数据进行存储管理，属性数据采用关系数据模型，空间数据采用网状数据模型。

空间数据图层标识码是要素属性表中的一个关键字段，空间数据与属性数据以此字段形成关联，完成对地图的模拟。这种关联使两种数据模型联成一体，可以方便地从空间数据检索属性数据或者从属性数据检索空间数据。在进行空间数据和属性数据连接时，在ArcMAP环境下分别调入图层数据和属性数据表，利用关键字段将属性数据表链接到空间图层的属性表中，将属性数据表中的数据内容赋予图层数据表中。建立耕地质量等级评价数据库的工作流程见图3-1。

二、建库的依据及平台

数据库建设主要是依据和参考全国耕地资源管理信息系统数据字典、耕地质量调查与评价技术规程，以及有关全疆汇总技术要求完成的。本次耕地质量评价建库工作采用ArcGIS平台，对电子版、纸质版资料进行点、线、面文件的规范化处理和拓扑处理，空间数据库成果为点、线、面Shape格式的文件，属性数据库成果为Excel格式。最后将数据库资料导入区域耕地资源信息管理系统中运行，或在ArcGIS平台上运行。

三、建库的引用标准

(1) 中华人民共和国行政区划代码　　　　　GB/T 2260—2007
(2) 耕地质量等级　　　　　　　　　　　　GB/T 33469—2016
(3) 基础地理信息要素分类与代码　　　　　GB/T 13923—2006
(4) 中国土壤分类与代码　　　　　　　　　GB/T 17296—2009

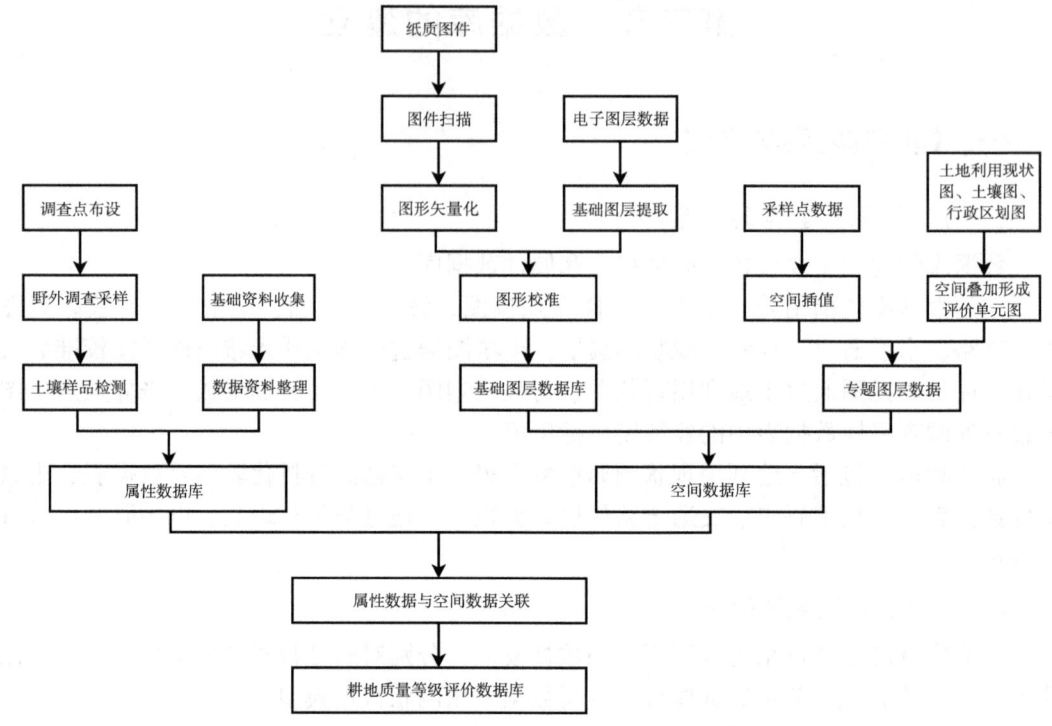

图 3-1 耕地质量等级评价数据库建立工作流程

  （5）国家基本比例尺地形图分幅与编号 GB/T 13989—2012
  （6）县域耕地资源管理信息系统数据字典
  （7）全球定位系统（GPS）测量规范 GB/T 18314—2009
  （8）地球空间数据交换格式 GB/T 17798—1999
  （9）土地利用数据库标准 TD/T 1016—2017
  （10）第三次全国国土调查土地分类

四、建库资料的核查

  为了构建一个有质量，可持续应用的空间数据库，数据入库前应进行质量检查，确保数据的正确性和完整性。主要包括以下数据检查处理。

  （一）数据的分层检查

  根据《土地利用数据库标准》对所有空间数据进行分层检查，按照标准中规定的三大要素层进行分层，并保证层与层之间没有要素重叠。

  （二）数学基础检查

  按照《土地利用数据库标准》检查各图层数据的坐标系和投影是否符合建库标准，各层数学基础是否保持一致。

（三）图形数据检查

检查内容包括：点、线、面拓扑关系检查。对于点图层，检查点位是否重合，坐标位置是否准确，权属是否清晰；对于线图层，检查是否有自相交、多线相交是否有公共边重复、悬挂点或伪节点；对于多边形，检查是否闭合、标识码等属性是否唯一、图形中是否有需要合并碎小图斑等。

（四）属性数据检查

属性数据是数据库的重要部分，它是数据库和地图的重要标志。检查属性文件是否完整，命名是否规范，字段类型、长度、精度是否正确，有错漏的应及时补上，确保各要素层属性结构完全符合数据库建设标准要求。

五、空间数据库建立

（一）空间数据库内容

空间数据库用来存储地图空间数据，主要包括土壤类型图、土地利用现状图、行政区划图、耕地质量调查评价点点位图、耕地质量评价等级图、土壤养分系列图等，见表3-5。

表3-5 伊犁州直空间数据库主要图件

序号	成果图名称
1	伊犁州直土地利用现状图
2	伊犁州直行政区划图
3	伊犁州直土壤图
4	伊犁州直耕地质量调查点点位图
5	伊犁州直耕地质量评价等级图
6	伊犁州直土壤 pH 分布图
7	伊犁州直总盐含量分布图
8	伊犁州直土壤有机质含量分布图
9	伊犁州直土壤全氮含量分布图
10	伊犁州直土壤碱解氮含量分布图
11	伊犁州直土壤有效磷含量分布图
12	伊犁州直土壤速效钾含量分布图
13	其他要素分布图

（二）各地理要素图层的建立

考虑建库及相关图件编制的需要，将空间数据库图层分为以下四类：地理底图、点位图、土地利用现状图、养分图等专题图。

地理底图是按照空间数据库建设的分层原则，所有成果图的空间数据库均采用同一地理底图，即地理底图的要素主要有县级行政区划、县行政驻地、水系、交通道路、防风林等要素。

耕地养分、耕地质量等级评价等专题图，则是分别在地理底图的基础上增加了各专题要素。

（三）空间数据库分层

伊犁州直提供地图分纸制图和电子化图两种，分别采用不同方式处理建立空间数据库。伊犁州直空间数据库分层数据内容见表3-6。

表3-6 耕地质量等级评价空间数据库分层数据

图层类型	序号	图层名	图层属性
本底基础图层	1	湖泊、水库、面状河流（lake）	多边形
	2	堤坝、渠道、线状河流（stream）	线
	3	等高线（contour）	线
	4	交通道路（traffic）	线
	5	行政界线（省、市、县、乡、村）（boundary）	线
	6	县、乡、村所在地（village）	点
	7	注记（annotate）	注记层
专题图层	8	土地利用现状（landuse）	多边形
	9	土壤图（soil）	多边形
	10	土壤养分图（pH值、有机质、全氮等）（nutrient）	多边形
	11	耕地质量调查评价点点位图	点
辅助图层	12	卫星影像数据	Grid

（四）空间数据库比例尺、投影和空间坐标系

投影方式：高斯—克里格投影，6°分带。

坐标系：2 000国家大地坐标系，高程系统：1 985国家高程基准。

文件格式：矢量图形文件Shape，栅格图形文件GRID，图像文件JPG。

六、属性数据库建立

（一）属性数据库内容

属性数据库内容是参照县域耕地资源管理信息系统数据字典和有关专业的属性代码标准填写的。在全国耕地资源管理信息系统数据字典中属性数据库的数据项包括字段代码、字段名称、字段短名、英文名称、释义、数据类型、数据来源、量纲、数据长度、

小数位、取值范围、备注等内容。在数据字典及有关专业标准中均有具体填写要求。属性数据库内容全部按照数据字典或有关专业标准要求填写。应用野外调查资料、室内分析资料、二次土壤普查、农业统计资料等相关数据资料进行筛选、审核、检查并录入构建属性数据库。

1. 野外调查资料

包括地形地貌、地形部位、土壤母质、土层厚度、耕层质地、质地构型、灌溉能力、排水能力、农田林网化程度、清洁程度、障碍因素、类型及位置和深度等。

2. 室内分析资料

包括 pH 值、总盐、全氮、有机质、碱解氮、有效磷、速效钾、有效锌、有效锰、有效铁、有效铜、有效硼、有效钼、有效硅、镉、铬、砷、汞、铅等。

3. 二次土壤普查资料

土壤名称编码表、土种属性数据表等。

4. 农业统计资料

县、乡、村编码表、行政界线属性数据等。

（二）属性数据库导入

属性数据库导入主要采用外挂数据库的方法进行。通过空间数据与属性数据的相同关键字段进行属性连接。在具体工作中，先在编辑或矢量化空间数据时，建立面要素层和点要素层的统一赋值 ID 号。在 Excel 表中第一列为 ID 号，其他列按照属性数据项格式内容填写，最后利用命令统一赋属性值。

（三）属性数据库格式

属性数据库前期存放在 Excel 表格中，后期通过外挂数据库的方法，在 ArcGIS 平台上与空间数据库进行连接。

第三节　耕地质量评价方法

依据《耕地质量调查监测与评价办法》和《耕地质量等级》（GB/T 33469—2016），开展伊犁州直耕地质量等级评价。

一、评价的原理

耕地地力是由耕地土壤的地形地貌条件、成土母质特征、农田基础设施及培肥水平、土壤理化性状等综合因素构成的耕地生产能力。耕地质量等级评价是从农业生产角度出发，通过综合指数法对耕地地力、土壤健康状况和田间基础设施构成的满足农产品持续产出和质量安全的能力进行评价划分出等级。通过耕地质量等级评价可以掌握区域耕地质量状况及分布，摸清影响区域耕地生产的主要障碍因素，提出有针对性的对策措施与建议，对进一步加强耕地质量建设与管理，保障国家粮食安全和农产品有效供给具有十分重要的意义。

二、评价的原则与依据

(一) 评价的原则

1. 综合因素研究与主导因素分析相结合原则

耕地是一个自然经济综合体，耕地地力也是各类要素的综合体现，因此对耕地质量等级的评价应涉及耕地自然、气候、管理等诸多要素。所谓综合因素研究是指对耕地土壤立地条件、气候因素、土壤理化性状、土壤管理、障碍因素等相关社会经济因素进行综合全面的研究、分析与评价，以全面了解耕地质量状况。主导因素是指对耕地质量等级起决定作用的、相对稳定的因子，在评价中应着重对其进行研究分析。只有把综合因素与主导因素结合起来，才能对耕地质量等级做出更加科学的评价。

2. 共性评价与专题研究相结合原则

评价区域耕地利用存在水浇地、林地等多种类型，土壤理化性状、环境条件、管理水平不一，因此，其耕地质量等级水平有较大的差异。一方面，考虑区域内耕地质量等级的系统性、可比性，应在不同的耕地利用方式下，选用统一的评价指标和标准，即耕地质量等级的评价不针对某一特定的利用方式。另一方面，为了解不同利用类型耕地质量等级状况及其内部的差异，将来可根据需要，对有代表性的主要类型耕地进行专题性深入研究。通过共性评价与专题研究相结合，可使评价和研究成果具有更大的应用价值。

3. 定量评价和定性评价相结合的原则

耕地系统是一个复杂的灰色系统，定量和定性要素共存，相互作用，相互影响。为了保证评价结果的客观合理，宜采用定量和定性评价相结合的方法。应尽量采用定量评价方法，对可定量化的评价指标如有机质等养分含量、有效土层厚度等按其数值参与计算。对非数量化的定性指标如耕层质地、地形部位等则通过数学方法进行量化处理，确定其相应的指数，以尽量避免主观人为因素影响。在评价因素筛选、权重确定、隶属函数建立、质量等级划分等评价过程中，尽量采用定量化数学模型，在此基础上充分运用人工智能与专家知识，做到定量与定性相结合，从而保证评价结果准确合理。

4. 采用遥感和 GIS 技术的自动化评价方法原则

自动化、定量化的评价技术方法是当前耕地质量等级评价的重要方向之一。近年来，随着计算机技术，特别是 GIS 技术在耕地评价中的不断发展和应用，基于 GIS 技术进行自动定量化评价的方法已不断成熟，使评价精度和效率都大大提高。本次评价工作采用现势性的卫星遥感数据提取和更新耕地资源现状信息，通过数据库建立、评价模型与 GIS 空间叠加等分析模型的结合，实现了评价流程的全程数字化、自动化，在一定程度上代表了当前耕地评价的最新技术方向。

5. 可行性与实用性原则

从可行性角度出发，评价区域耕地质量评价的部分基础数据为区域内各项目县的耕地地力评价成果。应在核查区域内项目县耕地地力各类基础信息的基础上，最大程度利用项目县原有数据与图件信息，以提高评价工作效率。同时，为使区域评价成果与全疆评价成果有效衔接和对比，伊犁州直耕地质量汇总评价方法应与全疆耕地质量评价方法保持相对一致。从实用性角度出发，为确保评价结果科学准确，评价指标的选取应从大区域尺度出发，切实针对区域实际特点，体现评价实用目标，使评价成果在耕地资源的利用管理和粮食作物生产中发挥切实指导作用。

（二）评价的依据

耕地质量反映耕地本身的生产能力，因此耕地质量的评价应依据与此相关的各类自然和社会经济要素，具体包括如下三个方面。

1. 自然环境要素

指耕地所处的自然环境条件，主要包括耕地所处的地形地貌条件、水文地质条件、成土母质条件以及土地利用状况等。耕地所处的自然环境条件对耕地质量具有重要的影响。

2. 土壤理化性状要素

主要包括土壤剖面与质地构型、障碍层次、有效土层厚度、耕层质地、土壤容重等物理性状，有机质、氮、磷、钾等主要养分、中微量元素、土壤 pH 值、盐分含量、阳离子交换量等化学性状等。不同的耕地土壤理化性状，其耕地质量也存在较大的差异。

3. 农田基础设施与管理水平

包括耕地的灌排条件、水土保持工程建设、培肥管理条件、施肥水平等。良好的农田基础设施与较高的管理水平对耕地质量的提升具有重要的作用。

三、评价的流程

整个评价工作可分为以下三个方面。

1. 资料工具准备及评价数据库建立

根据评价的目的、任务、范围、方法，收集准备与评价有关的各类自然及社会经济资料，进行资料的分析处理。选择适宜的计算机硬件和 GIS 等分析软件，建立耕地质量等级评价基础数据库。

2. 耕地质量等级评价

划分评价单元，提取影响地力的关键因素并确定权重，选择相应评价方法，制订评价标准，确定耕地质量等级。

3. 评价结果分析

依据评价结果，统计各等级耕地面积，编制耕地质量等级分布图。分析耕地存在的主要障碍因素，提出耕地资源可持续利用的对策措施与建议。

评价具体工作流程见图 3-2。

四、评价单元的确定

（一）评价单元的划分

评价单元是由对耕地质量具有关键影响的各要素组成的空间实体，是耕地质量评价的最基本单位、对象和基础图斑。同一评价单元内的耕地自然基本条件、个体属性和经

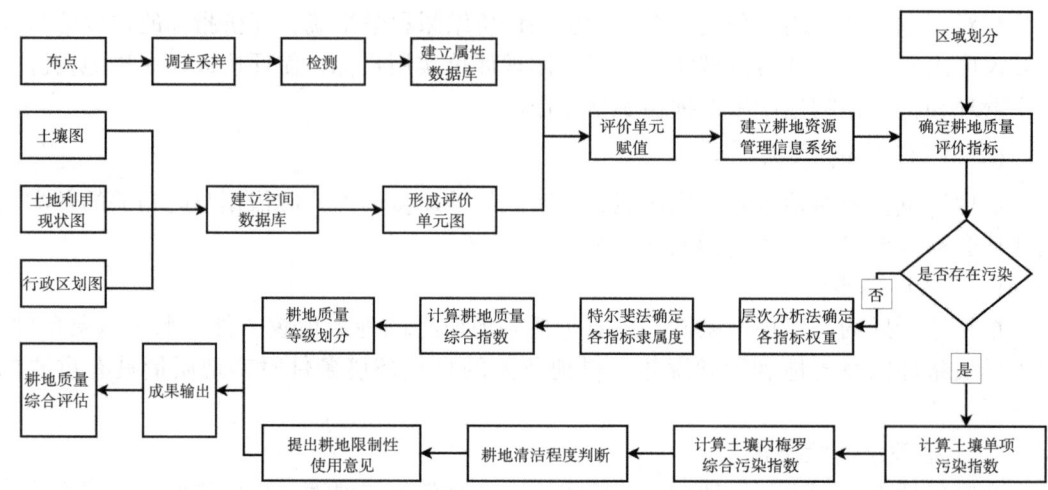

图 3-2　耕地质量等级评价流程

济属性基本一致。不同评价单元之间，既有差异性，又有可比性。耕地质量评价就是要通过对每个评价单元的评价，确定其质量等级，把评价结果落实到实地和编绘的耕地质量等级分布图上。因此，评价单元划分的合理与否，直接关系到评价结果的正确性及工作量的大小。进行评价单元划分时应遵循以下原则。

1. 因素差异性原则

影响耕地质量的因素很多，但各因素的影响程度不尽相同。在某一区域内，有些因素对耕地质量起决定性影响，区域内变异较大；而另一些因素的影响较小，且指标值变化不大。因此，应结合实际情况，选择在区域内分异明显的主导因素作为划分评价单元的基础，如土壤条件、地貌特征、土地利用类型等。

2. 相似性原则

评价单元内部的自然因素、社会因素和经济因素应相对均一，单元内同一因素的分值差异应满足相似性统计检验。

3. 边界完整性原则

耕地质量评价单元要保证边界闭合，形成封闭的图斑，同时对面积过小的零碎图斑应进行适当归并。

目前，对耕地评价单元的划分尚无统一的方法，常见有以下几种类型。一是基于单一专题要素类型的划分。如以土壤类型、土地利用类型、地貌类型划分等。该方法相对简便有效，但在多因素均呈较大变异的情况下，其单元的代表性有一定偏差；二是基于行政区划单元的划分。以行政区划单元作为评价单元，便于对评价结果的行政区分析与管理，但对耕地自然属性的差异性反映不足；三是基于地理区位的差异，以公里网、栅格划分。该方法操作简单，但网格或栅格的大小直接影响评价的精度及工作量；四是基于耕地质量关键影响因素的组合叠置方法进行划分。该方法可较好反映耕地自然与社会经济属性的差异，有较好的代表性，但操作相对较为复杂。

依据上述划分原则，考虑评价区域的地域面积、耕地利用管理及土壤属性的差异性，本次耕地质量评价中评价单元的划分采用土壤图、土地利用现状图和行政区划图的组合叠置划分法，相同土壤单元、土地利用现状类型及行政区的地块组成一个评价单元，即"土地利用现状类型—土壤类型—行政区划"的格式。其中，土壤类型划分到土属，土地利用现状类型划分到二级利用类型，行政区划分到县级。为了保证土地利用现状的现势性，基于野外实地调查，对耕地利用现状进行了修正。同一评价单元内的土壤类型相同，利用方式相同，所属行政区相同，交通、水利、经营管理方式等基本一致。用这种方法划分评价单元，可以反映单元之间的空间差异性，既使土地利用类型有了土壤基本性质的均一性，又使土壤类型有了确定的地域边界线，使评价结果更具综合性、客观性，可以较容易地将评价结果落到实地。

通过图件的叠置和检索，本次伊犁州直耕地质量评价共划分评价单元40 167个，并编制形成了评价单元图。

（二）评价单元赋值

影响耕地质量的因子较多，如何准确地获取各评价单元评价信息是评价中的重要一环。因此，评价过程中舍弃了直接从键盘输入参评因子值的传统方式，而采取将评价单元与各专题图件叠加采集各参评因素的方法。具体的做法为：①按唯一标识原则为评价单元编号；②对各评价因子进行处理，生成评价信息空间数据库和属性数据库，对定性因素进行量化处理，对定量数据插值形成各评价因子专题图；③将各评价因子的专题图分别与评价单元图进行叠加；④以评价单元为依据，对叠加后形成的图形属性库进行"属性提取"操作，以评价单元为基本统计单位，按面积加权平均汇总各评价单元对应的所有评价因子的分值。

本次评价构建了由有效土层厚度、耕层质地、质地构型、有机质、有效磷、速效钾、地形部位、土壤容重、生物多样性、农田林网化、清洁程度、障碍因素、灌溉能力、排水能力、盐渍化程度、地下水埋深等16个参评因素组成的评价指标体系，将各因素赋值给评价单元的具体做法为：①耕层质地、质地构型、地形部位和地下水埋深值4个因子均有各自的专题图，直接将专题图与评价单元图进行叠加获取相关数据；②农田林网化、障碍因素、生物多样性和盐渍化程度4个定性因子，采用"以点代面"方法，将点位中的属性连入评价单元图；③有机质、有效磷、速效钾、土壤容重和有效土层厚度5个定量因子，采用反距离加权空间插值法（IDW）等不同空间差值方法将点位数据转为栅格数据，再叠加到评价单元图上，运用区域统计功能获取相关属性；④灌溉能力、排水能力、清洁程度3个定性因子，采用收集的伊犁州直灌排水统计表、重金属测试数据分析污染情况来确定，将表中的属性联入评价单元图。

经过以上步骤，得到以评价单元为基本单位的评价信息库。单元图形与相应的评价属性信息相连，为后续的耕地质量评价奠定了基础。

五、评价指标权重的确定

在耕地质量评价中，需要根据各参评因素对耕地质量的贡献确定权重。权重确定的方法很多，有定性方法和定量方法。综合目前常用方法的优缺点，层次分析法（AHP）同时融合了专家定性判读和定量方法特点，是在定性方法基础上发展起来的定量确定参评因素权重的一种系统分析方法。这种方法可将人们的经验思维数量化，用以检验决策者判断的一致性，有利于实现定量化评价，是一种较为科学的权重确定方法。本次评价采用了特尔斐（Delphi）法与层次分析法（AHP）相结合的方法确定各参评因素的权重。首先采用 Delphi 法，由专家对评价指标及其重要性进行赋值。在此基础上，以层次分析法计算各指标权重。层次分析法的主要流程如下。

（一）建立层次结构

首先，以耕地质量作为目标层；其次，按照指标间的相关性、对耕地质量的影响程度及方式，将 16 个指标划分为六组作为准则层：第一组立地条件包括地形部位、农田林网化；第二组剖面性状，包括有效土层厚度、质地构型、地下水埋深、障碍因素；第三组理化性状，包括质地、盐渍化程度、土壤容重；第四组土壤养分，包括有机质、有效磷和速效钾；第五组土壤健康状况，包括生物多样性、清洁程度；第六组土壤管理，包括灌溉能力、排水能力；最后，以准则层中的指标项目作为指标层。从而形成层次结构关系模型。

（二）构造判断矩阵

根据专家经验，确定 C 层（准则层）对 G 层（目标层），及 A 层（指标层）对 C 层（准则层）的相对重要程度，共构成 A、C1、C2、C3、C4、C5、C6 共 6 个判断矩阵。例如，质地、盐渍化程度、土壤容重对第三组准则层的判断矩阵表示为：

$$C_3 = \begin{pmatrix} a_{11} & a_{12} & a_{13} \\ a_{21} & a_{22} & a_{23} \\ a_{31} & a_{32} & a_{33} \end{pmatrix} = \begin{pmatrix} 1.0000 & 0.8169 & 2.9000 \\ 1.2241 & 1.0000 & 3.5500 \\ 0.3448 & 0.2817 & 1.0000 \end{pmatrix}$$

其中，aij（i 为矩阵的行号，j 为矩阵的列号）表示对 C3 而言，ai 对 aj 的相对重要性的数值。

（三）层次单排序及一致性检验

即求取 A 层对 C 层的权数值，可归结为计算判断矩阵的最大特征根对应的特征向量。利用 SPSS 等统计软件，得到各权数值及一致性检验的结果。见表 3-7。

表 3-7　权数值及一致性检验结果

矩阵	CI	CR
矩阵 A	0	<0.1
矩阵 C1	0	<0.1
矩阵 C2	0	<0.1
矩阵 C3	$-2.0553E^{-7}$	<0.1
矩阵 C4	$2.0553E^{-7}$	<0.1

(续表)

矩阵	CI	CR
矩阵 C5	0	<0.1
矩阵 C6	0	<0.1

从表 3-7 可以看出，CR<0.1，具有很好的一致性。

（四）各因子权重确定

根据层次分析法的计算结果，同时结合专家经验进行适当调整，最终确定了伊犁州直耕地质量评价各参评因子的权重（表 3-8）。

表 3-8 伊犁州直耕地质量评价因子权重

指标	权重	指标	权重	指标	权重	指标	权重
有机质	0.071 6	有效磷	0.059 5	速效钾	0.048 4	排水能力	0.084 2
耕层质地	0.067 6	质地构型	0.052 2	盐渍化程度	0.082 8	灌溉能力	0.140 4
有效土层厚度	0.047 8	地下水埋深	0.027 9	障碍因素	0.039 7	农田林网化	0.066 0
土壤容重	0.023 3	地形部位	0.128 6	生物多样性	0.032 6	清洁程度	0.027 2

六、评价指标的处理

获取的评价资料可以分为定量和定性指标两大类。为了采用定量化的评价方法和自动化的评价手段，减少人为因素的影响，需要对其中的定性因素进行定量化处理，根据各因素对耕地质量影响的级别状况赋予其相应的分值或数值。此外，对于各类养分等按调查点位获取的数据，对其进行插值处理，生成各类养分专题图。

（一）定性指标的量化处理

1. 耕层质地

考虑不同质地类型的土壤肥力特征，及其与种植农作物生长发育的关系，同时结合专家意见，赋予不同质地类别相应的分值。见表 3-9。

表 3-9 土壤耕层质地的量化处理

质地类别	中壤	轻壤	重壤	砂壤	黏土	砂土
分值	100	90	80	70	50	40

2. 质地构型

考虑耕地的不同质地类型，根据土壤的紧实程度，赋予不同质地构型类别相应的分值。见表 3-10。

表 3-10 质地构型的量化处理

质地构型	薄层型	海绵型	夹层型	紧实型	上紧下松	上松下紧	松散型
分值	40	90	60	70	50	100	40

3. 地形部位

评价区域地形部位众多,空间变异较为复杂。通过对所有地形部位进行逐一分析和比较,根据不同地形部位的耕地质量状况,以及不同地形部位对农作物生长的影响,赋予各类型相应的分值。见表 3-11。

表 3-11 地形部位的量化处理

地形部位	平原低阶	平原中阶	宽谷盆地	山间盆地	平原高阶	丘陵下部
分值	100	90	85	80	75	85
地形部位	丘陵中部	丘陵上部	山地坡下	山地坡中	山地坡上	
分值	70	50	75	60	40	

4. 盐渍化程度

伊犁州直内,仍有部分耕地存在不同程度的盐渍化。根据土壤盐渍化对耕地质量和农作物生产的影响,将盐渍化程度划分为不同的等级,并对各等级进行赋值量化处理。结果见表 3-12。

表 3-12 土壤盐渍化程度的量化处理

盐渍化程度	无	轻度	中度	重度	盐土
分值	100	90	75	40	30

5. 灌溉能力

考虑伊犁州直灌溉能力的总体状况,根据灌溉能力对耕地质量的影响,按照灌溉能力对农作物生产的满足程度划分为不同的等级,并赋予其相应的分值进行量化处理。见表 3-13。

表 3-13 灌溉能力的量化处理

灌溉能力	充分满足	满足	基本满足	不满足
分值	100	80	60	40

6. 排水能力

考虑伊犁州直排水能力的总体状况,根据排水能力对耕地质量的影响,按照排水能力对农作物生产的满足程度划分为不同的等级,并赋予其相应的分值进行量化处理。见表 3-14。

表 3-14　排水能力的量化处理

排水能力	充分满足	满足	基本满足	不满足
分值	100	80	60	40

7. 障碍因素

根据中华人民共和国农业行业标准《全国中低产田类型划分与改良技术规范》（NY/T 310—1996），同时结合专家意见，赋予不同质地类别相应的分值。见表 3-15。

表 3-15　障碍因素的量化处理

障碍因素	瘠薄	沙化	无	盐碱	障碍层次	干旱灌溉型
分值	70	50	100	60	65	65

8. 生物多样性

考虑伊犁州直生物多样性的总体状况，根据生物多样性对耕地质量的影响，按照生物多样性对农作物生产的满足程度划分为不同的等级，并赋予其相应的分值进行量化处理。见表 3-16。

表 3-16　生物多样性的量化处理

生物多样性	丰富	一般	不丰富
分值	100	85	60

9. 农田林网化

考虑伊犁州直农田林带的总体状况，根据农田林带对耕地质量的影响，按照农田林网对农作物生产的满足程度划分为不同的等级，并赋予其相应的分值进行量化处理。见表 3-17。

表 3-17　农田林网化的量化处理

农田林网化	高	中	低
分值	100	85	70

10. 清洁程度

考虑伊犁州直农田地膜的清洁程度，根据农田地膜对耕地质量的影响，按照农田地膜残留量的程度划分为不同的等级，并赋予其相应的分值进行量化处理。见表 3-18。

表 3-18　清洁程度的量化处理

清洁程度	清洁	尚清洁
分值	100	85

(二) 定量指标的赋值处理

有机质、有效磷、速效钾、土壤容重、有效土层厚度、地下水埋深均为定量指标，均用数值大小表示其指标状态。与定性指标的量化处理方法一样，应用Delphi法划分各参评因素的实测值，根据各参评因素实测值对耕地质量及作物生长的影响进行评估，确定其相应的分值，为建立各因素隶属函数奠定基础（表3-19）。

表3-19 定量指标的赋值处理

评价因素	专家评估										
有机质 (g/kg)	50	40	35	30	25	20	15	12	10	6	4	2
分值	100	98	95	90	85	75	65	60	50	40	25	10
有效磷 (mg/kg)	50	40	35	30	25	20	15	10	5			
分值	100	98	95	90	80	75	60	35	20			
速效钾 (mg/kg)	400	300	250	200	180	150	120	100	80	50	20	
分值	100	95	90	85	80	75	70	60	40	20	10	
土壤容重 (g/cm^3)	2	1.8	1.6	1.5	1.4	1.35	1.3	1.25	1.2	1.15	1.1	1	0.8
分值	20	40	70	80	90	95	100	95	90	85	80	60	40

(三) 评价指标隶属函数的确定

隶属函数的确定是评价过程的关键环节。评价过程需要在确定各评价因素的隶属度基础上，计算各评价单元分值，从而确定耕地质量等级。在定性和定量指标进行量化处理后，应用Delphi法，评估各参评因素等级或实测值对耕地质量及作物生长的影响，确定其相应分值对应的隶属度。应用相关的统计分析软件，绘制这两组数值的散点图，并根据散点图进行曲线模拟，拟合参评因素等级或实际值与隶属度的关系方程，从而构建各参评因素隶属函数。各参评因素的分级、对应的专家赋值和隶属度汇总情况如表3-20所示。参评定量因素类型及其隶属函数如表3-21所示。

表3-20 参评因素的分级、分值及其隶属度

评价因素	专家评估										
有机质 (g/kg)	50	40	35	30	25	20	15	12	10	6	4	2
分值	100	98	95	90	85	75	65	60	50	40	25	10
隶属度	1	0.98	0.95	0.9	0.85	0.75	0.65	0.6	0.5	0.4	0.25	0.1

（续表）

评价因素	专家评估											
有效磷（mg/kg）	50	40	35	30	25	20	15	10	5			
分值	100	98	95	90	80	75	60	35	20			
隶属度	1	0.98	0.95	0.9	0.8	0.75	0.6	0.35	0.2			
速效钾（mg/kg）	400	300	250	200	180	150	120	100	80	50	20	
分值	100	95	90	85	80	75	70	60	40	20	10	
隶属度	1	0.95	0.9	0.85	0.8	0.75	0.7	0.6	0.4	0.2	0.1	
土壤容重（g/cm³）	2	1.8	1.6	1.5	1.4	1.35	1.3	1.25	1.2	1.15	1.1	1	0.8
分值	20	40	70	80	90	95	100	95	90	85	80	60	40
隶属度	0.2	0.4	0.7	0.8	0.9	0.95	1	0.95	0.9	0.85	0.8	0.6	0.4
有效土层厚度（cm）	>150	120	100	80	70	60	50	40	30	20	10	
分值	100	97	95	85	75	65	60	50	30	20	10	
隶属度	1	0.97	0.95	0.85	0.75	0.65	0.6	0.5	0.3	0.2	0.1	
地下水埋深（m）	80	50	30	20	10	5	3	2	1	0.5	0.1	
分值	100	98	96	92	85	75	65	50	40	30	10	
隶属度	1	0.98	0.96	0.92	0.85	0.75	0.65	0.5	0.4	0.3	0.1	
耕层质地	中壤	轻壤	重壤	砂壤	黏土	砂土						
分值	100	90	80	70	50	40						
隶属度	1.00	0.90	0.80	0.70	0.50	0.40						
灌溉能力	充分满足	满足	基本满足	不满足								
分值	100	80	60	40								
隶属度	1.00	0.80	0.60	0.40								
排水能力	充分满足	满足	基本满足	不满足								
分值	100	80	60	40								
隶属度	1.00	0.80	0.60	0.40								

(续表)

评价因素	专家评估											
盐渍化程度	无	轻度	中度	重度	盐土							
分值	100	90	75	40	30							
隶属度	1.00	0.90	0.75	0.40	0.3							
质地构型	上松下紧型	海绵型	紧实型	夹层型	上紧下松型	松散型	薄层型					
分值	100	90	70	60	50	40	40					
隶属度	1.00	0.90	0.70	0.60	0.50	0.40	0.40					
地形部位	平原低阶	平原中阶	宽谷盆地	丘陵下部	山间盆地	平原高阶	山地坡下	丘陵中部	山地坡中	丘陵上部	山地坡上	沙漠边缘	河滩地
分值	100	90	85	85	80	75	75	70	60	50	40	30	50
隶属度	1.00	0.90	0.85	0.85	0.80	0.75	0.75	0.70	0.60	0.50	0.40	0.30	0.5
地形部位	扇缘	扇缘洼地	扇间洼地									
分值	50	50	60									
隶属度	0.50	0.50	0.60									
障碍因素	无	瘠薄	障碍层次	干旱灌溉型	盐碱	沙化						
分值	100	70	65	65	60	50						
隶属度	1.00	0.70	0.65	0.65	0.60	0.50						
农田林网化	高	中	低									
分值	100	85	70									
隶属度	1.00	0.85	0.70									
生物多样性	丰富	一般	不丰富									
分值	100	85	60									
隶属度	1.00	0.85	0.60									
清洁程度	清洁	尚清洁										
分值	100	85										
隶属度	1.00	0.85										

表 3-21 参评定量因素类型及其隶属函数

函数类型	参评因素	隶属函数	a	c	U_1	U_2
戒上型	有机质 (g/kg)	$Y = 1 / [1 + a \times (x-c)^2]$	0.001 245	39.976 682	2	39

（续表）

函数类型	参评因素	隶属函数	a	c	U_1	U_2
戒上型	速效钾（mg/kg）	$Y=1/[1+a\times(x-c)^2]$	0.000 021	315.812 89	20	315
戒上型	有效磷（mg/kg）	$Y=1/[1+a\times(x-c)^2]$	0.001 2932	41.023 703	2	40
戒上型	地下水埋深（m）	$Y=1/[1+a\times(x-c)^2]$	0.000 293	56.275 087	0.1	50
戒上型	有效土层厚度（cm）	$Y=1/[1+a\times(x-c)^2]$	0.000 089	149.661 69	10	145
峰型	土壤容重	$Y=1/[1+a\times(x-c)^2]$	6.390 02	1.310 488	0.5	2

七、耕地质量等级的确定

（一）计算耕地质量综合指数

用累加法确定耕地质量的综合指数，具体公式为：

$$IFI = \sum F_i \times C_i$$

式中：IFI（Integrated Fertility Index）代表耕地质量综合指数；F_i 为第 i 个因素的评语（隶属度）；C_i 为第 i 个因素的组合权重。

（二）确定最佳的耕地质量等级数目

在获取各评价单元耕地质量综合指数的基础上，选择累计频率曲线法进行耕地质量等级数目的确定。首先根据所有评价单元的综合指数，形成耕地质量综合指数分布曲线图，然后根据曲线斜率的突变点（拐点）来确定等级的数目和划分综合指数的临界点。最终，将伊犁州直耕地质量划分为 10 个等级。各等级耕地质量综合指数见表 3-22，耕地质量综合指数分布曲线图见图 3-3。

表 3-22 伊犁州直耕地质量等级综合指数

IFI	>0.860 0	0.836 8~0.860 0	0.813 6~0.836 8	0.790 4~0.813 6	0.767 2~0.790 4
耕地质量等级	一等	二等	三等	四等	五等
IFI	0.744 0~0.767 2	0.720 8~0.744 0	0.697 6~0.720 8	0.674 4~0.697 6	<0.674 4
耕地质量等级	六等	七等	八等	九等	十等

八、耕地质量等级图的编制

为了提高制图的效率和准确性，采用地理信息系统软件 ArcGIS 进行伊犁州直耕地质量等级图及相关专题图件的编绘处理。其步骤为：扫描并矢量化各类基础图件→编辑点、线→点、线校正处理→统一坐标系→区编辑并对其赋属性→根据属性赋颜色→根据

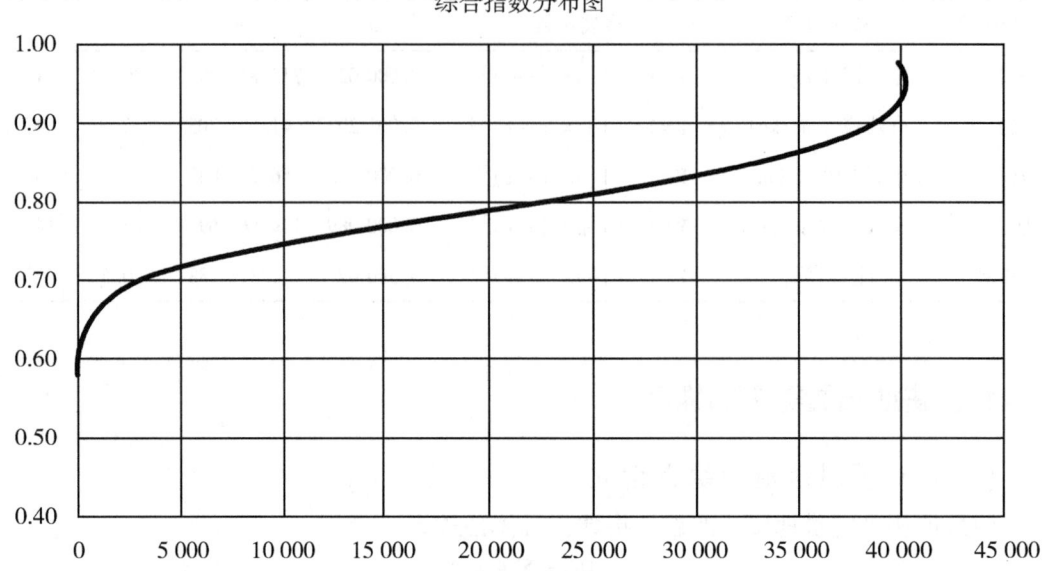

图 3-3 伊犁州直耕地质量综合指数分布

属性加注记→图幅整饰→图件输出。在此基础上，利用软件空间分析功能，将评价单元图与其他图件进行叠加，从而生成其他专题图件。

（一）专题图地理要素底图的编制

专题图的地理要素内容是专题图的重要组成部分，用于反映专题内容的地理分布，也是图幅叠加处理等的重要依据。地理要素的选择应与专题内容相协调，考虑图面的负载量和清晰度，应选择评价区域内基本的、主要的地理要素。

以伊犁州直最新的土地利用现状图为基础，进行制图综合处理，选取的主要地理要素包括居民点、交通道路、水系、境界线等及其相应的注记，进而编辑生成与各专题图件要素相适应的地理要素底图。

（二）耕地质量等级图的编制

以耕地质量评价单元为基础，根据各单元的耕地质量评价等级结果，对相同等级的相邻评价单元进行归并处理，得到各耕地质量等级图斑。在此基础上，分两个层次进行耕地质量等级的表达：一是颜色表达，即赋予不同耕地质量等级以相应的颜色。二是代号表达，用罗马数字Ⅰ、Ⅱ、Ⅲ、Ⅳ、Ⅴ、Ⅵ、Ⅶ、Ⅷ、Ⅸ、Ⅹ表示不同的耕地质量等级，并在评价图相应的耕地质量等级图斑上注明。将评价专题图与以上的地理要素底图复合，获得伊犁州直耕地质量等级分布图，见图 3-4。

九、耕地清洁程度评价

（一）耕地环境质量评价方法

根据土壤的监测结果，通过综合污染指数进行评价，并对区域土壤环境质量进行分

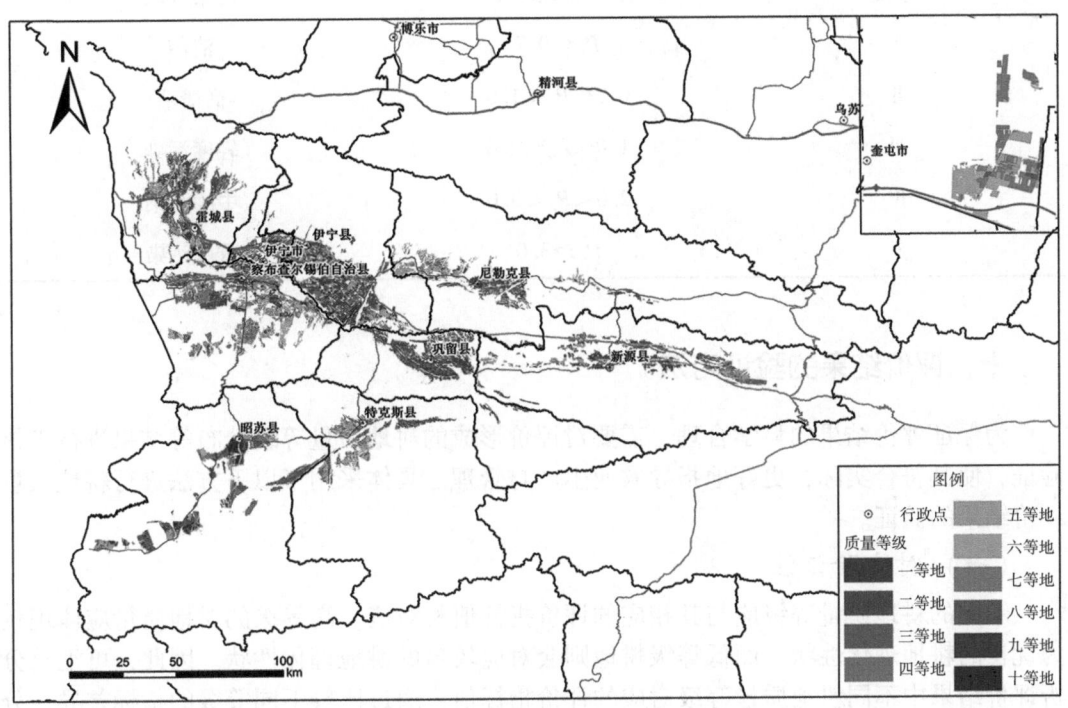

图 3-4　伊犁州直耕地质量等级分布

级、比较。综合评价指数的计算如下。

内梅罗（N. L. Nemerow）指数是一种兼顾极值或突出最大值的计权型多因子环境质量指数。其特别考虑了污染最严重的因子，内梅罗环境质量指数在加权过程中避免了权系数中主观因素的影响，是目前仍然应用较多的一种环境质量指数。

其基本计算公式：

$$P_n = \sqrt{\frac{(\overline{Pi}^2 + Pi_{\max}^2)}{2}} \tag{2}$$

式中 $\overline{Pi}$ 为各单因子环境质量指数的平均值，$Pi_{\max}$ 为各单因子环境质量指数中最大值。

（二）耕地环境质量评价标准

依据《土壤环境质量》（GB 15618—2018）、《土壤环境监测技术规范》（HJ/T 166—2004）、《全国土壤污染状况评价技术规定》〔环发（2008）39号〕，以内梅罗指数法计算各监测点位的综合污染指数，并对其土壤环境质量进行分级评价，评价标准见表3-23。

表 3-23 土壤环境质量分级标准

等级	综合污染指数（P_n）	污染等级
Ⅰ	$P_n \leq 0.7$	清洁
Ⅱ	$0.7 < P_n \leq 1.0$	尚清洁
Ⅲ	$1.0 < P_n \leq 2.0$	轻度污染
Ⅳ	$2.0 < P_n \leq 3.0$	中度污染
Ⅴ	$P_n > 3.0$	重度污染

十、评价结果的验证方法

为保证评价结果的科学合理，需要对评价形成的耕地质量等级分布等结果进行审核验证，使其符合实际，更好地指导农业生产与管理。具体采用了以下方法进行耕地质量评价结果的验证。

（一）对比验证法

不同的耕地质量等级应与其相应的评价指标值相对应。高等级的耕地质量应体现较为优良的耕地理化性状，而低等级耕地则会对应较劣的耕地理化性状。因此，可汇总分析评价结果中不同耕地质量等级对应的评价指标值，通过比较不同等级的指标差异，分析耕地质量评价结果的合理性。

以灌溉能力为例，一、二、三等地的灌溉能力以"充分满足"和"满足"为主，四、五、六等地以"基本满足"为主，七至十等地则以"不满足"为主（表3-24）。可见，评价结果与灌溉能力指标有较好的对应关系，说明评价的结果较为合理。

表 3-24 伊犁州直耕地质量各等级对应的灌溉能力占比情况　　　　（%）

等级	充分满足	满足	基本满足	不满足	合计
一	66.51	32.41	1.08	-	100
二	47.40	43.22	9.37	0.01	100
三	28.48	36.48	33.81	1.24	100
四	15.67	31.99	45.28	7.07	100
五	4.40	14.97	49.71	30.91	100
六	0.81	3.29	48.34	47.56	100
七	0.19	2.70	31.24	65.88	100
八	-	0.44	20.70	78.86	100
九	-	0.12	16.52	83.36	100
十	-	-	6.03	93.97	100

(二) 专家验证法

专家经验的验证也是判定耕地质量评价结果科学性的重要方法。应邀请熟悉区域情况及相关专业的专家，会同参与评价的专业人员，共同对属性数据赋值、等级划分、评价过程及评价结果进行系统的验证。

本次评价先后组织了自治区及伊犁州直的土壤学、土地资源学、植物营养学、地理信息系统等领域的多位专家以及基层工作技术人员，通过召开多次专题会议，对评价结果进行验证，确保了评价结果符合伊犁州直耕地实际状况。

(三) 实地验证法

以评价得到的耕地质量等级分布图为依据，随机或系统选取各等级耕地的验证样点，逐一到对应的评价地区实际地点进行调查分析，实地获取不同等级耕地的自然及社会经济信息指标数据，通过相应指标的差异，综合分析评价结果的科学合理性。

本次评价的实地验证工作由伊犁州直农技推广中心负责组织人员展开。首先，根据各个等级耕地的空间分布状况，选取代表性的典型样点，各县每一等级耕地选取15~20个样点，进行实地调查并查验相关的土壤理化性状指标。在此基础上，实地查看各样点的土地利用状况、地貌类型、管理情况，以及土壤质地、有效土层厚度、质地构型、障碍层类型等物理性状，调查近三年的作物产量、施肥、浇水等生产管理情况，查阅土壤有机质、有效磷、速效钾含量等化学性状，通过综合考虑实际土壤环境要素、土壤理化性状及其健康状况、施肥量、经济效益等相关信息，全面分析实地调查和化验分析数据与评价结果各等级耕地属性数据，验证评价结果是否符合实际情况（表3-25）。

表3-25 伊犁州直不同等级耕地典型地块实地调查信息对照

评价等级	县市	地形部位	土类	耕层质地	农田林网化	盐渍化程度	灌溉能力
一	察布查尔县	河滩地	灰钙土	轻壤	高	无	充分满足
二	巩留县	河滩地	灰钙土	轻壤	高	无	充分满足
三	霍城县	平原低阶	灰钙土	中壤	高	无	充分满足
四	奎屯市	平原中阶	灰钙土	中壤	中	轻度	满足
五	尼勒克县	平原中阶	灰钙土	轻壤	中	轻度	满足
六	特克斯县	平原中阶	灰钙土	砂壤	高	轻度	满足
七	新源县	平原中阶	灰钙土	中壤	低	轻度	基本满足
八	伊宁市	平原中阶	灰钙土	中壤	低	中度	基本满足
九	伊宁县	河滩地	灰钙土	中壤	低	重度	不满足
十	昭苏县	河滩地	灰钙土	砂土	低	重度	不满足

第四节　耕地土壤养分等专题图件编制方法

一、图件的编制步骤

对于土壤 pH 值、总盐、有机质、全氮、碱解氮、有效磷、速效钾、有效铁、有效锰、有效锌、有效铜、有效硼、有效钼、有效硅等养分数据，首先按照野外实际调查点进行整理，建立了以调查点为记录，以各养分为字段的数据库。在此基础上，进行土壤采样样点图与分析数据库的连接，进而对各养分数据进行插值处理，形成插值图件。然后，按照相应的分级标准划分等级绘制土壤养分含量分布图。

二、图件的插值处理

本次绘制图件是将所有养分采样点数据经 ArcGIS 软件处理，利用其空间分析模块功能对各养分数据进行插值，鉴于样点数量，本次插值采样反距离法进行，经编辑后得到养分含量分布图。反距离加权空间插值法（Inverse Distance to a Power，IDW）又被称为"距离倒数乘方法"，它是一种加权平均内插法，该方法认为任何一个观测值都对邻近的区域有影响，且影响的大小随距离的增大而减小。在实际运算中，以插值点与样本点位间的距离为权重进行加权平均，离插值点越近的样本点赋予的权重越大，即距离样本点位越近，插值数据也就越接近点位实际数值。

三、图件的清绘整饰

对于土壤有机质、pH 值、土壤大、中、微量元素含量分布等其他专题要素地图，按照各要素的不同分级分别赋予相应的颜色，标注相应的代号，生成专题图层。之后与地理要素底图复合，编辑处理生成相应的专题图件，并进行图幅的整饰处理。

第四章　耕地质量等级分析

第一节　耕地质量等级

一、伊犁州直耕地质量等级分布

依据各评价单元耕地质量指数和法（IFI）确定评价单元耕地质量综合知识、形成耕地质量综合指数分布曲线，参考新疆耕地质量综合指数分级标准，将伊犁州直耕地质量等级从高到低依次划分为十个等级（表4-1）。

伊犁州直一等地耕地面积共 68.13 千 hm^2，占伊犁州直耕地面积的 10.00%。其中，察布查尔县 4.52 千 hm^2，占该等级耕地面积的 6.64%；巩留县 14.34 千 hm^2，占该等级耕地面积的 21.05%；霍城县 11.71 千 hm^2，占该等级耕地面积的 17.19%；奎屯市 2.39 千 hm^2，占该等级耕地面积的 3.51%；尼勒克县 6.20 千 hm^2，占该等级耕地面积的 9.10%；特克斯县 2.74 千 hm^2，占该等级耕地面积的 4.02%；新源县 17.51 千 hm^2，占该等级耕地面积的 25.70%；伊宁市 1.24 千 hm^2，占该等级耕地面积的 1.81%；伊宁县 5.94 千 hm^2，占该等级耕地面积的 8.72%；昭苏县 1.54 千 hm^2，占该等级耕地面积的 2.26%。

伊犁州直二等地耕地面积共 70.42 千 hm^2，占伊犁州直耕地面积的 10.33%，二等地在伊犁州直各县市均有分布。其中，察布查尔县 11.31 千 hm^2，占该等级耕地面积的 16.07%；巩留县 12.04 千 hm^2，占该等级耕地面积的 17.09%；霍城县 13.60 千 hm^2，占该等级耕地面积的 19.32%；奎屯市 4.14 千 hm^2，占该等级耕地面积的 5.88%；尼勒克县 6.51 千 hm^2，占该等级耕地面积的 9.24%；特克斯县 2.86 千 hm^2，占该等级耕地面积的 4.06%；新源县 5.59 千 hm^2，占该等级耕地面积的 2.80%；伊宁市 0.97 千 hm^2，占该等级耕地面积的 1.38%；伊宁县 11.43 千 hm^2，占该等级耕地面积的 16.23%；昭苏县 1.97 千 hm^2，占该等级耕地面积的 2.80%。

伊犁州直三等地耕地面积共 55.27 千 hm^2，占伊犁州直耕地面积的 8.11%，三等地在伊犁州直各县市均有分布。其中，察布查尔县 8.75 千 hm^2，占该等级耕地面积的 15.84%；巩留县 6.00 千 hm^2，占该等级耕地面积的 10.84%；霍城县 11.44 千 hm^2，占该等级耕地面积的 20.70%；奎屯市 1.36 千 hm^2，占该等级耕地面积的 2.47%；尼勒克县 5.31 千 hm^2，占该等级耕地面积的 9.61%；特克斯县 2.50 千 hm^2，占该等级耕地面

伊犁州直耕地

表 4-1 伊犁州直耕地质量等级分布

含量 县市	一等地 面积(千hm²)	一等地 占比(%)	二等地 面积(千hm²)	二等地 占比(%)	三等地 面积(千hm²)	三等地 占比(%)	四等地 面积(千hm²)	四等地 占比(%)	五等地 面积(千hm²)	五等地 占比(%)	六等地 面积(千hm²)	六等地 占比(%)	七等地 面积(千hm²)	七等地 占比(%)	八等地 面积(千hm²)	八等地 占比(%)	九等地 面积(千hm²)	九等地 占比(%)	十等地 面积(千hm²)	十等地 占比(%)	合计 面积(千hm²)	合计 占比(%)
察布查尔县	4.52	3.78	11.31	9.45	8.75	7.31	15.97	13.34	27.37	22.86	11.82	9.87	24.09	20.12	8.58	7.18	4.09	3.42	3.20	2.67	119.71	17.56
巩留县	14.34	23.22	12.04	19.50	6.00	9.72	4.74	7.68	9.26	15.00	3.40	5.51	3.05	4.94	2.65	4.29	3.73	6.04	2.54	4.11	61.75	9.06
霍城县	11.71	12.42	13.60	14.43	11.44	12.14	13.64	14.47	20.72	21.98	7.27	7.71	7.73	8.20	3.91	4.15	2.77	2.94	1.48	1.57	94.27	13.83
奎屯市	2.39	7.56	4.14	13.10	1.36	4.30	2.27	7.18	6.46	20.44	4.06	12.84	9.87	31.22	1.03	3.26	0.03	0.09	—	—	31.61	4.64
尼勒克县	6.20	12.55	6.51	13.18	5.31	10.75	8.03	16.26	12.04	24.37	6.09	12.33	3.57	7.23	1.10	2.23	0.53	1.07	0.02	0.04	49.40	7.25
特克斯县	2.74	8.84	2.86	9.22	2.50	8.06	4.48	14.45	6.72	21.67	4.18	13.48	5.11	16.48	1.74	5.61	0.39	1.26	0.29	0.94	31.01	4.55
新源县	17.51	20.47	5.59	6.54	12.69	14.84	19.04	22.26	19.43	22.72	5.02	5.87	4.99	5.83	1.14	1.33	0.10	0.12	0.02	0.02	85.53	12.56
伊宁市	1.24	8.00	0.97	6.26	1.07	6.90	1.81	11.68	3.67	23.68	1.59	10.26	2.34	15.10	1.51	9.74	0.60	3.87	0.70	4.52	15.50	2.27
伊宁县	5.94	6.74	11.43	12.98	5.88	6.68	4.84	5.50	12.06	13.69	10.71	12.16	19.24	21.84	13.58	15.42	3.02	3.43	1.38	1.57	88.08	12.92
昭苏县	1.54	1.47	1.97	1.88	0.27	0.26	1.32	1.26	14.00	13.37	7.87	7.52	25.58	24.43	34.49	32.94	7.26	6.93	10.41	9.94	104.71	15.36
伊犁州直	68.13	10.00	70.42	10.33	55.27	8.11	76.14	11.17	131.73	19.33	62.01	9.10	105.57	15.49	69.74	10.23	22.52	3.30	20.04	2.94	681.56	100.00

积的4.52%；新源县12.69千hm²，占该等级耕地面积的22.96%；伊宁市1.07千hm²，占该等级耕地面积的1.92%；伊宁县5.88千hm²，占该等级耕地面积的10.64%；昭苏县0.27千hm²，占该等级耕地面积的0.49%。

伊犁州直四等地耕地面积共76.14千hm²，占伊犁州直耕地面积的11.17%，四等地在伊犁州直各县市均有分布。其中，察布查尔县15.97千hm²，占该等级耕地面积的20.97%；巩留县4.74千hm²，占该等级耕地面积的6.23%；霍城县13.64千hm²，占该等级耕地面积的17.91%；奎屯市2.27千hm²，占该等级耕地面积的2.98%；尼勒克县8.03千hm²，占该等级耕地面积的10.54%；特克斯县4.48千hm²，占该等级耕地面积的5.88%；新源县19.04千hm²，占该等级耕地面积的25.01%；伊宁市1.81千hm²，占该等级耕地面积的2.38%；伊宁县4.84千hm²，占该等级耕地面积的6.36%；昭苏县1.32千hm²，占该等级耕地面积的1.74%。

伊犁州直五等地耕地面积共131.73千hm²，占伊犁州直耕地面积的19.33%，五等地在伊犁州直各县市均有分布。其中，察布查尔县27.37千hm²，占该等级耕地面积的20.77%；巩留县9.26千hm²，占该等级耕地面积的7.03%；霍城县20.72千hm²，占该等级耕地面积的15.73%；奎屯市6.46千hm²，占该等级耕地面积的4.90%；尼勒克县12.04千hm²，占该等级耕地面积的9.15%；特克斯县6.72千hm²，占该等级耕地面积的5.10%；新源县19.43千hm²，占该等级耕地面积的14.75%；伊宁市3.67千hm²，占该等级耕地面积的2.79%；伊宁县12.06千hm²，占该等级耕地面积的9.15%；昭苏县14.00千hm²，占该等级耕地面积的10.62%。

伊犁州直六等地耕地面积共62.01千hm²，占伊犁州直耕地面积的9.01%，六等地在伊犁州直各县市均有分布。其中，察布查尔县11.82千hm²，占该等级耕地面积的19.06%；巩留县3.40千hm²，占该等级耕地面积的5.49%；霍城县7.27千hm²，占该等级耕地面积的11.72%；奎屯市4.06千hm²，占该等级耕地面积的6.54%；尼勒克县6.09千hm²，占该等级耕地面积的9.82%；特克斯县4.18千hm²，占该等级耕地面积的6.74%；新源县5.02千hm²，占该等级耕地面积的8.09%；伊宁市1.59千hm²，占该等级耕地面积的2.56%；伊宁县10.71千hm²，占该等级耕地面积的17.28%；昭苏县7.87千hm²，占该等级耕地面积的12.70%。

伊犁州直七等地耕地面积共105.57千hm²，占伊犁州直耕地面积的15.49%，七等地在伊犁州直各县市均有分布。其中，察布查尔县24.09千hm²，占该等级耕地面积的22.82%；巩留县3.05千hm²，占该等级耕地面积的2.89%；霍城县7.73千hm²，占该等级耕地面积的7.32%；奎屯市9.87千hm²，占该等级耕地面积的9.35%；尼勒克县3.57千hm²，占该等级耕地面积的3.38%；特克斯县5.11千hm²，占该等级耕地面积的4.88%；新源县4.99千hm²，占该等级耕地面积的4.73%；伊宁市2.34千hm²，占该等级耕地面积的2.22%；伊宁县19.24千hm²，占该等级耕地面积的18.22%；昭苏县25.57千hm²，占该等级耕地面积的24.22%。

伊犁州直八等地耕地面积共69.74千hm²，占伊犁州直耕地面积的10.23%，八等地在伊犁州直各县市均有分布。其中，察布查尔县8.59千hm²，占该等级耕地面积的12.30%；巩留县2.65千hm²，占该等级耕地面积的3.79%；霍城县3.91千hm²，占该等级耕地面积的 5.61%；奎屯市 1.03 千 hm²，占该等级耕地面积的 1.48%；尼勒克县 1.10 千 hm²，占该等级耕地面积的 1.58%；特克斯县 1.74 千 hm²，占该等级耕地面积的 2.50%；新源县 1.14 千 hm²，占该等级耕地面积的 1.63%；伊宁市 1.51 千 hm²，占该等级耕地面积的 2.17%；伊宁县 13.58 千 hm²，占该等级耕地面积的 19.48%；昭苏县 34.49 千 hm²，占该等级耕地面积的 49.46%。

伊犁州直九等地耕地面积共 22.52 千 hm²，占伊犁州直耕地面积的 3.30%，九等地在伊犁州直各县市均有分布。其中，察布查尔县 4.09 千 hm²，占该等级耕地面积的 18.17%；巩留县 3.73 千 hm²，占该等级耕地面积的 16.58%；霍城县 2.77 千 hm²，占该等级耕地面积的 12.31%；奎屯市 0.03 千 hm²，占该等级耕地面积的 0.12%；尼勒克县 0.53 千 hm²，占该等级耕地面积的 2.34%；特克斯县 0.39 千 hm²，占该等级耕地面积的 1.75%；新源县 0.10 千 hm²，占该等级耕地面积的 0.43%；伊宁市 0.60 千 hm²，占该等级耕地面积的 2.67%；伊宁县 3.02 千 hm²，占该等级耕地面积的 13.39%；昭苏县 7.26 千 hm²，占该等级耕地面积的 32.24%。

伊犁州直十等地耕地面积共 20.04 千 hm²，占伊犁州直耕地面积的 2.94%，十等地在奎屯市无分布。其中，察布查尔县 3.20 千 hm²，占该等级耕地面积的 15.97%；巩留县 2.54 千 hm²，占该等级耕地面积的 12.68%；霍城县 1.48 千 hm²，占该等级耕地面积的 7.38%；尼勒克县 0.02 千 hm²，占该等级耕地面积的 0.09%；特克斯县 0.29 千 hm²，占该等级耕地面积的 1.43%；新源县 0.02 千 hm²，占该等级耕地面积的 0.11%；伊宁市 0.70 千 hm²，占该等级耕地面积的 3.49%；伊宁县 1.38 千 hm²，占该等级耕地面积的 6.89%；昭苏县 10.41 千 hm²，占该等级耕地面积的 51.96%。

二、伊犁州直耕地质量高中低等级分布

将耕地质量的十等划分为高等、中等和低等三档，即一到三等地为高等，四到六等地为中等，七到十等地为低等（下同），见表 4-2。伊犁州直高等地面积为 193.83 千 hm²，占地区耕地总面积的 28.44%；中等地面积为 269.88 千 hm²，占地区耕地总面积的 39.60%；低等地面积为 217.87 千 hm²，占地区耕地总面积的 31.96%。

伊犁州直高等地分布的县市中，霍城县所占面积最大为 36.75 千 hm²，占伊犁州直高等地耕地面积的 18.96%；伊宁市所占面积最小为 3.27 千 hm²，占伊犁州直高等地耕地面积的 1.69%。

伊犁州直中等地分布的县市中，察布查尔县所占面积最大为 55.15 千 hm²，占伊犁州直中等地耕地面积的 20.44%；伊宁市所占面积最小为 7.07 千 hm²，占伊犁州直中等地耕地面积的 2.62%。

伊犁州直低等地分布的县市中，察布查尔县所占面积最大为 39.97 千 hm²，占伊犁州直低等地耕地面积的 18.34%；伊宁市所占面积最小为 5.16 千 hm²，占伊犁州直低等地耕地面积的 2.37%。

表 4-2　伊犁州直耕地质量高中低等级分布

等级	高等		中等		低等		合计	
县市	面积（千 hm²）	占比（%）	面积（千 hm²）	占比（%）	面积（千 hm²）	占比（%）	面积（千 hm²）	占比（%）
察布查尔县	24.59	12.69	55.15	20.44	39.97	18.34	119.71	17.56
巩留县	32.37	16.70	17.41	6.45	11.97	5.50	61.75	9.06
霍城县	36.75	18.96	41.63	15.42	15.89	7.29	94.27	13.83
奎屯市	7.90	4.06	12.78	4.75	10.94	5.02	31.62	4.65
尼勒克县	18.02	9.30	26.17	9.69	5.21	2.39	49.40	7.25
特克斯县	8.10	4.18	15.38	5.70	7.53	3.46	31.01	4.55
新源县	35.79	18.47	43.49	16.11	6.25	2.87	85.52	12.55
伊宁市	3.27	1.69	7.07	2.62	5.16	2.37	15.50	2.27
伊宁县	23.26	12.00	27.61	10.23	37.21	17.08	88.08	12.92
昭苏县	3.78	1.95	23.19	8.59	77.74	35.68	104.71	15.36
伊犁州直	193.83	28.44	269.88	39.60	217.87	31.96	681.57	100.00

三、地形部位耕地质量高中低等级分布

伊犁州直中等地面积比例最大，占比为39.60%，低等地面积比例次之，占比为31.96%，高等地面积比例最小，占比为28.44%。详见表4-3。

伊犁州直高等地分布的地形部位中，河滩地所占面积最大为95.24千hm²，占伊犁州直高等地耕地面积的49.14%；山间盆地所占面积最小为0.94千hm²，占伊犁州直高等地耕地面积的0.48%；丘陵上部、丘陵中部和山地坡上三种地形部位无高等地分布。

伊犁州直中等地分布的地形部位中，河滩地所占面积最大为77.26千hm²，占伊犁州直中等地耕地面积的28.63%；山地坡上所占面积最小为0.02千hm²，占伊犁州直中等地耕地面积的0.01%。

伊犁州直低等地分布的地形部位中，平原高阶所占面积最大为71.54千hm²，占伊犁州直低等地耕地面积的32.84%；丘陵中部所占面积最小为0.67千hm²，占伊犁州直低等地耕地面积的0.31%。

表 4-3　伊犁州直地形部位耕地质量高中低等级分布

等级	高等		中等		低等		合计	
地形部位	面积（千 hm²）	占比（%）	面积（千 hm²）	占比（%）	面积（千 hm²）	占比（%）	面积（千 hm²）	占比（%）
河滩地	95.24	49.14	77.26	28.63	17.91	8.22	190.41	27.93
平原高阶	2.88	1.48	49.34	18.28	71.54	32.84	123.76	18.17

(续表)

等级	高等		中等		低等		合计	
地形部位	面积（千hm²）	占比（%）	面积（千hm²）	占比（%）	面积（千hm²）	占比（%）	面积（千hm²）	占比（%）
平原中阶	40.93	21.12	76.77	28.44	65.24	29.95	182.94	26.84
平原低阶	43.37	22.37	37.39	13.86	14.86	6.82	95.61	14.03
丘陵上部	-	-	0.56	0.21	11.98	5.50	12.54	1.84
丘陵中部	-	-	0.75	0.28	0.67	0.31	1.42	0.21
丘陵下部	3.54	1.83	4.59	1.70	13.63	6.25	21.77	3.19
山地坡上	-	-	0.02	0.01	6.53	3.00	6.55	0.96
山地坡下	4.15	2.14	1.66	0.61	2.28	1.04	8.08	1.19
山间盆地	0.94	0.48	13.66	5.06	12.08	5.54	26.68	3.91
扇缘	2.78	1.44	7.88	2.92	1.15	0.53	11.81	1.73
伊犁州直	193.83	28.44	269.88	39.60	217.86	31.96	681.57	100.00

四、各县市耕地质量等级分布

由表 4-1 可知，察布查尔县评价区五等地和七等地所占面积最大，合计 50.19 千 hm²，从一等至十等地的面积分别为 4.52 千 hm²、11.31 千 hm²、8.75 千 hm²、15.97 千 hm²、27.37 千 hm²、11.82 千 hm²、24.09 千 hm²、8.58 千 hm²、4.09 千 hm² 和 3.20 千 hm²，占比为 3.78%、9.45%、7.31%、13.34%、22.86%、9.87%、20.12%、7.18%、3.42% 和 2.67%。

巩留县评价区一等地和二等地所占面积最大，合计 26.38 千 hm²，从一等至十等地的面积分别为 14.34 千 hm²、12.04 千 hm²、5.99 千 hm²、4.74 千 hm²、9.26 千 hm²、3.40 千 hm²、3.05 千 hm²、2.65 千 hm²、3.73 千 hm² 和 2.54 千 hm²，占比为 23.22%、19.50%、9.72%、7.68%、15.00%、5.51%、4.94%、4.29%、6.04% 和 4.11%。

霍城市评价区四等地和五等地所占面积最大，合计 34.36 千 hm²，从一等至十等地的面积分别为 11.71 千 hm²、13.60 千 hm²、11.44 千 hm²、13.64 千 hm²、20.72 千 hm²、7.27 千 hm²、7.73 千 hm²、3.91 千 hm²、2.77 千 hm² 和 1.48 千 hm²，占比为 12.42%、14.43%、12.14%、14.47%、21.98%、7.71%、8.20%、4.15%、2.94% 和 1.57%。

奎屯市评价区五等地和七等地所占面积最大，合计 16.33 千 hm²，从一等至九等地的面积分别为 2.39 千 hm²、4.14 千 hm²、1.37 千 hm²、2.27 千 hm²、6.46 千 hm²、4.06 千 hm²、9.87 千 hm²、1.03 千 hm² 和 0.03 千 hm²，占比为 7.56%、13.10%、4.30%、7.18%、20.44%、12.84%、31.22%、3.26% 和 0.09%。

尼勒克县评价区四等地和五等地所占面积最大，合计 20.07 千 hm²，从一等至十等地的面积分别为 6.20 千 hm²、6.50 千 hm²、5.31 千 hm²、8.03 千 hm²、12.05 千 hm²、6.09

千 hm²、3.57 千 hm²、1.10 千 hm²、0.53 千 hm² 和 0.02 千 hm²，占比为 12.55%、13.18%、10.75%、16.26%、24.37%、12.33%、7.23%、2.23%、1.07%和 0.04%。

特克斯县评价区五等地和七等地所占面积最大，合计 11.83 千 hm²，从一等至十等地的面积分别为 2.74 千 hm²、2.86 千 hm²、2.50 千 hm²、4.48 千 hm²、6.72 千 hm²、4.18 千 hm²、5.11 千 hm²、1.74 千 hm²、0.39 千 hm² 和 0.29 千 hm²，占比为 8.84%、9.22%、8.06%、14.45%、21.67%、13.48%、16.48%、5.61%、1.26%和 0.94%。

新源县评价区一等地和五等地所占面积最大，合计 36.94 千 hm²，从一等至十等地的面积分别为 17.51 千 hm²、5.59 千 hm²、12.69 千 hm²、19.04 千 hm²、19.43 千 hm²、5.02 千 hm²、4.99 千 hm²、1.14 千 hm²、0.10 千 hm² 和 0.02 千 hm²，占比为 20.47%、6.54%、14.84%、22.26%、22.72%、5.87%、5.83%、1.33%、0.12%和 0.02%。

伊宁市评价区五等地和七等地所占面积最大，合计 6.01 千 hm²，从一等至十等地的面积分别为 1.24 千 hm²、0.97 千 hm²、1.06 千 hm²、1.81 千 hm²、3.67 千 hm²、1.59 千 hm²、1.51 千 hm²、2.34 千 hm²、0.60 千 hm² 和 0.70 千 hm²，占比为 8.00%、6.26%、6.90%、11.68%、23.68%、10.26%、15.10%、9.74%、3.87%和 4.52%。

伊宁县评价区七等地和八等地所占面积最大，合计 32.82 千 hm²，从一等至十等地的面积分别为 5.94 千 hm²、11.43 千 hm²、5.88 千 hm²、4.84 千 hm²、12.06 千 hm²、10.71 千 hm²、19.24 千 hm²、13.58 千 hm²、3.02 千 hm² 和 1.38 千 hm²，占比为 6.74%、12.98%、6.68%、5.50%、13.69%、12.16%、21.84%、15.42%、3.43%和 1.57%。

昭苏县评价区七等地和八等地所占面积最大，合计 60.07 千 hm²，从一等至十等地的面积分别为 1.54 千 hm²、1.97 千 hm²、0.27 千 hm²、1.32 千 hm²、14.00 千 hm²、7.87 千 hm²、25.57 千 hm²、34.49 千 hm²、7.26 千 hm² 和 10.41 千 hm²，占比为 1.47%、1.88%、0.26%、1.26%、13.37%、7.52%、24.43%、32.94%、6.93%和 9.94%。

五、主要土壤类型的耕地质量状况

伊犁州直耕地中，分布有草甸土、潮土、风沙土、灌漠土、灰漠土、草甸盐土等 13 个土类。不同土壤类型上耕地质量等级面积分布见表 4-4。可以看出，伊犁州直耕地主要土壤类型依次为灰钙土、栗钙土、黑钙土、潮土、草甸土，占耕地面积的 93.07%。

一等地中，草甸土、潮土、灰钙土和栗钙土所占面积最大，合计 62.17 千 hm²，占比 91.23%，其次为黑钙土、沼泽土、草甸盐土、灌漠土、林灌草甸土、新积土和灰褐土占一等耕地面积分别为 4.35%、2.72%、0.74%、0.42%、0.33%、0.13%和 0.08%。

二等地中，灰钙土、栗钙土、草甸土和潮土所占面积最大，合计 62.22 千 hm²，占比达 88.36%，其次为黑钙土、沼泽土、灌漠土、灰褐土、草甸盐土、林灌草甸土和新积土，占耕地面积分别为 5.40%、4.19%、0.76%、0.46%、0.47%、0.27%和 0.09%。

三等地中，灰钙土、栗钙土、潮土和草甸土所占面积最大，合计 48.95 千 hm²，占比达 88.57%。其次为黑钙土、沼泽土、林灌草甸土、灰褐土、灌漠土和草甸盐土，所占三等地面积比例分别为 5.40%、3.78%、0.68%、0.53%、0.52%和 0.52%。

伊犁州直耕地

表4-4 主要土壤类型与耕地质量等级面积与比例

(千 hm²)

土类	一等地 面积	%	二等地 面积	%	三等地 面积	%	四等地 面积	%	五等地 面积	%	六等地 面积	%	七等地 面积	%	八等地 面积	%	九等地 面积	%	十等地 面积	%	合计 面积	%
总计(全部)	68.13	10.00	70.42	10.33	55.27	8.11	76.14	11.17	131.73	19.33	62.01	9.10	105.57	15.49	69.74	10.23	22.52	3.30	20.04	2.94	681.57	100.00
草甸土	8.93	13.11	10.19	14.48	6.16	11.14	10.02	13.16	10.42	7.91	3.45	5.56	13.85	13.12	2.81	4.03	1.61	7.16	0.57	2.83	68.01	9.98
潮土	9.73	14.27	10.00	14.20	7.37	13.34	11.36	14.91	13.67	10.38	6.98	11.25	7.49	7.10	3.49	5.01	1.92	8.52	1.37	6.85	73.38	10.77
风沙土	-	-	-	-	-	-	0.03	0.04	0.15	0.11	0.14	0.23	0.38	0.36	0.52	0.74	0.91	4.05	0.61	3.02	2.74	0.40
灌漠土	0.29	0.42	0.54	0.76	0.29	0.52	0.49	0.65	0.54	0.41	0.06	0.10	0.06	0.06	0.04	0.05	0.02	0.11	0.01	0.06	2.34	0.34
黑钙土	2.96	4.35	3.80	5.40	2.99	5.40	5.35	7.03	20.41	15.48	8.15	13.14	22.56	21.37	18.52	26.56	5.24	23.22	9.62	48.10	99.60	14.61
灰钙土	24.66	36.19	31.35	44.52	23.22	42.02	28.21	37.04	54.41	41.31	26.33	42.46	38.13	36.12	23.10	33.12	8.89	39.47	5.68	28.30	263.98	38.73
灰壤土	0.06	0.08	0.33	0.46	0.29	0.53	0.06	0.08	0.03	0.03	-	-	-	-	-	-	-	-	-	-	0.77	0.11
灰漠土	-	-	-	-	-	-	0.11	0.14	4.20	5.53	3.72	6.00	5.97	5.65	0.88	1.26	-	-	-	-	16.21	2.38
栗钙土	18.85	27.66	10.68	15.16	12.20	22.07	17.29	22.71	16.98	12.37	12.35	19.92	12.90	12.22	18.12	25.99	2.65	11.78	1.93	9.62	129.34	18.98
林灌草甸土	0.22	0.33	0.19	0.27	0.37	0.68	1.38	1.82	1.59	1.21	0.37	0.60	0.53	0.49	0.61	0.87	0.02	0.08	0.01	0.05	5.29	0.78
新积土	0.08	0.13	0.06	0.09	-	-	0.03	0.04	0.07	0.05	-	-	0.08	0.07	-	-	-	-	-	-	0.32	0.05
草甸盐土	0.50	0.74	0.33	0.47	0.29	0.52	0.70	0.92	0.55	0.42	-	-	0.06	0.06	0.03	0.04	-	-	-	-	2.46	0.36
沼泽土	1.85	2.72	2.95	4.19	2.09	3.78	1.11	1.46	1.99	1.51	0.46	0.74	3.56	3.38	1.62	2.33	1.26	5.61	0.24	1.17	17.13	2.51

四等地中，灰钙土、栗钙土、潮土、草甸土和黑钙土所占面积最大，合计72.23千hm^2，占比达94.85%。其次为林灌草甸土、沼泽土、草甸盐土、灌漠土、灰漠土、灰褐土、风沙土和新积土，所占四等地面积比例分别为1.82%、1.46%、0.92%、0.65%、0.14%、0.08%、0.04%和0.04%。

五等地中，灰钙土、栗钙土、黑钙土、潮土、草甸土和灰漠土所占面积最大，合计126.81千hm^2，占比达96.26%。其次为沼泽土、林灌草甸土草甸盐土、灌漠土、风沙土、新积土和灰褐土，所占五等地面积比例分别为1.51%、1.21%、0.42%、0.41%、0.11%、0.05%和0.03%。

六等地中，灰钙土、栗钙土、黑钙土和潮土所占面积最大，合计53.81千hm^2，占比达86.77%。其次为灰漠土、草甸土、沼泽土、林灌草甸土、风沙土和灌漠土，所占六等地面积比例分别为6.00%、5.56%、0.74%、0.60%、0.23%和0.10%。

七等地中，灰钙土、黑钙土、草甸土、栗钙土、潮土和灰漠土所占面积最大，合计100.90千hm^2，占比达95.58%。其次为沼泽土、林灌草甸土、风沙土、新积土、灌漠土和草甸盐土，所占七等地面积比例分别为3.38%、0.49%、0.36%、0.07%、0.06%和0.06%。

八等地中，灰钙土、黑钙土、栗钙土所占面积最大，合计59.74千hm^2，占比达85.67%。其次为潮土、草甸土、沼泽土、灰漠土、林灌草甸土、风沙土、灌漠土和草甸盐土，所占八等地面积比例分别为5.01%、4.03%、2.33%、1.26%、0.87%、0.74%、0.05%和0.04%。

九等地中，灰钙土、黑钙土、栗钙土和潮土所占面积最大，合计18.70千hm^2，占比达82.99%。其次为草甸土、沼泽土、风沙土、灌漠土和林灌草甸土，所占九等地面积比例分别为7.16%、5.61%、4.05%、0.11%和0.08%。

十等地中，黑钙土、灰钙土、栗钙土和潮土所占面积最大，合计18.60千hm^2，占比达92.87%。其次为风沙土、草甸土、沼泽土、灌漠土和林灌草甸土，所占十等地面积比例分别为3.02%、2.83%、1.17%、0.06%和0.05%。

各土类耕地质量高中低等级分布及同等地力占比见表4-5。草甸土耕地质量以高等为主，中等次之，低等最少。草甸土高等地力耕地占13.05%，中等地力耕地占8.85%，低等地力耕地占8.65%。

潮土耕地质量以高等为主，中等次之，低等最少。潮土高等地力耕地占13.98%，中等地力耕地占11.86%，低等地力耕地占6.55%。

风沙土耕地质量以低等为主，中等次之，无高等。风沙土低等地力耕地占1.11%，中等地力耕地占0.12%。

灌漠土耕地质量以高等为主，中等次之，低等最少。灌漠土高等地力耕地占0.57%，中等地力耕地占0.41%，低等地力耕地占0.06%。

黑钙土耕地质量以低等为主，中等次之，高等最少。黑钙土低等地力耕地占25.69%，中等地力耕地占12.56%，高等地力耕地占5.02%。

灰钙土耕地质量以高等为主，中等次之，低等最少。灰钙土高等地力耕地占40.88%，中等地力耕地占40.37%，低等地力耕地占34.79%。

灰褐土耕地质量以高等为主，中等次之。灰褐土高等地力耕地占0.35%，中等地力耕地占0.03%，无低等地力耕地。

灰漠土耕地质量以中等为主，低等次之，无高等。灰漠土中等地力耕地占3.47%，低等地力耕地占3.14%。

栗钙土耕地质量以高等为主，中等次之，低等最少。栗钙土高等地力耕地占21.52%，中等地力耕地占19.27%，低等地力耕地占16.34%。

林灌草甸土耕地质量以中等为主，高等次之，低等最少。林灌草甸土中等地力耕地占1.24%，高等地力耕地占0.41%，低等地力耕地占0.53%。

新积土耕地质量以高等为主，中等次之，低等最少。新积土高等地力耕地占0.08%，中等地力耕地占0.04%，低等地力耕地占0.03%。

草甸盐土耕地质量以高等为主，中等次之，低等最少。新积土高等地力耕地占0.58%，中等地力耕地占0.46%，低等地力耕地占0.04%。

沼泽土耕地质量以高等为主，低等次之，中等最少。沼泽土高等地力耕地占3.56%，低等地力耕地占3.07%，中等地力耕地占1.32%。

表4-5 各土类耕地质量高中低等级分布及同等地力占比

等级 土类	高等		中等		低等		合计	
	面积 (千hm^2)	占比 (%)	面积 (千hm^2)	占比 (%)	面积 (千hm^2)	占比 (%)	面积 (千hm^2)	占比 (%)
草甸土	25.29	13.05	23.88	8.85	18.84	8.65	68.01	9.98
潮土	27.09	13.98	32.01	11.86	14.28	6.55	73.38	10.77
风沙土	-	-	0.32	0.12	2.42	1.11	2.74	0.40
灌漠土	1.11	0.57	1.10	0.41	0.13	0.06	2.34	0.34
黑钙土	9.76	5.02	33.89	12.56	55.95	25.69	99.60	14.61
灰钙土	79.23	40.88	108.96	40.37	75.79	34.79	263.98	38.73
灰褐土	0.67	0.35	0.09	0.03	-	-	0.77	0.11
灰漠土	-	-	9.36	3.47	6.85	3.14	16.21	2.38
栗钙土	41.72	21.52	52.01	19.27	35.61	16.34	129.34	18.98
林灌草甸土	0.79	0.41	3.35	1.24	1.15	0.53	5.29	0.78
新积土	0.15	0.08	0.10	0.04	0.08	0.03	0.32	0.05
草甸盐土	1.12	0.58	1.25	0.46	0.09	0.04	2.46	0.36
沼泽土	6.89	3.56	3.56	1.32	6.68	3.07	17.13	2.51
总计	193.82	28.44	269.88	39.60	217.87	31.97	681.57	100.00

第二节 一等地耕地质量等级特征

一、一等地分布特征

（一）区域分布

伊犁州直一等地 68.13 千 hm²，占伊犁州直耕地面积的 10%。其中，察布查尔县 4.52 千 hm²，占察布查尔县耕地的 3.78%；巩留县 14.34 千 hm²，占巩留县耕地的 23.22%；霍城县 11.71 千 hm²，占霍城县耕地的 12.42%；奎屯市 2.39 千 hm²，占奎屯市耕地的 7.56%；特克斯县 2.74 千 hm²，占特克斯县耕地的 8.83%；尼勒克县 6.20 千 hm²，占尼勒克县耕地的 12.55%；新源县 17.51 千 hm²，占新源县耕地的 20.47%；伊宁市 1.24 千 hm²，占伊宁市耕地的 7.97%；伊宁县 5.94 千 hm²，占伊宁县耕地的 6.75%；昭苏县 1.59 千 hm²，占昭苏县耕地的请 1.47%。详见表 4-6。

表 4-6 各县市一等地面积及占辖区耕地面积的比例

县市	面积（千 hm²）	比例（%）	县市	面积（千 hm²）	比例（%）
察布查尔县	4.52	3.78	特克斯县	2.74	8.83
巩留县	14.34	23.22	新源县	17.51	20.47
霍城县	11.71	12.42	伊宁市	1.24	7.97
奎屯市	2.39	7.56	伊宁县	5.94	6.75
尼勒克县	6.20	12.55	昭苏县	1.54	1.47

一等地在县域的分布上差异较大。一等地面积占全县（市）耕地面积的比例在 20%~30%间的仅有 2 个，为巩留县和新源县。

一等地面积占全县（市）耕地面积的比例在 10%~20%间的有 2 个，分别为霍城县、尼勒克县。

一等地面积占全县（市）耕地面积的比例在 10%以下的有 6 个，分别是察布查尔县、奎屯市、特克斯县、伊宁市、伊宁县和昭苏县。

（二）土壤类型

从土壤类型来看，伊犁州直一等地分布面积和比例最大的土壤类型分别是灰钙土、栗钙土和潮土，分别占一等地总面积的 36.20%、27.65%和 14.27%，其次是草甸土、黑钙土、沼泽土等，风沙土无分布。详见表 4-7。

表 4-7 一等地耕地主要土壤类型耕地面积与比例

土壤类型	面积（千 hm²）	比例（%）
草甸土	8.93	13.11

(续表)

土壤类型	面积（千 hm²）	比例（%）
潮土	9.72	14.27
灌漠土	0.29	0.42
黑钙土	2.96	4.35
灰钙土	24.67	36.20
灰褐土	0.06	0.08
栗钙土	18.84	27.65
林灌草甸土	0.22	0.33
新积土	0.09	0.13
草甸盐土	0.50	0.74
沼泽土	1.85	2.72
总计	68.13	100

二、一等地属性特征

（一）地形部位

一等地的地形部位面积与比例如表4-8所示。一等地在河滩地分布最多，面积为33.88千 hm²，占一等地总面积的49.72%，占伊犁州直耕地河滩地总面积的17.79%；一等地在平原低阶分布面积为18.42千 hm²，占一等地总面积的27.03%，占伊犁州直耕地平原低阶总面积的19.26%；一等地在平原中阶分布面积为12.54千 hm²，占一等地总面积的18.41%，占伊犁州直耕地平原中阶总面积的6.86%；其他一等地的地形部位面积占比均较低。

表4-8 一等地的地形部位面积与比例

地形部位	面积（千 hm²）	比例（%）	占相同地形部位的比例（%）
河滩地	33.88	49.72	17.79
平原中阶	12.54	18.41	6.86
平原低阶	18.42	27.03	19.26
丘陵下部	0.36	0.52	1.63
山地坡下	2.17	3.18	26.80
山间盆地	0.52	0.76	1.94
扇缘	0.25	0.37	2.16

（二）灌溉能力

一等地中，灌溉能力充分满足的耕地面积为 45.31 千 hm^2，占一等地面积的 66.51%，占伊犁州直相同灌溉能力耕地总面积的 40.15%；灌溉能力满足的耕地面积为 22.08 千 hm^2，占一等地面积的 32.41%，占伊犁州直相同灌溉能力耕地总面积的 18.10%（表 4-9）。

表 4-9 不同灌溉能力下一等地的面积与比例

灌溉能力	面积（千 hm^2）	比例（%）	占相同灌溉能力的比例（%）
充分满足	45.31	66.51	40.15
满足	22.08	32.41	18.10
基本满足	0.74	1.08	0.35

（三）耕层质地

耕层质地在伊犁州直一等地中的面积及占比如表 4-10 所示。一等地中，耕层质地以中壤为主，面积达 36.23 千 hm^2，占比为 53.18%，其次是轻壤，面积为 23.93 千 hm^2，占比为 35.13%，黏土、砂壤和重壤所占比例较低。

表 4-10 一等地与耕层质地

耕层质地	面积（千 hm^2）	比例（%）	占相同质地耕地面积（%）
黏土	0.37	0.54	3.26
轻壤	23.93	35.13	11.09
砂壤	1.05	1.54	3.05
中壤	36.23	53.18	10.49
重壤	6.55	9.61	10.56
总计	68.13	100	24.10

（四）盐渍化程度

本次评价将盐渍化程度分为无盐渍化、轻度盐渍化、中度盐渍化和重度盐渍化四类。一等地的盐渍化程度见表 4-11。无盐渍化的耕地面积为 65.68 千 hm^2，占一等地总面积的 96.40%，占相同盐渍化程度耕地面积的 10.10%，轻度盐渍化的耕地面积为 2.11 千 hm^2，占一等地总面积的 3.10%，中度盐渍化的耕地面积为 0.34 千 hm^2，占一等地总面积的 0.50%。

表 4-11 一等地的盐渍化程度

盐渍化程度	面积（千 hm^2）	比例（%）	占相同盐渍化程度耕地面积（%）
无	65.68	96.40	10.10
轻度	2.11	3.10	8.15

(续表)

盐渍化程度	面积（千hm²）	比例（%）	占相同盐渍化程度耕地面积（%）
中度	0.34	0.50	7.12
总计	68.13	100.00	25.37

（五）养分状况

对伊犁州直一等地耕层养分进行统计如表4-12所示。一等地的养分含量平均值分别为：有机质27.68g/kg、全氮1.52g/kg、有效磷31.51mg/kg、速效钾253.79mg/kg、碱解氮114.89mg/kg、缓效钾386.23mg/kg、有效硼1.11mg/kg、有效钼0.17mg/kg、有效铜2.63mg/kg、有效铁35.70mg/kg、有效锰14.57mg/kg、有效锌1.50mg/kg、有效硅66.33mg/kg、有效硫388.68mg/kg、pH值8.28、盐分1.45g/kg。

表4-12 一等地耕地土壤养分含量

项目	平均值	标准差
有机质（g/kg）	27.68	13.09
全氮（g/kg）	1.52	0.68
有效磷（mg/kg）	31.51	26.86
速效钾（mg/kg）	253.79	153.81
碱解氮（mg/kg）	114.89	41.44
缓效钾（mg/kg）	386.23	209.58
有效硼（mg/kg）	1.11	0.46
有效钼（mg/kg）	0.17	0.09
有效铜（mg/kg）	2.63	1.05
有效铁（mg/kg）	35.70	32.22
有效锰（mg/kg）	14.57	6.89
有效锌（mg/kg）	1.50	1.43
有效硅（mg/kg）	66.33	34.44
有效硫（mg/kg）	388.68	557.09
pH值	8.28	0.19
盐分（g/kg）	1.45	1.02

对伊犁州直一等地中各县市的土壤养分含量平均值比较见表4-13，可以发现有机质含量昭苏县最高，为57.89g/kg，特克斯县最低，为20.17g/kg；全氮含量昭苏县最高，为3.05g/kg，特克斯县最低，为1.16g/kg；有效磷含量察布查尔县最高，为61.85mg/kg，霍城县最低，为18.65mg/kg；速效钾含量察布查尔县最高，为328.32mg/kg，新源县最低，为182.88mg/kg；碱解氮含量昭苏县最高，为211.68mg/kg，新源县最低，为90.40mg/kg；缓效钾含量昭苏县最高，为819.68mg/kg，新源县最低，为243.96mg/kg；盐分含量察布查尔县最高，为2.69g/kg，特克斯县最低，为0.90g/kg。微量元素硼、钼、铜、铁、锰、锌的有效含量各有高低，差异不明显。

表4-13 一等地中各县市土壤养分含量平均值比较

养分项目	察布查尔县	巩留县	霍城县	奎屯市	尼勒克县	特克斯县	新源县	伊宁市	伊宁县	昭苏县
有机质（g/kg）	33.43	25.91	40.49	25.37	27.00	20.17	22.17	35.27	21.21	57.89
全氮（g/kg）	1.84	1.41	2.25	1.37	1.49	1.16	1.20	1.92	1.26	3.05
有效磷（mg/kg）	61.85	20.53	18.65	30.12	25.33	32.30	40.45	30.87	26.03	24.35
速效钾（mg/kg）	328.32	289.10	274.43	205.65	200.31	267.84	182.88	266.63	263.11	244.09
碱解氮（mg/kg）	144.33	117.14	144.94	104.39	109.74	93.50	90.40	127.98	99.63	211.68
缓效钾（mg/kg）	459.57	352.46	701.14	363.40	420.25	323.54	243.96	470.28	341.99	819.68
有效硼（mg/kg）	1.59	1.12	1.32	1.07	1.26	1.51	0.71	1.01	0.86	1.46
有效钼（mg/kg）	0.22	0.14	0.19	0.19	0.16	0.11	0.19	0.18	0.17	0.24
有效铜（mg/kg）	3.01	2.26	1.99	2.98	2.82	2.89	3.11	2.49	2.09	2.57
有效铁（mg/kg）	46.02	17.32	28.16	37.51	40.69	19.17	58.06	43.94	22.23	73.26
有效锰（mg/kg）	18.03	9.69	23.20	9.45	16.56	13.37	13.47	19.96	16.43	35.12
有效锌（mg/kg）	1.67	0.66	1.32	1.38	2.49	3.65	1.61	1.55	1.00	2.68
有效硅（mg/kg）	70.64	62.55	119.99	55.09	81.91	62.46	36.91	81.86	65.20	130.19
有效硫（mg/kg）	1033.46	309.61	23.32	492.20	476.35	271.50	400.24	186.61	280.94	13.75
pH值	8.14	8.26	8.35	8.28	8.31	8.21	8.36	8.26	8.33	7.99
盐分（g/kg）	2.69	1.47	1.08	1.63	1.57	0.90	1.24	1.06	1.28	1.05

一等地有机质含量为一级（>25.0g/kg）的面积为28.91千hm²，占比42.43%；一等地有机质含量为二级（20.0~25.0g/kg）的面积为16.62千hm²，占比24.39%；有机质含量为三级（15.0~20.0g/kg）的面积为18.84千hm²，占比27.65%；有机质含量为四级（10.0~15.0g/kg）的面积为3.68千hm²，占比5.40%；有机质含量为五级（≤10.0g/kg）的面积为0.09千hm²，占比0.13%。表明伊犁州直一等地有机质含量以中等为主，偏下的面积和比例较小（表4-14）。

一等地全氮含量为一级（>1.50g/kg）的面积为25.87千hm²，占比37.97%；全氮含量为二级（1.00~1.50g/kg）的面积为29.31千hm²，占比43.01%；全氮含量为三级（0.75~1.00g/kg）的面积为12.42千hm²，占比18.23%；全氮含量为四级（0.50~0.75g/kg）的面积为0.54千hm²，占比0.79%；全氮含量为五级（≤0.50g/kg）的面积较小，可忽略。表明伊犁州直一等地全氮含量以中等偏上为主，偏下的面积和比例较小（表4-14）。

一等地有效磷含量为一级（>30.0mg/kg）的面积为24.34千hm²，占比35.73%；有效磷含量为二级（20.0~30.0mg/kg）的面积为14.33千hm²，占比21.03%；有效磷含量为三级（15.0~20.0mg/kg）的面积为18.22千hm²，占比26.75%；有效磷含量为四级（8.0~15.0mg/kg）的面积为10.74千hm²，占比15.76%；有效磷含量为五级（≤8.0mg/kg）的面积为0.50千hm²，占比0.73%。表明伊犁州直一等地有效磷含量以中等偏上为主，偏下的面积和比例较小（表4-14）。

一等地速效钾含量为一级（>250mg/kg）的面积无分布；速效钾含量为二级（200~250mg/kg）的面积为1.26千hm²，占比1.85%；速效钾含量为三级（150~200mg/kg）的面积为5.24千hm²，占比7.69%；速效钾含量为四级（100~150mg/kg）的面积为5.81千hm²，占比8.53%；速效钾含量为五级（≤100mg/kg）的面积为55.82千hm²，占比81.93%。表明伊犁州直一等地速效钾含量以偏下为主，偏高的面积和比例较小（表4-14）。

一等地碱解氮含量为一级（>150mg/kg）的面积为14.18千hm²，占比20.81%；碱解氮含量为二级（120~150mg/kg）的面积为10.82千hm²，占比15.88%；碱解氮含量为三级（90~120mg/kg）的面积为20.70千hm²，占比30.38%；碱解氮含量为四级（60~90mg/kg）的面积为19.68千hm²，占比28.88%；碱解氮含量为五级（≤60mg/kg）的面积为2.75千hm²，占比4.04%。表明伊犁州直一等地碱解氮含量以中等为主，偏低的面积和比例较小（表4-14）。

一等地盐分含量为非盐渍化（≤2.5g/kg）的面积为65.68千hm²，占比96.39%；盐分含量为轻度盐渍化（2.5~6.0g/kg）的面积为2.11千hm²，占比3.10%；盐分含量为中度盐渍化（6.0~12.0g/kg）的面积为0.34千hm²，占比0.50%。表明伊犁州直一等地盐分含量以非盐渍化为主，轻中度盐渍化的面积和比例较小（表4-14）。

表 4-14 一等地土壤养分各级别面积与比例

养分等级	一级		二级		三级		四级		五级	
	面积（千hm²）	比例（%）	面积（千hm²）	比例（%）	面积（千hm²）	比例（%）	面积（千hm²）	比例（%）	面积（千hm²）	比例（%）
有机质	28.91	42.43	16.62	24.39	18.84	27.65	3.68	5.40	0.09	0.13
全氮	25.87	37.97	29.31	43.01	12.42	18.23	0.54	0.79	0.0006	0.03
有效磷	24.34	35.73	14.33	21.03	18.22	26.75	10.74	15.76	0.50	0.73
速效钾	-	-	1.26	1.85	5.24	7.69	5.81	8.53	55.82	81.93
碱解氮	14.18	20.81	10.82	15.88	20.7	30.39	19.68	28.88	2.75	4.04
盐分	65.68	96.39	2.11	3.10	0.34	0.50	-	-	-	-

第三节 二等地耕地质量等级特征

一、二等地分布特征

（一）区域分布

伊犁州直二等地耕地面积 70.42 千 hm²，占伊犁州直耕地面积的 10.33%。其中，察布查尔县 11.31 千 hm²，占察布查尔县耕地的 9.45%；巩留县 12.04 千 hm²，占巩留县耕地的 7.15%；霍城县 13.60 千 hm²，占霍城县耕地的 14.43%；奎屯市 4.14 千 hm²，占奎屯市耕地的 13.10%；尼勒克县 6.51 千 hm²，占尼勒克县耕地的 13.17%；特克斯县 2.86 千 hm²，占特克斯县耕地的 9.22%；新源县 5.59 千 hm²，占新源县耕地的 6.54%；伊宁市 0.97 千 hm²，占伊宁市耕地的 6.28%；伊宁县 11.43 千 hm²，占伊宁县耕地的 12.98%；昭苏县 1.97 千 hm²，占昭苏县耕地的 1.88%（表 4-15）。

表 4-15 各县市二等地面积及占辖区耕地面积的比例

县市	面积（千hm²）	比例（%）	县市	面积（千hm²）	比例（%）
察布查尔县	11.31	9.45	特克斯县	2.86	9.22
巩留县	12.04	19.49	新源县	5.59	6.54
霍城县	13.60	14.43	伊宁市	0.97	6.28
奎屯市	4.14	13.10	伊宁县	11.43	12.98
尼勒克县	6.51	13.17	昭苏县	1.97	1.88

二等地在县域的分布上差异较小。二等地面积占全县（市）耕地面积的比例在

10%～20%的有 5 个，分别是巩留县、霍城县、奎屯市、尼勒克县和伊宁县。

二等地面积占全县（市）耕地面积的比例在 10%以下的有 5 个，分别是察布查尔县、特克斯县、新源县、伊宁市和昭苏县。

（二）土壤类型

从土壤类型来看，伊犁州直二等地分布面积和比例最大的土壤类型分别是灰钙土、栗钙土和草甸土，分别占二等地总面积的 44.52%、15.16%和 14.48%，其次是潮土、黑钙土、沼泽土、灌漠土、新积土、草甸盐土等，其他土类分布面积较小。详见表 4-16。

表 4-16 二等地耕地主要土壤类型耕地面积与比例

土壤类型	面积（千 hm²）	比例（%）
草甸土	10.19	14.48
潮土	10.00	14.20
灌漠土	0.54	0.76
黑钙土	3.80	5.40
灰钙土	31.35	44.52
灰褐土	0.33	0.46
栗钙土	10.68	15.16
林灌草甸土	0.19	0.27
新积土	0.06	0.09
草甸盐土	0.33	0.47
沼泽土	2.95	4.19
总计	70.42	100

二、二等地属性特征

（一）地形部位

二等地的地形部位面积与比例如表 4-17 所示。二等地在河滩地分布最多，面积为 35.67 千 hm²，占二等地总面积的 50.66%，占伊犁州直耕地河滩地总面积的 18.74%；二等地在平原中阶分布面积为 15.52 千 hm²，占二等地总面积的 22.04%，占伊犁州直耕地平原中阶总面积的 8.48%；二等地在平原低阶分布面积为 15.01 千 hm²，占二等地总面积的 21.31%，占伊犁州直耕地平原低阶总面积的 15.69%，其他二等地面积和占比较小。

表 4-17 二等地的地形部位面积与比例

地形部位	面积（千 hm²）	比例（%）	占相同地形部位的比例（%）
河滩地	35.67	50.66	18.74

(续表)

地形部位	面积（千 hm²）	比例（%）	占相同地形部位的比例（%）
平原高阶	0.12	0.17	0.10
平原中阶	15.52	22.04	8.48
平原低阶	15.01	21.31	15.69
丘陵下部	1.80	2.56	8.27
山地坡下	1.17	1.66	14.48
山间盆地	0.35	0.49	1.30
扇缘	0.78	1.11	6.63

（二）灌溉能力

二等地中，灌溉能力充分满足的耕地面积为 33.37 千 hm²，占二等地面积的 47.40%，占伊犁州直相同灌溉能力耕地总面积的 29.57%；灌溉能力满足的耕地面积为 30.44 千 hm²，占二等地面积的 43.22%，占伊犁州直相同灌溉能力耕地总面积的 24.95%；灌溉能力基本满足的耕地面积为 6.60 千 hm²，占二等地面积的 9.37%，占伊犁州直相同灌溉能力耕地总面积的 3.17%（表 4-18）。

表 4-18　不同灌溉能力下二等地的面积与比例

灌溉能力	面积（千 hm²）	比例（%）	占相同灌溉能力的比例（%）
充分满足	33.37	47.40	29.57
满足	30.44	43.22	24.95
基本满足	6.60	9.37	3.17
不满足	0.01	0.01	0.003 8

（三）耕层质地

耕层质地在伊犁州直二等地中的面积及占比如表 4-19 所示。二等地中，耕层质地以中壤为主，面积达 32.18 千 hm²，占比为 45.72%，其次是轻壤，面积为 24.29 千 hm²，占比为 34.50%，另外重壤占二等地总面积的 15.10%，黏土、砂壤和砂土所占比例较低。

表 4-19　二等地与耕层质地

耕层质地	面积（千 hm²）	比例（%）	占相同质地耕地面积（%）
黏土	0.70	0.99	6.20
轻壤	24.29	34.50	11.26
砂壤	2.33	3.30	6.78

(续表)

耕层质地	面积（千hm²）	比例（%）	占相同质地耕地面积（%）
砂土	0.28	0.39	2.18
中壤	32.18	45.72	9.31
重壤	10.64	15.10	17.15
总计	70.42	100.00	35.43

（四）盐渍化程度

二等地的盐渍化程度见表4-20。无盐渍化的耕地面积为66.87千hm²，占二等地总面积的94.96%，占相同盐渍化程度耕地面积的10.29%，轻度盐渍化的耕地面积为2.90千hm²，占二等地总面积的4.12%，中度盐渍化的耕地面积为0.46千hm²，占二等地总面积的0.65%，重度盐渍化的耕地面积为0.19千hm²，占二等地总面积的0.27%。

表4-20 二等地的盐渍化程度

盐渍化程度	面积（千hm²）	比例（%）	占相同盐渍化程度耕地面积（%）
无	66.87	94.96	10.29
轻度	2.90	4.12	11.19
中度	0.46	0.65	9.61
重度	0.19	0.27	24.40
总计	70.42	100.00	55.49

（五）养分状况

对伊犁州直二等地耕层养分进行统计如表4-21所示。二等地的养分含量平均值分别为：有机质25.34g/kg、全氮1.41g/kg、有效磷25.41mg/kg、速效钾212.84mg/kg、碱解氮107.97mg/kg、缓效钾416.07mg/kg、有效硼1.25mg/kg、有效钼0.18mg/kg、有效铜2.52mg/kg、有效铁29.65mg/kg、有效锰14.31mg/kg、有效锌1.66mg/kg、有效硅68.18mg/kg、有效硫471.88mg/kg、pH值8.27、盐分1.58g/kg。

表4-21 二等地耕地土壤养分含量

项目	平均值	标准差
有机质（g/kg）	25.34	13.94
全氮（g/kg）	1.41	0.74
有效磷（mg/kg）	25.41	20.10
速效钾（mg/kg）	212.84	108.29

(续表)

项目	平均值	标准差
碱解氮（mg/kg）	107.97	44.08
缓效钾（mg/kg）	416.07	223.22
有效硼（mg/kg）	1.25	0.51
有效钼（mg/kg）	0.18	0.14
有效铜（mg/kg）	2.52	1.00
有效铁（mg/kg）	29.65	24.81
有效锰（mg/kg）	14.31	6.82
有效锌（mg/kg）	1.66	1.76
有效硅（mg/kg）	68.18	33.37
有效硫（mg/kg）	471.88	719.46
pH值	8.27	0.21
盐分（g/kg）	1.58	1.33

对伊犁州直二等地中各县市的土壤养分含量平均值比较见表4-22，可以发现有机质含量昭苏县最高，为45.96g/kg，奎屯市最低，为17.31g/kg；全氮含量昭苏县最高，为2.47g/kg，奎屯市最低，为0.97g/kg；有效磷含量新源县最高，为38.96mg/kg，伊宁县最低，为15.62mg/kg；速效钾含量昭苏县最高，为268.98mg/kg，新源县最低，为173.10mg/kg；碱解氮含量昭苏县最高，为167.60mg/kg，奎屯市最低，为83.21mg/kg；缓效钾含量昭苏县最高，为725.31mg/kg，新源县最低，为239.17mg/kg；盐分含量察布查尔县最高，为2.47g/kg，特克斯县最低，为0.93g/kg。pH值、微量元素硼、钼、铜、铁、锰、锌的有效含量各有高低，差异不明显。

二等地有机质含量为一级（>25.0g/kg）的面积为23.99千hm²，占比34.09%；有机质含量为二级（20.0~25.0g/kg）的面积为15.30千hm²，占比21.72%；有机质含量为三级（15.0~20.0g/kg）的面积为23.90千hm²，占比33.93%；有机质含量为四级（10.0~15.0g/kg）的面积为6.48千hm²，占比9.20%；有机质含量为五级（≤10.0g/kg）的面积为0.75千hm²，占比1.06%。表明伊犁州直二等地有机质含量以中等偏低为主，偏上的面积和比例较小（表4-23）。

二等地全氮含量为一级（>1.50g/kg）的面积为22.52千hm²，占比31.97%；全氮含量为二级（1.00~1.50g/kg）的面积为31.54千hm²，占比44.80%；全氮含量为三级（0.75~1.00g/kg）的面积为14.32千hm²，占比20.33%；全氮含量为四级（0.50~0.75g/kg）的面积为2.04千hm²，占2.90%；全氮含量为五级（≤0.50g/kg）的面积不分布。表明伊犁州直二等地全氮含量以中等为主，偏下和偏上的面积和比例较小（表4-23）。

表 4-22　二等地中各县市土壤养分含量平均值比较

养分项目	察布查尔县	巩留县	霍城县	奎屯市	尼勒克县	特克斯县	新源县	伊宁市	伊宁县	昭苏县
有机质 (g/kg)	31.47	19.22	40.64	17.31	21.96	20.17	22.56	29.66	21.81	45.96
全氮 (g/kg)	1.77	1.07	2.23	0.97	1.22	1.18	1.23	1.61	1.28	2.47
有效磷 (mg/kg)	32.03	16.49	21.13	28.32	24.80	35.03	38.96	24.96	15.62	24.72
速效钾 (mg/kg)	243.26	184.64	252.99	185.33	178.97	235.28	173.10	228.72	246.93	268.98
碱解氮 (mg/kg)	127.24	94.79	147.78	83.21	98.41	97.89	94.22	109.77	90.21	167.60
缓效钾 (mg/kg)	436.04	383.63	724.11	497.75	330.97	332.72	239.17	413.56	374.66	725.31
有效硼 (mg/kg)	1.54	1.02	1.39	1.35	1.41	1.64	0.75	0.97	1.00	1.37
有效钼 (mg/kg)	0.23	0.15	0.21	0.24	0.14	0.10	0.16	0.17	0.19	0.20
有效铜 (mg/kg)	2.68	2.27	2.02	2.56	2.64	3.33	2.98	2.38	2.12	2.29
有效铁 (mg/kg)	38.01	17.55	27.47	32.31	33.29	21.03	50.85	36.34	21.94	49.26
有效锰 (mg/kg)	17.30	10.42	22.48	8.48	12.57	13.09	11.87	18.16	15.28	27.69
有效锌 (mg/kg)	1.74	0.70	1.35	1.41	2.58	4.73	1.75	1.30	0.98	1.99
有效硅 (mg/kg)	77.88	57.35	114.46	62.50	61.34	60.55	38.80	72.55	58.22	125.10
有效硫 (mg/kg)	948.63	276.33	27.06	531.43	664.62	318.00	377.07	203.08	403.41	38.34
pH值	8.23	8.26	8.31	8.19	8.30	8.25	8.42	8.24	8.39	8.20
盐分 (g/kg)	2.47	1.33	1.09	1.61	1.70	0.93	1.26	1.05	1.44	1.06

二等地有效磷含量为一级（>30.0mg/kg）的面积为13.15千hm²，占比18.67%；有效磷含量为二级（20.0~30.0mg/kg）的面积为13.92千hm²，占比19.76%；有效磷含量为三级（15.0~20.0mg/kg）的面积为22.82千hm²，占比32.42%；有效磷含量为四级（8.0~15.0mg/kg）的面积为19.44千hm²，占比27.60%；有效磷含量为五级（≤8.0mg/kg）的面积为1.09千hm²，占比1.55%。表明伊犁州直二等地有效磷含量以中等为主（表4-23）。

二等地速效钾含量为一级（>250mg/kg）的面积为0.09千hm²，占比0.13%；速效钾含量为二级（200~250mg/kg）的面积为2.06千hm²，占比2.92%；速效钾含量为三级（150~200mg/kg）的面积为8.04千hm²，占比11.42%；速效钾含量为四级（100~150mg/kg）的面积为6.67千hm²，占比9.47%；速效钾含量为五级（≤100mg/kg）的面积为53.56千hm²，占比76.06%。表明伊犁州直二等地速效钾含量以偏下为主，偏高的面积和比例较小（表4-23）。

二等地碱解氮含量为一级（>150mg/kg）的面积为10.04千hm²，占比14.26%；碱解氮含量为二级（120~150mg/kg）的面积为10.83千hm²，占比15.38%；碱解氮含量为三级（90~120mg/kg）的面积为22.91千hm²，占比32.54%；碱解氮含量为四级（60~90mg/kg）的面积为22.13千hm²，占比31.42%；碱解氮含量为五级（≤60mg/kg）的面积为4.51千hm²，占比6.40%。表明伊犁州直二等地碱解氮含量以中等偏下为主，偏上的面积和比例较小（表4-23）。

二等地盐分含量为一级（≤2.5g/kg）的面积为66.87千hm²，占比94.96%；盐分含量为二级（2.5~6.0g/kg）的面积为2.9千hm²，占比4.12%；盐分含量为三级（6.0~12.0g/kg）的面积为0.46千hm²，占比0.65%；盐分含量为四级（12.0~20.0g/kg）的面积为0.19千hm²，占比027%。表明伊犁州直二等地盐分含量以一级为主，其他等级的面积和比例较小（表4-23）。

表4-23 二等地土壤养分各级别面积与比例

养分等级	一级		二级		三级		四级		五级	
	面积（千hm²）	比例（%）	面积（千hm²）	比例（%）	面积（千hm²）	比例（%）	面积（千hm²）	比例（%）	面积（千hm²）	比例（%）
有机质	23.99	34.09	15.30	21.72	23.90	33.93	6.48	9.20	0.75	1.06
全氮	22.52	31.97	31.54	44.80	14.32	20.33	2.04	2.90	—	—
有效磷	13.15	18.67	13.92	19.76	22.82	32.42	19.44	27.60	1.09	1.55
速效钾	0.09	0.13	2.06	2.92	8.04	11.42	6.67	9.47	53.56	76.06
碱解氮	10.04	14.26	10.83	15.38	22.91	32.54	22.13	31.42	4.51	6.40
盐分	66.87	94.96	2.9	4.12	0.46	0.65	0.19	0.27	—	—

第四节 三等地耕地质量等级特征

一、三等地分布特征

(一) 区域分布

伊犁州直三等地耕地面积 55.26 千 hm^2，占伊犁州直耕地面积的 8.11%。其中，察布查尔县 8.75 千 hm^2，占察布查尔县耕地的 7.31%；巩留县 5.99 千 hm^2，占巩留县耕地的 9.70%；霍城县 11.45 千 hm^2，占霍城县耕地的 12.14%；奎屯市 1.37 千 hm^2，占奎屯市耕地的 4.32%；尼勒克县 5.31 千 hm^2，占尼勒克县耕地的 10.75%；特克斯县 2.50 千 hm^2，占特克斯县耕地的 8.06%；新源县 12.69 千 hm^2，占新源县耕地的 14.84%；伊宁市 1.06 千 hm^2，占伊宁市耕地的 6.84%；伊宁县 5.88 千 hm^2，占伊宁县耕地的 6.68%；昭苏县 0.27 千 hm^2，占昭苏县耕地的 0.26%（表 4-24）。

表 4-24 各县市三等地面积及占辖区耕地面积的比例

县市	面积（千 hm^2）	比例（%）	县市	面积（千 hm^2）	比例（%）
察布查尔县	8.75	7.31	特克斯县	2.50	8.06
巩留县	5.99	9.70	新源县	12.69	14.84
霍城县	11.45	12.14	伊宁市	1.06	6.84
奎屯市	1.37	4.32	伊宁县	5.88	6.68
尼勒克县	5.31	10.75	昭苏县	0.27	0.26

三等地在县域的分布上差异较小。三等地面积占全县（市）耕地面积的比例在 10%~20% 的有 3 个，分别是霍城县、尼勒克县和新源县。

三等地面积占全县（市）耕地面积的比例在 10% 以下的有 7 个，分别是察布查尔县、巩留县、奎屯市、特克斯县、伊宁县、伊宁市和昭苏县。

(二) 土壤类型

从土壤类型来看，伊犁州直三等地分布面积和比例最大的土壤类型分别是灰钙土、栗钙土和潮土，分别占三等地总面积的 42.02%、22.07% 和 13.34%，其次是草甸土、灌漠土、沼泽土、林灌草甸土、风沙土等，其他土类分布面积较小。详见表 4-25。

表 4-25 三等地耕地主要土壤类型耕地面积与比例

土壤类型	面积（千 hm^2）	比例（%）
草甸土	6.16	11.14
潮土	7.37	13.34

(续表)

土壤类型	面积（千 hm^2）	比例（%）
灌漠土	0.29	0.52
黑钙土	2.99	5.40
灰钙土	23.22	42.02
灰褐土	0.29	0.53
栗钙土	12.20	22.07
林灌草甸土	0.37	0.68
草甸盐土	0.29	0.52
沼泽土	2.09	3.78
总计	55.26	100

二、三等地属性特征

（一）地形部位

三等地的地形部位面积与比例如表 4-26 所示。三等地在河滩地分布最多，面积为 25.69 千 hm^2，占三等地总面积的 46.49%，占伊犁州直耕地河滩地总面积的 13.49%；三等地在平原中阶分布面积为 12.87 千 hm^2，占三等地总面积的 23.28%，占伊犁州直耕地平原中阶总面积的 7.03%；三等地在平原低阶分布面积为 9.93 千 hm^2，占三等地总面积的 17.97%，占伊犁州直耕地平原低阶总面积的 10.39%；其他的三等地的地形部位面积与比例较小。

表 4-26 三等地的地形部位面积与比例

地形部位	面积（千 hm^2）	比例（%）	占相同地形部位的比例（%）
河滩地	25.69	46.49	13.49
平原高阶	2.76	4.99	2.23
平原中阶	12.87	23.28	7.03
平原低阶	9.93	17.97	10.39
丘陵下部	1.39	2.51	6.38
山地坡下	0.82	1.48	10.09
山间盆地	0.07	0.13	0.27
扇缘	1.74	3.15	14.72

（二）灌溉能力

三等地中，灌溉能力充分满足的耕地面积为 15.74 千 hm^2，占三等地面积的 28.48%，占伊犁州直相同灌溉能力耕地总面积的 13.94%；灌溉能力满足的耕地面积为 20.16 千 hm^2，占三等地面积的 36.47%，占伊犁州直相同灌溉能力耕地总面积的 16.53%；灌溉能力基本满足的耕地面积为 18.69 千 hm^2，占三等地面积的 33.81%，占伊犁州直相同灌溉能力耕地总面积的 8.97%（表 4-27）。

表 4-27　不同灌溉能力下三等地的面积与比例

灌溉能力	面积（千 hm^2）	比例（%）	占相同灌溉能力的比例（%）
充分满足	15.74	28.48	13.94
满足	20.16	36.47	16.53
基本满足	18.69	33.81	8.97
不满足	0.68	1.24	0.29

（三）耕层质地

耕层质地在伊犁州直三等地中的面积及占比如表 4-28 所示。三等地中，耕层质地以轻壤和中壤为主，二者合计面积达 47.16 千 hm^2，合计占比为 85.32%，其次是重壤，面积为 4.18 千 hm^2，占比为 7.56%，另外，黏土、砂壤、砂土分别占三等地总面积的 2.72%、3.62% 和 0.78%，所占比例较低。

表 4-28　三等地与耕层质地

耕层质地	面积（千 hm^2）	比例（%）	占相同质地耕地面积（%）
黏土	1.50	2.72	13.36
轻壤	19.26	34.83	8.93
砂壤	2.00	3.62	5.82
砂土	0.43	0.78	3.37
中壤	27.90	50.49	8.07
重壤	4.18	7.56	6.74
总计	55.26	100.00	24.01

（四）盐渍化程度

三等地的盐渍化程度见表 4-29。无盐渍化的耕地面积为 51.97 千 hm^2，占三等地总面积的 94.03%，占相同盐渍化程度耕地面积的 7.99%，轻度盐渍化的耕地面积为 2.13 千 hm^2，占三等地总面积的 3.86%，中度盐渍化的耕地面积为 1.06 千 hm^2，占三等地总面积的 1.91%，重度盐渍化的耕地面积为 0.11 千 hm^2，占三等地总面积的 0.20%。

表 4-29 三等地的盐渍化程度

盐渍化程度	面积（千 hm²）	比例（%）	占相同盐渍化程度耕地面积（%）
无	51.97	94.03	7.99
轻度	2.13	3.86	8.23
中度	1.06	1.91	22.18
重度	0.11	0.20	14.28
总计	55.26	100.00	7.99

（五）养分状况

对伊犁州直三等地耕层养分进行统计如表 4-30 所示。三等地的养分含量平均值分别为：有机质 26.75g/kg、全氮 1.49g/kg、有效磷 28.24mg/kg、速效钾 216.95mg/kg、碱解氮 110.10mg/kg、缓效钾 397.40mg/kg、有效硼 1.24mg/kg、有效钼 0.18mg/kg、有效铜 2.63mg/kg、有效铁 34.90mg/kg、有效锰 14.81mg/kg、有效锌 1.73mg/kg、有效硅 65.82mg/kg、有效硫 535.62mg/kg、pH 为 8.29、盐分为 1.67g/kg。

表 4-30 三等地耕地土壤养分含量

项目	平均值	标准差
有机质（g/kg）	26.75	15.32
全氮（g/kg）	1.49	0.81
有效磷（mg/kg）	28.24	20.88
速效钾（mg/kg）	216.95	123.96
碱解氮（mg/kg）	110.10	48.55
缓效钾（mg/kg）	397.40	220.43
有效硼（mg/kg）	1.24	0.52
有效钼（mg/kg）	0.18	0.12
有效铜（mg/kg）	2.63	0.99
有效铁（mg/kg）	34.90	29.11
有效锰（mg/kg）	14.81	6.69
有效锌（mg/kg）	1.73	1.63
有效硅（mg/kg）	65.82	35.42
有效硫（mg/kg）	535.62	823.61
pH 值	8.29	0.22
盐分（g/kg）	1.67	1.51

对伊犁州直三等地中各县市的土壤养分含量平均值比较见表4-31，可以发现有机质含量霍城县最高，为38.61g/kg，伊宁县最低，为19.12g/kg；全氮含量霍城县最高，为2.10g/kg，巩留县最低，为1.08g/kg；有效磷含量察布查尔县最高，为37.04mg/kg，昭苏县最低，为10.87mg/kg；速效钾含量伊宁市最高，为266.19mg/kg，新源县最低，为178.96mg/kg；碱解氮含量霍城县最高，为141.79mg/kg，昭苏县最低，为80.34mg/kg；缓效钾含量霍城县最高，为762.22mg/kg，新源县最低，为255.84mg/kg；盐分含量察布查尔县最高，为2.51g/kg，伊宁市最低，为0.94g/kg。pH值、微量元素硼、钼、铜、铁、锰、锌的有效含量各有高低，差异不明显。

三等地有机质含量为一级（＞25.0g/kg）的面积为21.24千hm^2，占比38.42%；有机质含量为二级（20.0~25.0g/kg）的面积为8.57千hm^2，占比15.51%；有机质含量为三级（15.0~20.0g/kg）的面积为20.43千hm^2，占比36.97%；有机质含量为四级（10.0~15.0g/kg）的面积为4.88千hm^2，占比8.83%；有机质含量为五级（≤10.0g/kg）的面积为0.15千hm^2，占比0.27%。表明伊犁州直三等地有机质含量以中等偏低为主，偏上的面积和比例较小（表4-31）。

三等地全氮含量为一级（＞1.50g/kg）的面积为16.87千hm^2，占比30.53%；全氮含量为二级（1.00~1.50g/kg）的面积为24.92千hm^2，占比45.08%；全氮含量为三级（0.75~1.00g/kg）的面积为11.77千hm^2，占比21.30%；全氮含量为四级（0.50~0.75g/kg）的面积为1.66千hm^2，占比3.00%；全氮含量为五级（≤0.50g/kg）的面积为0.05千hm^2，占比0.09%。表明伊犁州直三等地全氮含量以中等为主，偏下和偏上的面积和比例较小（表4-31）。

三等地有效磷含量为一级（＞30.0mg/kg）的面积为14.19千hm^2，占比25.68%；有效磷含量为二级（20.0~30.0mg/kg）的面积为14.17千hm^2，占比25.64%；有效磷含量为三级（15.0~20.0gm/kg）的面积为10.51千hm^2，占比19.02%；有效磷含量为四级（8.0~15.0mg/kg）的面积为16.12千hm^2，占比29.15%；有效磷含量为五级（≤8.0mg/kg）的面积为0.28千hm^2，占比0.51%。表明伊犁州直三等地有效磷含量以偏上和中等为主，偏低的面积和比例较小（表4-31）。

三等地速效钾含量为一级（＞250mg/kg）的面积为0.33千hm^2，占比0.60%；速效钾含量为二级（200~250mg/kg）的面积为3.26千hm^2，占比5.90%；速效钾含量为三级（150~200mg/kg）的面积为3.65千hm^2，占比6.61%；速效钾含量为四级（100~150mg/kg）的面积为3.66千hm^2，占比6.62%；速效钾含量为五级（≤100mg/kg）的面积为44.37千hm^2，占比80.27%。表明伊犁州直三等地速效钾含量以中等偏下为主，偏高的面积和比例较小（表4-31）。

三等地碱解氮含量为一级（＞150mg/kg）的面积为9.23千hm^2，占比16.70%；碱解氮含量为二级（120~150mg/kg）的面积为7.79千hm^2，占比14.10%；碱解氮含量为三级（90~120mg/kg）的面积为14.32千hm^2，占比25.90%；碱解氮含量为四级（60~90mg/kg）的面积为19.95千hm^2，占比36.10%；碱解氮含量为五级（≤60mg/kg）的面积为3.98千hm^2，占比7.20%。表明伊犁州直三等地碱解氮含量以中等和偏下为主，偏上的面积和比例较小（表4-31）。

表4-31 三等地中各县市土壤养分含量平均值比较

养分项目	察布查尔县	巩留县	霍城县	奎屯市	尼勒克县	特克斯县	新源县	伊宁市	伊宁县	昭苏县
有机质（g/kg）	29.32	19.62	38.61	22.75	24.31	21.48	25.71	31.22	19.12	20.57
全氮（g/kg）	1.64	1.08	2.10	1.26	1.35	1.26	1.43	1.71	1.11	1.21
有效磷（mg/kg）	37.04	17.69	19.55	31.79	22.75	21.08	35.76	25.94	17.19	10.87
速效钾（mg/kg）	218.24	196.48	243.51	226.32	208.26	230.73	178.96	266.19	245.36	184.39
碱解氮（mg/kg）	121.87	94.77	141.79	102.75	99.69	101.14	96.97	117.52	85.84	80.34
缓效钾（mg/kg）	406.04	402.61	762.22	309.78	354.48	326.21	255.84	419.53	346.56	278.14
有效硼（mg/kg）	1.49	1.07	1.34	1.20	1.39	1.61	0.82	0.93	0.92	0.75
有效钼（mg/kg）	0.24	0.14	0.16	0.16	0.14	0.12	0.16	0.16	0.16	0.08
有效铜（mg/kg）	2.75	2.29	2.08	3.31	2.59	2.98	3.10	2.29	2.03	1.95
有效铁（mg/kg）	39.50	17.40	24.12	42.73	34.46	23.34	57.14	33.32	20.17	8.34
有效锰（mg/kg）	15.86	10.40	21.02	9.70	14.14	13.20	13.44	18.23	14.40	20.41
有效锌（mg/kg）	1.90	0.69	1.10	1.51	2.38	3.68	1.74	1.24	0.92	0.65
有效硅（mg/kg）	66.11	59.70	105.21	51.78	66.46	63.36	48.83	75.05	57.11	61.98
有效硫（mg/kg）	981.77	287.75	27.81	596.97	612.76	487.14	386.05	151.75	345.68	636.31
pH值	8.27	8.24	8.30	8.16	8.24	8.28	8.40	8.29	8.36	8.35
盐分（g/kg）	2.51	1.39	1.08	1.84	1.61	1.29	1.29	0.94	1.23	1.17

三等地盐分含量为一级（≤2.5g/kg）的面积为51.95千hm^2，占比93.99%；盐分含量为二级（2.5~6.0g/kg）的面积为2.13千hm^2，占比3.85%；盐分含量为三级（6.0~12.0g/kg）的面积为1.06千hm^2，占比1.92%；盐分含量为四级（12.0~20.0g/kg）的面积为0.11千hm^2，占比0.20%；盐分含量为五级（>20.0g/kg）的面积为0.02千hm^2，占比0.04%。表明伊犁州直三等地盐分含量以一级为主，其他等级的面积和比例较小（表4-32）。

表4-32 三等地土壤养分各级别面积与比例

养分等级	一级		二级		三级		四级		五级	
	面积（千hm^2）	比例（%）	面积（千hm^2）	比例（%）	面积（千hm^2）	比例（%）	面积（千hm^2）	比例（%）	面积（千hm^2）	比例（%）
有机质	21.24	38.42	8.57	15.51	20.43	36.97	4.88	8.83	0.15	0.27
全氮	16.87	30.53	24.92	45.08	11.77	21.30	1.66	3.00	0.05	0.09
有效磷	14.19	25.68	14.17	25.64	10.51	19.02	16.12	29.15	0.28	0.51
速效钾	0.33	0.60	3.26	5.90	3.65	6.61	3.66	6.62	44.37	80.27
碱解氮	9.23	16.70	7.79	14.10	14.32	25.90	19.95	36.10	3.98	7.20
盐分	51.95	93.99	2.13	3.85	1.06	1.92	0.11	0.20	0.02	0.04

第五节 四等地耕地质量等级特征

一、四等地分布特征

（一）区域分布

伊犁州直四等地耕地面积76.14千hm^2，占伊犁州直耕地面积的11.17%。其中，察布查尔县15.97千hm^2，占察布查尔县耕地的13.34%；巩留县4.74千hm^2，占巩留县耕地的7.68%；霍城县13.64千hm^2，占霍城县耕地的14.46%；奎屯市2.27千hm^2，占奎屯市耕地的7.17%；尼勒克县8.03千hm^2，占尼勒克县耕地的16.25%；特克斯县4.48千hm^2，占特克斯县耕地的14.45%；新源县19.04千hm^2，占新源县耕地的22.27%；伊宁市1.81千hm^2，占伊宁市耕地的11.68%；伊宁县4.84千hm^2，占伊宁县耕地的5.50%；昭苏县1.32千hm^2，占昭苏县耕地的1.27%（表4-33）。

表4-33 各县市四等地面积及占辖区耕地面积的比例

县市	面积（千hm^2）	比例（%）	县市	面积（千hm^2）	比例（%）
察布查尔县	15.97	13.34	特克斯县	4.48	14.45

(续表)

县市	面积（千 hm²）	比例（%）	县市	面积（千 hm²）	比例（%）
巩留县	4.74	7.68	新源县	19.04	22.27
霍城县	13.64	14.46	伊宁市	1.81	11.68
奎屯市	2.27	7.17	伊宁县	4.84	5.50
尼勒克县	8.03	16.25	昭苏县	1.32	1.27

四等地在县域的分布上有很大的差异。四等地面积占县域耕地面积比例20%以上的仅有新源县。四等地面积占全县耕地面积的比例在10%~20%的有5个，分别是察布查尔县、霍城县、尼勒克县、伊宁市和特克斯县。

四等地面积占全县（市）耕地面积的比例在10%以下的有4个，分别是巩留县、奎屯市、伊宁县和昭苏县。

（二）土壤类型

从土壤类型来看，伊犁州直四等地分布面积和比例最大的土壤类型分别是灰钙土、栗钙土和潮土，分别占四等地总面积的37.04%、22.71%和14.91%，其次是草甸土、黑钙土等，其他土类分布面积较小。详见表4-34。

表4-34 四等地耕地主要土壤类型耕地面积与比例

土壤类型	面积（千 hm²）	比例（%）
草甸土	10.02	13.16
潮土	11.36	14.91
风沙土	0.03	0.04
灌漠土	0.49	0.65
黑钙土	5.35	7.03
灰钙土	28.21	37.04
灰褐土	0.06	0.08
灰漠土	0.11	0.14
栗钙土	17.29	22.71
林灌草甸土	1.38	1.82
新积土	0.03	0.04
草甸盐土	0.70	0.92
沼泽土	1.11	1.46
总计	76.14	100

二、四等地属性特征

(一) 地形部位

四等地的地形部位面积与比例如表4-35所示。四等地在河滩地分布最多,面积为32.51千hm^2,占四等地总面积的42.70%,占伊犁州直耕地河滩地总面积的17.07%;四等地在平原中阶分布面积为18.94千hm^2,占四等地总面积的24.88%,占伊犁州直耕地平原中阶总面积的10.35%;四等地在平原低阶分布面积为11.11千hm^2,占四等地总面积的14.59%,占伊犁州直耕地平原低阶总面积的11.62%;四等地在平原高阶分布面积为8.04千hm^2,占四等地总面积的10.56%,占伊犁州直耕地平原高阶总面积的6.50%;其他地形部位面积和占比较小。

表4-35 四等地的地形部位面积与比例

地形部位	面积(千hm^2)	比例(%)	占相同地形部位的比例(%)
河滩地	32.51	42.70	17.07
平原高阶	8.04	10.56	6.50
平原中阶	18.94	24.88	10.35
平原低阶	11.11	14.59	11.62
丘陵下部	0.88	1.16	4.05
山地坡下	0.65	0.85	8.01
山间盆地	0.51	0.67	1.91
扇缘	3.50	4.60	29.64

(二) 灌溉能力

四等地中,灌溉能力充分满足的耕地面积为11.93千hm^2,占四等地面积的15.67%,占伊犁州直相同灌溉能力耕地总面积的10.57%;灌溉能力满足的耕地面积为24.36千hm^2,占四等地面积的31.98%,占伊犁州直相同灌溉能力耕地总面积的19.97%;灌溉能力基本满足的耕地面积为34.47千hm^2,占四等地面积的45.28%,占伊犁州直相同灌溉能力耕地总面积的16.55%;灌溉能力不满足的耕地面积为5.38千hm^2,占四等地面积的7.07%,占伊犁州直相同灌溉能力耕地总面积的2.26%(表4-36)。

表4-36 不同灌溉能力下四等地的面积与比例

灌溉能力	面积(千hm^2)	比例(%)	占相同灌溉能力的比例(%)
充分满足	11.93	15.67	10.57
满足	24.36	31.98	19.97

(续表)

灌溉能力	面积（千 hm²）	比例（%）	占相同灌溉能力的比例（%）
基本满足	34.47	45.28	16.55
不满足	5.38	7.07	2.26

（三）耕层质地

耕层质地在伊犁州直四等地中的面积及占比如表 4-37 所示。四等地中，耕层质地以中壤为主，面积达 38.04 千 hm²，占比为 49.95%，其次是轻壤，面积为 26.03 千 hm²，占比为 34.19%，另外重壤和砂壤分别占四等地总面积的 7.52% 和 6.50%，黏土和砂土所占比例较小。

表 4-37　四等地与耕层质地

耕层质地	面积（千 hm²）	比例（%）	占相同质地耕地面积（%）
黏土	1.03	1.36	9.17
轻壤	26.03	34.19	12.07
砂壤	4.95	6.50	14.43
砂土	0.36	0.48	2.85
中壤	38.04	49.95	11.01
重壤	5.73	7.52	9.24
总计	76.14	100.00	37.52

（四）盐渍化程度

四等地的盐渍化程度见表 4-38。无盐渍化的耕地面积为 70.2 千 hm²，占四等地总面积的 92.19%，占相同盐渍化程度耕地面积的 10.80%；轻度盐渍化的耕地面积为 5.02 千 hm²，占四等地总面积的 6.59%；中度盐渍化的耕地面积为 0.65 千 hm²，占四等地总面积的 0.86%；重度盐渍化的耕地面积为 0.27 千 hm²，占四等地总面积的 0.36%。

表 4-38　四等地的盐渍化程度

盐渍化程度	面积（千 hm²）	比例（%）	占相同盐渍化程度耕地面积（%）
无	70.2	92.19	10.80
轻度	5.02	6.59	19.35
中度	0.65	0.86	13.69
重度	0.27	0.36	35.29
总计	76.14	100.00	79.13

（五）养分状况

对伊犁州直四等地耕层养分进行统计如表 4-39 所示。四等地的养分含量平均值分别为：有机质 27.07g/kg、全氮 1.52g/kg、有效磷 26.35mg/kg、速效钾 224.56mg/kg、碱解氮 110.36mg/kg、缓效钾 395.06mg/kg、有效硼 1.26mg/kg、有效钼 0.18mg/kg、有效铜 2.49mg/kg、有效铁 30.71mg/kg、有效锰 14.97mg/kg、有效锌 1.67mg/kg、有效硅 67.73mg/kg、有效硫 536.32mg/kg、盐分 1.67g/kg。

表 4-39 四等地耕地土壤养分含量

项目	平均值	标准差
有机质（g/kg）	27.07	15.02
全氮（g/kg）	1.52	0.82
有效磷（mg/kg）	26.35	22.10
速效钾（mg/kg）	224.56	106.54
碱解氮（mg/kg）	110.36	48.38
缓效钾（mg/kg）	395.06	207.10
有效硼（mg/kg）	1.26	0.54
有效钼（mg/kg）	0.18	0.12
有效铜（mg/kg）	2.49	0.93
有效铁（mg/kg）	30.71	25.21
有效锰（mg/kg）	14.97	6.06
有效锌（mg/kg）	1.67	1.60
有效硅（mg/kg）	67.73	37.87
有效硫（mg/kg）	536.32	878.32
pH 值	8.30	0.22
盐分（g/kg）	1.67	1.61

对伊犁州直四等地中各县市的土壤养分含量平均值比较见表 4-40，可以发现有机质含量霍城县最高，为 35.82g/kg，巩留县最低，为 21.42g/kg；全氮含量昭苏县最高，为 3.40g/kg，巩留县最低，为 1.18g/kg；有效磷含量奎屯市最高，为 62.86mg/kg，巩留县最低，为 17.69mg/kg；速效钾含量昭苏县最高，为 453.29mg/kg，尼勒克县最低，为 197.92mg/kg；碱解氮含量昭苏县最高，为 209.33mg/kg，新源县最低，为 99.61mg/kg；缓效钾含量昭苏县最高，为 744.18mg/kg，新源县最低，为 297.63mg/kg；盐分含量察布查尔县最高，为 2.32g/kg，伊宁市最低，为 0.90g/kg。pH 值、微量元素硼、钼、铜、铁、锰、锌的有效含量各有高低，差异不明显。

表 4-40 四等地中各县市土壤养分含量平均值比较

养分项目	察布查尔县	巩留县	霍城县	奎屯市	尼勒克县	特克斯县	新源县	伊宁市	伊宁县	昭苏县
有机质（g/kg）	25.96	21.42	35.82	28.60	23.96	22.26	26.07	35.56	22.36	64.31
全氮（g/kg）	1.48	1.18	1.95	1.57	1.34	1.29	1.47	1.94	1.30	3.40
有效磷（mg/kg）	30.20	17.69	19.33	62.86	27.27	21.15	23.38	25.64	19.87	36.21
速效钾（mg/kg）	215.56	200.05	247.92	277.23	197.92	231.69	202.83	285.34	214.03	453.29
碱解氮（mg/kg）	108.83	99.67	132.95	125.72	103.56	102.11	99.61	129.00	99.65	209.33
缓效钾（mg/kg）	359.41	409.27	741.92	385.53	387.16	324.50	297.63	458.61	402.19	744.18
有效硼（mg/kg）	1.31	1.13	1.35	1.35	1.61	1.57	0.93	1.06	0.98	1.20
有效钼（mg/kg）	0.23	0.13	0.16	0.14	0.13	0.14	0.15	0.15	0.18	0.26
有效铜（mg/kg）	2.63	2.19	2.11	2.67	2.59	3.02	2.44	2.08	2.05	2.52
有效铁（mg/kg）	36.02	16.43	24.45	25.56	28.81	26.09	34.24	27.10	20.96	65.39
有效锰（mg/kg）	14.17	10.72	20.70	9.12	14.32	13.36	14.15	19.37	16.81	32.85
有效锌（mg/kg）	1.52	0.74	1.16	0.85	2.83	3.69	1.34	1.25	0.98	1.65
有效硅（mg/kg）	60.49	59.34	94.40	61.64	70.95	63.72	61.79	88.51	67.01	112.37
有效硫（mg/kg）	863.45	282.26	32.27	422.74	641.29	505.22	369.35	122.89	311.21	30.84
pH 值	8.31	8.21	8.29	8.05	8.25	8.30	8.42	8.28	8.34	8.04
盐分（g/kg）	2.32	1.41	1.09	1.66	1.62	1.38	1.26	0.90	1.20	0.95

四等地有机质含量为一级（＞25.0g/kg）的面积为30.66千hm²，占比40.26%；有机质含量为二级（20.0~25.0g/kg）的面积为15.82千hm²，占比20.78%；有机质含量为三级（15.0~20.0g/kg）的面积为24.31千hm²，占比31.93%；有机质含量为四级（10.0~15.0g/kg）的面积为5.17千hm²，占比6.79%；有机质含量为五级（≤10.0g/kg）的面积为0.18千hm²，占比0.24%。表明伊犁州直四等地有机质含量以中等偏低为主，偏下的面积和比例较小（表4-41）。

四等地全氮含量为一级（＞1.50g/kg）的面积为28.69千hm²，占比37.68%；全氮含量为二级（1.00~1.50g/kg）的面积为31.47千hm²，占比41.33%；全氮含量为三级（0.75~1.00g/kg）的面积为14.99千hm²，占比19.69%；全氮含量为四级（0.50~0.75g/kg）的面积为0.85千hm²，占比1.12%；全氮含量为五级（≤0.50g/kg）的面积为0.14千hm²，占比0.18%。表明伊犁州直四等地全氮含量以中等和偏上为主，偏下面积和比例较小（表4-41）。

四等地有效磷含量为一级（＞30.0mg/kg）的面积为15.98千hm²，占比20.99%；有效磷含量为二级（20.0~30.0mg/kg）的面积为15.76千hm²，占比20.70%；有效磷含量为三级（15.0~20.0mg/kg）的面积为17.21千hm²，占比22.60%；有效磷含量为四级（8.0~15.0mg/kg）的面积为26.29千hm²，占比34.53%；有效磷含量为五级（≤8.0mg/kg）的面积为0.9千hm²，占比1.18%。表明伊犁州直四等地有效磷含量以中等和偏下为主，偏低的面积和比例较小（表4-41）。

四等地速效钾含量为一级（＞250mg/kg）的面积为0.29千hm²，占比0.38%；速效钾含量为二级（200~250mg/kg）的面积为2.72千hm²，占比3.57%；速效钾含量为三级（150~200mg/kg）的面积为6.47千hm²，占比8.50%；速效钾含量为四级（100~150mg/kg）的面积为5.45千hm²，占比7.16%；速效钾含量为五级（≤100mg/kg）的面积为61.21千hm²，占比80.39%。表明伊犁州直四等地速效钾含量以偏下为主，偏高和中等的面积和比例较小（表4-41）。

四等地碱解氮含量为一级（＞150mg/kg）的面积为14.02千hm²，占比18.41%；碱解氮含量为二级（120~150mg/kg）的面积为11.14千hm²，占比14.63%；碱解氮含量为三级（90~120mg/kg）的面积为19.12千hm²，占比25.11%；碱解氮含量为四级（60~90mg/kg）的面积为28.11千hm²，占比36.92%；碱解氮含量为五级（≤60mg/kg）的面积为3.75千hm²，占比4.93%。表明伊犁州直四等地碱解氮含量以偏高和中等为主，偏下的面积和比例较小（表4-41）。

四等地盐分含量为一级（≤2.5g/kg）的面积为70.20千hm²，占比92.21%；盐分含量为二级（2.5~6.0g/kg）的面积为5.02千hm²，占比6.59%；盐分含量为三级（6.0~12.0g/kg）的面积为0.65千hm²，占比0.85%；盐分含量为四级（12.0~20.0g/kg）的面积为0.27千hm²，占比0.35%。表明伊犁州直四等地盐分含量以一级为主，其他等级的面积和比例较小（表4-41）。

表 4-41 四等地土壤养分各级别面积与比例

养分等级	一级		二级		三级		四级		五级	
	面积（千hm²）	比例（%）	面积（千hm²）	比例（%）	面积（千hm²）	比例（%）	面积（千hm²）	比例（%）	面积（千hm²）	比例（%）
有机质	30.66	40.26	15.82	20.78	24.31	31.93	5.17	6.79	0.18	0.24
全氮	28.69	37.68	31.47	41.33	14.99	19.69	0.85	1.12	0.14	0.18
有效磷	15.98	20.99	15.76	20.70	17.21	22.60	26.29	34.53	0.9	1.18
速效钾	0.29	0.38	2.72	3.57	6.47	8.50	5.45	7.16	61.21	80.39
碱解氮	14.02	18.41	11.14	14.63	19.12	25.11	28.11	36.92	3.75	4.93
盐分	70.20	92.21	5.02	6.59	0.65	0.85	0.27	0.35	—	—

第六节 五等地耕地质量等级特征

一、五等地分布特征

（一）区域分布

伊犁州直五等地耕地面积 131.73 千 hm²，占伊犁州直耕地面积的 19.33%。其中，察布查尔县 27.37 千 hm²，占察布查尔县耕地的 22.86%；巩留县 9.26 千 hm²，占巩留县耕地的 15.00%；霍城县 20.72 千 hm²，占霍城县耕地的 21.98%；奎屯市 6.46 千 hm²，占奎屯市耕地的 20.44%；尼勒克县 12.04 千 hm²，占尼勒克县耕地的 24.40%；特克斯县 6.72 千 hm²，占特克斯县耕地的 21.67%；新源县 19.43 千 hm²，占新源县耕地的 22.71%；伊宁市 3.67 千 hm²，占伊宁市耕地的 23.70%；伊宁县 12.06 千 hm²，占伊宁县耕地的 13.69%；昭苏县 14.00 千 hm²，占昭苏县耕地的 13.37%（表 4-42）。

表 4-42 各县市五等地面积及占辖区耕地面积的比例

县市	面积（千 hm²）	比例（%）	县市	面积（千 hm²）	比例（%）
察布查尔县	27.37	22.86	特克斯县	6.72	21.67
巩留县	9.26	15.00	新源县	19.43	22.71
霍城县	20.72	21.98	伊宁市	3.67	23.70
奎屯市	6.46	20.44	伊宁县	12.06	13.69
尼勒克县	12.04	24.40	昭苏县	14.00	13.37

五等地在县域的分布上有很大的差异。五等地面积占全县（市）耕地面积的比例在20%~30%的有7个，分别为察布查尔县、霍城县、特克斯县、奎屯市、新源县、伊宁市和尼勒克县。

五等地面积占全县耕地面积的比例在10%~20%的有3个，分别是巩留县、伊宁县和昭苏县。

(二) 土壤类型

从土壤类型来看，伊犁州直五等地分布面积和比例最大的土壤类型分别是灰钙土、栗钙土和黑钙土，分别占五等地总面积的41.29%、16.98%和15.49%，其次是潮土、草甸土和灰漠土等，其他土类分布面积较小。详见表4-43。

表4-43 五等地耕地主要土壤类型耕地面积与比例

土壤类型	面积（千hm²）	比例（%）
草甸土	10.42	7.91
潮土	13.67	10.38
风沙土	0.15	0.12
灌漠土	0.54	0.41
黑钙土	20.40	15.49
灰钙土	54.42	41.29
灰褐土	0.03	0.03
灰漠土	5.53	4.20
栗钙土	22.38	16.98
林灌草甸土	1.59	1.21
新积土	0.07	0.05
草甸盐土	0.55	0.42
沼泽土	1.98	1.51
总计	131.73	100

二、五等地属性特征

(一) 地形部位

五等地的地形部位面积与比例如表4-44所示。五等地在平原中阶分布最多，面积为39.32千hm²，占五等地总面积的29.84%，占伊犁州直耕地平原中阶总面积的21.49%；五等地在河滩地分布面积为35.06千hm²，占五等地总面积的26.61%，占伊犁州直耕地河滩地总面积的18.41%；五等地在平原高阶分布面积为22.33千hm²，占五等地总面积的16.95%，占伊犁州直耕地平原高阶总面积的18.04%；五等地在平原低阶分布面积为 20.41 千 hm^2，占五等地总面积的 15.49%，占伊犁州直耕地平原低阶总面积的 21.35%；其他地形部位面积和占比较小。

表 4-44 五等地的地形部位面积与比例

地形部位	面积（千 hm^2）	比例（%）	占相同地形部位的比例（%）
河滩地	35.06	26.61	18.41
平原高阶	22.33	16.95	18.04
平原中阶	39.32	29.84	21.49
平原低阶	20.41	15.49	21.35
丘陵上部	0.06	0.05	0.50
丘陵下部	2.09	1.58	9.58
丘陵中部	0.01	0.01	0.55
山地坡下	0.47	0.36	5.86
山间盆地	8.34	6.33	31.25
扇缘	3.65	2.77	30.94

（二）灌溉能力

五等地中，灌溉能力充分满足的耕地面积为 5.80 千 hm^2，占五等地面积的 4.40%，占伊犁州直相同灌溉能力耕地总面积的 5.14%；灌溉能力满足的耕地面积为 19.72 千 hm^2，占五等地面积的 14.97%，占伊犁州直相同灌溉能力耕地总面积的 16.17%；灌溉能力基本满足的耕地面积为 65.49 千 hm^2，占五等地面积的 49.72%，占伊犁州直相同灌溉能力耕地总面积的 31.44%；灌溉能力不满足的耕地面积为 40.72 千 hm^2，占五等地面积的 30.91%，占伊犁州直相同灌溉能力耕地总面积的 17.08%（表 4-45）。

表 4-45 不同灌溉能力下五等地的面积与比例

灌溉能力	面积（千 hm^2）	比例（%）	占相同灌溉能力的比例（%）
充分满足	5.80	4.40	5.14
满足	19.72	14.97	16.17
基本满足	65.49	49.72	31.44
不满足	40.72	30.91	17.08

（三）耕地质地

耕层质地在伊犁州直五等地中的面积及占比如表 4-46 所示。五等地中，耕层质地以中壤为主，面积达 61.15 千 hm^2，占比为 46.42%，其次是轻壤，面积为 46.02 千 hm^2，占比为 34.94%，另外砂壤和重壤分别占五等地总面积的 6.66%、9.24%，黏土和砂土所占比例较小。

表 4-46 五等地与耕层质地

耕层质地	面积（千 hm²）	比例（%）	占相同质地耕地面积（%）
黏土	1.41	1.07	12.54
轻壤	46.02	34.94	21.34
砂壤	8.78	6.66	25.58
砂土	2.20	1.67	17.27
中壤	61.15	46.42	17.70
重壤	12.17	9.24	19.63
总计	131.73	100.00	80.18

（四）盐渍化程度

五等地的盐渍化程度见表 4-47。无盐渍化的耕地面积为 122.45 千 hm²，占五等地总面积的 92.96%，占相同盐渍化程度耕地面积的 18.84%；轻度盐渍化的耕地面积为 8.32 千 hm²，占五等地总面积的 6.31%；中度盐渍化的耕地面积为 0.78 千 hm²，占五等地总面积的 0.59%，重度盐渍化的耕地面积为 0.18 千 hm²，占五等地总面积的 0.14%。

表 4-47 五等地的盐渍化程度

盐渍化程度	面积（千 hm²）	比例（%）	占相同盐渍化程度耕地面积（%）
无	122.45	92.96	18.84
轻度	8.32	6.31	32.06
中度	0.78	0.59	16.39
重度	0.18	0.14	23.05
总计	131.73	100.00	90.34

（五）养分状况

对伊犁州直五等地耕层养分进行统计如表 4-48 所示。五等地的养分含量平均值分别为：有机质 26.17g/kg、全氮 1.47g/kg、有效磷 23.07mg/kg、速效钾 227.55mg/kg、碱解氮 108.95mg/kg、缓效钾 430.84mg/kg、有效硼 1.32mg/kg、有效钼 0.16mg/kg、有效铜 2.39mg/kg、有效铁 27.19mg/kg、有效锰 15.07mg/kg、有效锌 1.46mg/kg、有效硅 70.12mg/kg、有效硫 461.92mg/kg、pH 值 8.28、盐分 1.56g/kg。

表 4-48 五等地耕地土壤养分含量

项目	平均值	标准差
有机质（g/kg）	26.17	16.38

(续表)

项目	平均值	标准差
全氮（g/kg）	1.47	0.87
有效磷（mg/kg）	23.07	14.60
速效钾（mg/kg）	227.55	95.00
碱解氮（mg/kg）	108.95	52.84
缓效钾（mg/kg）	430.84	224.71
有效硼（mg/kg）	1.32	0.53
有效钼（mg/kg）	0.16	0.11
有效铜（mg/kg）	2.39	0.88
有效铁（mg/kg）	27.19	24.26
有效锰（mg/kg）	15.07	6.03
有效锌（mg/kg）	1.46	1.32
有效硅（mg/kg）	70.12	39.86
有效硫（mg/kg）	461.92	723.96
pH值	8.28	0.19
盐分（g/kg）	1.56	1.28

对伊犁州直五等地中各县市的土壤养分含量平均值比较见表4-49，可以发现有机质含量昭苏县最高，为54.31g/kg，新源县最低，为17.43g/kg；全氮含量昭苏县最高，为2.99g/kg，新源县最低，为1.00g/kg；有效磷含量奎屯市最高，为54.46mg/kg，新源县最低，为16.85mg/kg；速效钾含量昭苏县最高，为326.88mg/kg，尼勒克县最低，为195.74mg/kg；缓效钾含量霍城县最高，为839.21mg/kg，新源县最低，为265.00mg/kg。碱解氮、pH值、盐分，微量元素硼、钼、铜、铁、锰、锌的有效含量各有高低，差异不明显。

五等地有机质含量为一级（＞25.0g/kg）的面积为44.45千hm²，占比33.75%；五等地有机质含量为二级（20.0~25.0g/kg）的面积为31.27千hm²，占比23.74%；有机质含量为三级（15.0~20.0g/kg）的面积为41.61千hm²，占比31.58%；有机质含量为四级（10.0~15.0g/kg）的面积为13.56千hm²，占比10.29%；有机质含量为五级（≤10.0g/kg）的面积为0.84千hm²，占比0.64%。表明伊犁州直五等地有机质含量以中等偏低为主，偏下的面积和比例较小（表4-50）。

表 4-49 五等地中各县市土壤养分含量平均值比较

养分项目	察布查尔县	巩留县	霍城县	奎屯市	尼勒克县	特克斯县	新源县	伊宁市	伊宁县	昭苏县
有机质 (g/kg)	23.78	22.26	35.59	21.07	20.34	20.39	17.43	38.81	27.49	54.31
全氮 (g/kg)	1.37	1.23	1.91	1.18	1.15	1.15	1.00	2.11	1.62	2.99
有效磷 (mg/kg)	24.80	17.40	19.38	54.46	24.85	18.97	16.85	20.70	29.37	32.81
速效钾 (mg/kg)	223.65	209.65	235.21	255.74	195.74	201.69	234.26	238.83	257.28	326.88
碱解氮 (mg/kg)	103.03	105.58	133.75	98.10	94.12	95.82	71.72	139.85	116.95	199.15
缓效钾 (mg/kg)	402.25	434.07	839.21	511.88	323.45	312.25	265.00	540.28	441.63	577.07
有效硼 (mg/kg)	1.43	1.09	1.41	1.59	1.59	1.44	0.77	1.26	1.26	1.30
有效钼 (mg/kg)	0.19	0.15	0.12	0.19	0.15	0.12	0.13	0.15	0.16	0.22
有效铜 (mg/kg)	2.48	2.23	2.19	1.79	2.86	2.79	2.32	2.10	2.12	2.01
有效铁 (mg/kg)	28.72	17.27	21.05	19.13	36.48	25.14	28.57	27.13	18.44	39.30
有效锰 (mg/kg)	13.95	10.81	18.96	7.42	12.88	13.37	13.98	19.52	16.61	29.73
有效锌 (mg/kg)	1.37	0.72	1.02	0.73	2.79	2.82	1.18	1.17	1.05	1.40
有效硅 (mg/kg)	64.72	58.31	83.96	72.93	59.07	63.67	43.00	98.02	75.62	146.22
有效硫 (mg/kg)	693.95	281.67	31.15	287.09	821.94	425.85	460.32	111.95	116.81	112.86
pH值	8.30	8.25	8.24	8.13	8.27	8.24	8.45	8.24	8.30	8.15
盐分 (g/kg)	2.00	1.37	1.07	1.46	1.90	1.21	1.43	1.02	1.06	1.06

五等地有效磷含量为一级（>30.0mg/kg）的面积为38.35千hm²，占比29.11%；有效磷含量为二级（20.0~30.0mg/kg）的面积为56.08千hm²，占比42.58%；有效磷含量为三级（15.0~20.0mg/kg）的面积为34.72千hm²，占比26.35%；有效磷含量为四级（8.0~15.0mg/kg）的面积为1.86千hm²，占比1.41%；有效磷含量为五级（≤8.0mg/kg）的面积为0.72千hm²，占比0.55%。表明伊犁州直五等地有效磷含量以中等和偏高为主，偏低的面积和比例较小（表4-50）。

五等地速效钾含量为一级（>250mg/kg）的面积为34.11千hm²，占比25.89%；速效钾含量为二级（200~250mg/kg）的面积为27.55千hm²，占比20.91%；速效钾含量为三级（150~200mg/kg）的面积为25.88千hm²，占比19.64%；速效钾含量为四级（100~150mg/kg）的面积为42.59千hm²，占比32.35%；速效钾含量为五级（≤100mg/kg）的面积为1.60千hm²，占比1.21%。表明伊犁州直五等地速效钾含量以中等偏下为主，偏高的面积和比例较小（表4-50）。

五等地有效锌含量为一级（>1.50g/kg）的面积为0.63千hm²，占比0.48%；有效锌含量为二级（1.00~1.50g/kg）的面积为4.19千hm²，占比3.18%；有效锌含量为三级（0.75~1.00g/kg）的面积为11.91千hm²，占比9.04%；有效锌含量为四级（0.50~0.75g/kg）的面积为15.32千hm²，占比11.63%；有效锌含量为五级（≤0.50g/kg）的面积为99.68千hm²，占比75.67%。表明伊犁州直五等地有效锌含量以中等偏下为主，偏上的面积和比例较小（表4-50）。

五等地碱解氮含量为一级（>150mg/kg）的面积为18.82千hm²，占比14.29%；碱解氮含量为二级（120~150mg/kg）的面积为17.28千hm²，占比13.12%；碱解氮含量为三级（90~120mg/kg）的面积为42.64千hm²，占比32.37%；碱解氮含量为四级（60~90mg/kg）的面积为44.82千hm²，占比34.02%；碱解氮含量为五级（≤60mg/kg）的面积为8.17千hm²，占比6.2%。表明伊犁州直五等地碱解氮含量以偏下为主，中等偏上的面积和比例较小（表4-50）。

五等地盐分含量为一级（≤2.5g/kg）的面积为122.45千hm²，占比92.95%；盐分含量为二级（2.5~6.0g/kg）的面积为8.32千hm²，占比6.32%；盐分含量为三级（6.0~12.0g/kg）的面积为0.78千hm²，占比0.59%；盐分含量为四级（12.0~20.0g/kg）的面积为0.18千hm²，占比0.14%。表明伊犁州直五等地盐分含量以一级为主，其他等级的面积和比例较小（表4-50）。

表4-50 五等地土壤养分各级别面积与比例

养分等级	一级		二级		三级		四级		五级	
	面积（千hm²）	比例（%）	面积（千hm²）	比例（%）	面积（千hm²）	比例（%）	面积（千hm²）	比例（%）	面积（千hm²）	比例（%）
有机质	44.45	33.75	31.27	23.74	41.61	31.58	13.56	10.29	0.84	0.64
有效磷	38.35	29.11	56.08	42.58	34.72	26.35	1.86	1.41	0.72	0.55

（续表）

养分等级	一级		二级		三级		四级		五级	
	面积（千hm^2）	比例（%）	面积（千hm^2）	比例（%）	面积（千hm^2）	比例（%）	面积（千hm^2）	比例（%）	面积（千hm^2）	比例（%）
速效钾	34.11	25.89	27.55	20.91	25.88	19.64	42.59	32.35	1.60	1.21
有效锌	0.63	0.48	4.19	3.18	11.91	9.04	15.32	11.63	99.68	75.67
碱解氮	18.82	14.29	17.28	13.12	42.64	32.37	44.82	34.02	8.17	6.20
盐分	122.45	92.95	8.32	6.32	0.78	0.59	0.18	0.14	—	—
全氮	38.34	29.12	56.09	42.58	34.72	26.35	1.86	1.41	0.72	0.54

五等地全氮含量为一级（＞1.50g/kg）的面积为 38.34 千 hm^2，占比 29.12%；全氮含量为二级（1.00~1.50g/kg）的面积为 56.09 千 hm^2，占比 42.58%；全氮含量为三级（0.75~1.00g/kg）的面积为 34.72 千 hm^2，占比 26.35%；全氮含量为四级（0.50~0.75g/kg）的面积为 1.86 千 hm^2，占比 1.41%；全氮含量为五级（≤0.50g/kg）的面积为 0.72 千 hm^2，占比 0.54%。表明伊犁州直五等地全氮含量以中等和偏上为主，偏下的面积和比例较小。

第七节　六等地耕地质量等级特征

一、六等地分布特征

（一）区域分布

伊犁州直六等地耕地面积 62.01 千 hm^2，占伊犁州直耕地面积的 9.10%。其中，察布查尔县 11.82 千 hm^2，占察布查尔县耕地的 9.87%；巩留县 3.40 千 hm^2，占巩留县耕地的 5.51%；霍城县 7.27 千 hm^2，占霍城县耕地的 7.71%；奎屯市 4.06 千 hm^2，占奎屯市县耕地的 12.83%；尼勒克县 6.09 千 hm^2，占尼勒克县耕地的 12.33%；特克斯县 4.18 千 hm^2，占特克斯县耕地的 13.48%；新源县 5.02 千 hm^2，占新源县耕地的 5.87%；伊宁市 1.59 千 hm^2，占伊宁市耕地的 10.26%；伊宁县 10.71 千 hm^2，占伊宁县耕地的 12.16%；昭苏县 7.87 千 hm^2，占昭苏县耕地的 7.52%（表 4-51）。

表 4-51　各县市六等地面积及占辖区耕地面积的比例

县市	面积（千hm^2）	比例（%）	县市	面积（千hm^2）	比例（%）
察布查尔县	11.82	9.87	特克斯县	4.18	13.48
巩留县	3.40	5.51	新源县	5.02	5.87

(续表)

县市	面积（千 hm²）	比例（%）	县市	面积（千 hm²）	比例（%）
霍城县	7.27	7.71	伊宁市	1.59	10.26
奎屯市	4.06	12.83	伊宁县	10.71	12.16
尼勒克县	6.09	12.33	昭苏县	7.87	7.52

六等地在县域的分布上有较小的差异。六等地面积占全县（市）耕地面积的比例在10%~20%的有5个，分别是奎屯市、尼勒克县、特克斯县、伊宁市和伊宁县。

六等地面积占全县耕地面积的比例在10%以下的有5个，分别是察布查尔县、巩留县、霍城县、新源县和昭苏县。

（二）土壤类型

从土壤类型来看，伊犁州直六等地分布面积和比例最大的土壤类型分别是灰钙土、栗钙土和黑钙土，分别占六等地总面积的42.47%、19.92%和13.13%，其次是潮土、草甸土等，其他土类分布面积较小。详见表4-52。

表4-52 六等地耕地主要土壤类型耕地面积与比例

土壤类型	面积（千 hm²）	比例（%）
草甸土	3.45	5.56
潮土	6.98	11.25
风沙土	0.14	0.23
灌漠土	0.06	0.10
黑钙土	8.14	13.13
灰钙土	26.34	42.47
灰漠土	3.72	6.00
栗钙土	12.35	19.92
林灌草甸土	0.37	0.60
沼泽土	0.46	0.74
总计	62.01	100

二、六等地属性特征

（一）地形部位

六等地的地形部位面积与比例如表4-53所示。六等地在平原高阶分布最多，面积为 18.97 千 hm^2，占六等地总面积的 30.59%，占伊犁州直耕地平原高阶总面积的 15.32%；六等地在平原中阶分布面积为 18.51 千 hm^2，占六等地总面积的 29.85%，占伊犁州直耕地平原中阶总面积的 10.12%；六等地在河滩地分布面积为 9.69 千 hm^2，占六等地总面积的 15.62%，占伊犁州直耕地河滩地总面积的 5.09%；六等地在平原低阶分布面积为 5.87 千 hm^2，占六等地总面积的 9.47%，占伊犁州直耕地平原低阶总面积的 6.14%；其他地形部位占比相对较小。

表 4-53 六等地的地形部位面积与比例

地形部位	面积（千 hm^2）	比例（%）	占相同地形部位的比例（%）
河滩地	9.69	15.62	5.09
平原高阶	18.97	30.59	15.32
平原中阶	18.51	29.85	10.12
平原低阶	5.87	9.47	6.14
丘陵上部	0.50	0.8	3.98
丘陵下部	1.64	2.64	7.52
丘陵中部	0.74	1.2	52.33
山地坡上	0.02	0.03	0.29
山地坡下	0.53	0.86	6.61
山间盆地	4.82	7.77	18.05
扇缘	0.73	1.17	6.14

（二）灌溉能力

六等地中，灌溉能力充分满足的耕地面积为 0.50 千 hm^2，占六等地面积的 0.81%，占伊犁州直相同灌溉能力耕地总面积的 0.45%；灌溉能力满足的耕地面积为 2.04 千 hm^2，占六等地面积的 3.29%，占伊犁州直相同灌溉能力耕地总面积的 1.67%；灌溉能力基本满足的耕地面积为 29.98 千 hm^2，占六等地面积的 48.34%，占伊犁州直相同灌溉能力耕地总面积的 14.39%；灌溉能力不满足的耕地面积为 29.49 千 hm^2，占六等地面积的 47.56%，占伊犁州直相同灌溉能力耕地总面积的 12.37%（表 4-54）。

表 4-54 不同灌溉能力下六等地的面积与比例

灌溉能力	面积（千 hm^2）	比例（%）	占相同灌溉能力的比例（%）
充分满足	0.50	0.81	0.45
满足	2.04	3.29	1.67
基本满足	29.98	48.34	14.39
不满足	29.49	47.56	12.37

(三) 耕层质地

耕层质地在伊犁州直六等地中的面积及占比如表 4-55 所示。六等地中，耕层质地以中壤为主，面积达 32.04 千 hm²，占比为 51.67%，其次是轻壤，面积为 18.95 千 hm²，占比为 30.56%，另外重壤占六等地总面积的 13.33%，黏土、砂土和砂壤所占比例较小。

表 4-55　六等地与耕层质地

耕层质地	面积（千 hm²）	比例（%）	占相同质地耕地面积（%）
黏土	0.58	0.93	5.14
轻壤	18.95	30.56	8.79
砂壤	1.63	2.63	4.75
砂土	0.55	0.88	4.29
中壤	32.04	51.67	9.27
重壤	8.26	13.33	13.33
总计	62.01	100.00	31.64

(四) 盐渍化程度

六等地的盐渍化程度见表 4-56。无盐渍化的耕地面积为 60.13 千 hm²，占六等地总面积的 96.97%，占相同盐渍化程度耕地面积的 9.25%；轻度盐渍化的耕地面积为 1.75 千 hm²，占六等地总面积的 2.82%；中度盐渍化的耕地面积为 6.75 千 hm²，占六等地总面积的 16.91%；重度盐渍化的耕地面积为 0.13 千 hm²，占六等地总面积的 0.21%；盐土耕地面积为 0.24 千 hm²，占六等地总面积的 0.26%。

表 4-56　六等地的盐渍化程度

盐渍化程度	面积（千 hm²）	比例（%）	占相同盐渍化程度耕地面积（%）
无	60.13	96.97	9.25
轻度	1.75	2.82	6.75
中度	6.75	16.91	6.75
重度	0.13	0.21	2.75
总计	62.01	100.00	18.75

(五) 养分状况

对伊犁州直六等地耕层养分进行统计如表 4-57 所示。六等地的养分含量平均值分别为：有机质 24.75g/kg、全氮 1.40g/kg、有效磷 20.03mg/kg、速效钾 224.15mg/kg、碱解氮 103.53mg/kg、缓效钾 428.00mg/kg、有效硼 1.22mg/kg、有效钼 0.15mg/kg、有效铜 2.40mg/kg、有效铁 26.66mg/kg、有效锰 15.00mg/kg、有效锌 1.35mg/kg、有效硅 69.06mg/kg、有效硫 366.08mg/kg、pH 值 8.30、盐分 1.40g/kg。

表 4-57 六等地耕地土壤养分含量

项目	平均值	标准差
有机质（g/kg）	24.75	14.35
全氮（g/kg）	1.40	0.78
有效磷（mg/kg）	20.03	12.16
速效钾（mg/kg）	224.15	95.48
碱解氮（mg/kg）	103.53	46.77
缓效钾（mg/kg）	428.00	212.01
有效硼（mg/kg）	1.22	0.43
有效钼（mg/kg）	0.15	0.10
有效铜（mg/kg）	2.40	0.82
有效铁（mg/kg）	26.66	21.65
有效锰（mg/kg）	15.00	5.46
有效锌（mg/kg）	1.35	1.12
有效硅（mg/kg）	69.06	40.85
有效硫（mg/kg）	366.08	471.50
pH 值	8.30	0.17
盐分（g/kg）	1.40	0.82

对伊犁州直六等地中各县市的土壤养分含量平均值比较见表 4-58，可以发现有机质含量昭苏县最高，为 42.15g/kg，奎屯市最低，为 14.84g/kg；全氮含量昭苏县最高，为 2.38g/kg，奎屯市最低，为 0.82g/kg；有效磷含量奎屯市最高，为 38.79mg/kg，巩留县最低，为 16.51mg/kg；速效钾含量昭苏县最高，为 286.34mg/kg，奎屯市最低，为 164.54mg/kg；碱解氮含量昭苏县最高，为 160.40mg/kg，奎屯市最低，为 69.19mg/kg；缓效钾含量霍城县最高，为 858.24mg/kg，新源县最低，为 268.90mg/kg。pH、盐分、微量元素硼、钼、铜、铁、锰、锌的有效含量各有高低，差异不明显。

六等地有机质含量为一级（>25.0g/kg）的面积为 19.03 千 hm^2，占比 22.90%；六等地有机质含量为二级（20.0~25.0g/kg）的面积为 15.76 千 hm^2，占比 18.96%；有机质含量为三级（15.0~20.0g/kg）的面积为 18.55 千 hm^2，占比 22.32%；有机质含量为四级（10.0~15.0g/kg）的面积为 8.27 千 hm^2，占比 9.95%；有机质含量为五级（≤10.0g/kg）的面积为 21.5 千 hm^2，占比 21.87%。表明伊犁州直六等地有机质含量以中等偏低为主，偏下的面积和比例较小（表 4-58）。

表 4-58 六等地中各县市土壤养分含量平均值比较

养分项目	察布查尔县	巩留县	霍城县	奎屯市	尼勒克县	特克斯县	新源县	伊宁市	伊宁县	昭苏县
有机质（g/kg）	23.94	19.99	29.27	14.84	16.79	21.41	20.24	35.74	25.84	42.15
全氮（g/kg）	1.37	1.10	1.59	0.82	0.95	1.18	1.15	1.96	1.57	2.38
有效磷（mg/kg）	19.68	16.51	19.68	38.79	17.11	17.06	17.76	22.19	24.43	22.62
速效钾（mg/kg）	248.34	180.50	226.47	164.54	165.83	192.00	228.24	229.20	246.75	286.34
碱解氮（mg/kg）	101.24	99.85	115.30	69.19	76.46	95.99	75.53	130.20	113.12	160.40
缓效钾（mg/kg）	379.80	496.36	858.24	494.20	300.84	313.14	268.90	590.50	434.65	495.16
有效硼（mg/kg）	1.13	1.06	1.48	1.32	1.37	1.35	0.83	1.34	1.35	1.24
有效钼（mg/kg）	0.16	0.13	0.10	0.23	0.19	0.13	0.12	0.14	0.15	0.18
有效铜（mg/kg）	2.30	2.85	2.12	2.41	3.28	2.46	2.36	2.21	2.01	1.81
有效铁（mg/kg）	25.24	22.24	15.28	40.82	46.76	23.33	28.89	30.60	15.15	24.45
有效锰（mg/kg）	14.30	11.28	16.63	7.53	12.40	14.09	14.32	18.88	16.62	26.93
有效锌（mg/kg）	1.12	0.61	0.83	1.39	2.96	1.97	1.24	1.27	1.00	1.23
有效硅（mg/kg）	60.90	56.95	74.61	61.29	52.02	69.61	48.21	92.35	78.55	145.46
有效硫（mg/kg）	449.26	325.80	31.70	428.68	773.23	352.98	487.85	138.69	90.34	176.31
pH值	8.34	8.21	8.28	8.24	8.33	8.22	8.46	8.25	8.34	8.28
盐分（g/kg）	1.58	1.37	1.08	1.55	1.89	1.11	1.48	1.10	1.04	1.10

六等地全氮含量为一级（＞1.50g/kg）的面积为16.51千hm²，占比23.79%；全氮含量为二级（1.00~1.50g/kg）的面积为27.36千hm²，占比39.43%；全氮含量为三级（0.75~1.00g/kg）的面积为14.94千hm²，占比21.53%；全氮含量为四级（0.50~0.75g/kg）的面积为2.94千hm²，占比4.24%；全氮含量为五级（≤0.50g/kg）的面积为7.64千hm²，占比11.01%。表明伊犁州直六等地全氮含量以中等和偏上为主，偏下的面积和比例较小（表4-59）。

六等地有效磷含量为一级（＞30.0mg/kg）的面积为10.53千hm²，占比8.98%；有效磷含量为二级（20.0~30.0mg/kg）的面积为12.81千hm²，占比10.92%；有效磷含量为三级（15.0~20.0mg/kg）的面积为15.84千hm²，占比13.50%；有效磷含量为四级（8.0~15.0mg/kg）的面积为21.70千hm²，占比18.50%；有效磷含量为五级（≤8.0mg/kg）的面积为56.42千hm²，占比48.10%。表明伊犁州直六等地有效磷含量以中等和偏低为主，偏上的面积和比例较小（表4-59）。

六等地速效钾含量为一级（＞250mg/kg）的面积为0.11千hm²，占比0.45%；速效钾含量为二级（200~250mg/kg）的面积为1.43千hm²，占比5.79%；速效钾含量为三级（150~200mg/kg）的面积为7.9千hm²，占比32.02%；速效钾含量为四级（100~150mg/kg）的面积为4.23千hm²，占比17.15%；速效钾含量为五级（≤100mg/kg）的面积为11.00千hm²，占比44.59%。表明伊犁州直六等地速效钾含量以偏下为主，偏高和中等的面积和比例较小（表4-59）。

六等地碱解氮含量为一级（＞150mg/kg）的面积为6.83千hm²，占比5.61%；碱解氮含量为二级（120~150mg/kg）的面积为6.33千hm²，占比5.20%；碱解氮含量为三级（90~120mg/kg）的面积为19.59千hm²，占比16.08%；碱解氮含量为四级（60~90mg/kg）的面积为24.74千hm²，占比20.31%；碱解氮含量为五级（≤60mg/kg）的面积为64.32千hm²，占比52.80%。表明伊犁州直六等地碱解氮含量以中等为主，偏上和偏下的面积和比例较小（表4-59）。

六等地盐分含量为一级（≤2.5g/kg）的面积为60.13千hm²，占比96.97%；盐分含量为二级（2.5~6.0g/kg）的面积为1.75千hm²，占比2.82%；盐分含量为三级（6.0~12.0g/kg）的面积为0.13千hm²，占比0.21%。表明伊犁州直六等地盐分含量以一级为主，其他等级的面积和比例较小（表4-59）。

表4-59　六等地土壤养分各级别面积与比例

养分等级	一级		二级		三级		四级		五级	
	面积（千hm²）	比例（%）	面积（千hm²）	比例（%）	面积（千hm²）	比例（%）	面积（千hm²）	比例（%）	面积（千hm²）	比例（%）
有机质	19.03	22.90	15.76	18.96	18.55	22.32	8.27	9.95	21.50	25.87
全氮	16.51	23.79	27.36	39.43	14.94	21.53	2.94	4.24	7.64	11.01
有效磷	10.53	8.98	12.81	10.92	15.84	13.50	21.70	18.50	56.42	48.10

(续表)

养分等级	一级		二级		三级		四级		五级	
	面积（千hm²）	比例（%）	面积（千hm²）	比例（%）	面积（千hm²）	比例（%）	面积（千hm²）	比例（%）	面积（千hm²）	比例（%）
速效钾	0.11	0.45	1.43	5.79	7.90	32.02	4.23	17.15	11.00	44.59
碱解氮	6.83	5.61	6.33	5.20	19.59	16.08	24.74	20.31	64.32	52.80
盐分	60.13	96.97	1.75	2.82	0.13	0.21	-	-	-	-

第八节 七等地耕地质量等级特征

一、七等地分布特征

（一）区域分布

伊犁州直七等地耕地面积 105.57 千 hm²，占伊犁州直耕地面积的 15.49%。其中，察布查尔县 24.09 千 hm²，占察布查尔县耕地的 20.13%；巩留县 3.05 千 hm²，占巩留县耕地的 4.94%；霍城县 7.73 千 hm²，占霍城县耕地的 8.20%；奎屯市 9.87 千 hm²，占奎屯市耕地的 31.24%；尼勒克县 3.57 千 hm²，占尼勒克县耕地的 7.23%；特克斯县 5.11 千 hm²，占特克斯县耕地的 16.48%；新源县 4.99 千 hm²，占新源县耕地的 5.84%；伊宁市 2.34 千 hm²，占伊宁市耕地的 15.12%；伊宁县 19.24 千 hm²，占伊宁县耕地的 21.84%；昭苏县 25.58 千 hm²，占昭苏县耕地的 24.42%（表 4-60）。

表 4-60 各县市七等地面积及占辖区耕地面积的比例

县市	面积（千hm²）	比例（%）	县市	面积（千hm²）	比例（%）
察布查尔县	24.09	20.13	特克斯县	5.11	16.48
巩留县	3.05	4.94	新源县	4.99	5.84
霍城县	7.73	8.20	伊宁市	2.34	15.12
奎屯市	9.87	31.24	伊宁县	19.24	21.84
尼勒克县	3.57	7.23	昭苏县	25.58	24.42

七等地在县域的分布上有较大的差异。七等地面积占全市耕地面积的比例在 30% 以上的有 1 个，为奎屯市。

七等地面积占全县耕地面积的比例在 20%~30% 的有 3 个，分别是察布查尔县、伊宁县和昭苏县。

七等地面积占全县（市）耕地面积的比例在 10%~20% 的有 2 个，分别是特克斯县、伊宁市。

七等地面积占全县耕地面积的比例在10%以下的有4个，分别是巩留县、霍城县、尼勒克县和新源县。

(二) 土壤类型

从土壤类型来看，伊犁州直七等地分布面积和比例最大的土壤类型分别是灰钙土、黑钙土和草甸土，分别占七等地总面积的36.12%、21.37%和13.12%，其次是栗钙土、潮土、灰漠土和沼泽土等，其他土类分布面积较小。详见表4-61。

表4-61 七等地耕地主要土壤类型耕地面积与比例

土壤类型	面积（千 hm^2）	比例（%）
草甸土	13.85	13.12
潮土	7.49	7.10
风沙土	0.38	0.36
灌漠土	0.06	0.06
黑钙土	22.56	21.37
灰钙土	38.14	36.12
灰漠土	5.97	5.65
栗钙土	12.90	12.22
林灌草甸土	0.52	0.49
新积土	0.08	0.07
草甸盐土	0.06	0.06
沼泽土	3.56	3.38
总计	105.57	100

二、七等地属性特征

(一) 地形部位

七等地的地形部位面积与比例如表4-62所示。七等地在平原中阶分布最多，面积为38.35千 hm^2，占七等地总面积的36.32%，占伊犁州直耕地平原中阶总面积的20.96%；七等地在平原高阶次之，分布面积为35.22千 hm^2，占七等地总面积的33.36%，占伊犁州直耕地平原高阶总面积的28.46%；七等地在河滩地居第三位，分布面积为9.79千 hm^2，占七等地总面积的9.27%，占伊犁州直耕地河滩地总面积的5.14%；其他地形部位面积和比例相对较小。

表 4-62 七等地的地形部位面积与比例

地形部位	面积（千 hm²）	比例（%）	占相同地形部位的比例（%）
河滩地	9.79	9.27	5.14
平原高阶	35.22	33.36	28.46
平原中阶	38.35	36.32	20.96
平原低阶	8.43	7.98	8.82
丘陵上部	1.57	1.49	12.52
丘陵下部	4.95	4.69	22.73
丘陵中部	0.15	0.14	10.46
山地坡下	0.75	0.71	9.30
山间盆地	5.63	5.33	21.10
扇缘	0.74	0.70	6.24

（二）灌溉能力

七等地中，灌溉能力充分满足的耕地面积为 0.20 千 hm²，占七等地面积的 0.19%，占伊犁州直相同灌溉能力耕地总面积的 0.17%；灌溉能力满足的耕地面积为 2.85 千 hm²，占七等地面积的 2.70%，占伊犁州直相同灌溉能力耕地总面积的 2.33%；灌溉能力基本满足的耕地面积为 32.98 千 hm²，占七等地面积的 31.24%，占伊犁州直相同灌溉能力耕地总面积的 15.83%；灌溉能力不满足的耕地面积为 69.54 千 hm²，占七等地面积的 65.87%，占伊犁州直相同灌溉能力耕地总面积的 29.17%（表 4-63）。

表 4-63 不同灌溉能力下七等地的面积与比例

灌溉能力	面积（千 hm²）	比例（%）	占相同灌溉能力的比例（%）
充分满足	0.20	0.19	0.17
满足	2.85	2.70	2.33
基本满足	32.98	31.24	15.83
不满足	69.54	65.87	29.17

（三）耕层质地

耕层质地在伊犁州直七等地中的面积及占比如表 4-64 所示。七等地中，耕层质地以中壤为主，面积达 62.83 千 hm²，占比为 59.51%，其次是轻壤，面积为 25.32 千 hm²，占比为 23.98%，另外重壤占七等地总面积的 9.54%，黏土、砂壤和砂土所占比例较小。

表 4-64 七等地与耕层质地

耕层质地	面积（千 hm²）	比例（%）	占相同质地耕地面积（%）
黏土	1.42	1.35	12.64

(续表)

耕层质地	面积（千 hm²）	比例（%）	占相同质地耕地面积（%）
轻壤	25.32	23.98	11.74
砂壤	4.26	4.04	12.42
砂土	1.67	1.58	13.13
中壤	62.83	59.51	18.18
重壤	10.07	9.54	16.24
总计	105.57	100.00	59.97

（四）盐渍化程度

七等地的盐渍化程度见表4-65。无盐渍化的耕地面积为102.24千hm²，占七等地总面积的96.84%，占相同盐渍化程度耕地面积的15.73；轻度盐渍化的耕地面积为2.17千hm²，占七等地总面积的2.06%；中度盐渍化的耕地面积为1.14千hm²，占七等地总面积的1.08%；重度盐渍化的耕地面积为0.02千hm²，占七等地总面积的0.02%；盐土耕地面积为0.85千hm²，占七等地总面积的1.33%。

表4-65 七等地的盐渍化程度

盐渍化程度	面积（千 hm²）	比例（%）	占相同盐渍化程度耕地面积（%）
无	102.24	96.84	15.73
轻度	2.17	2.06	8.38
中度	1.14	1.08	23.96
重度	0.02	0.02	2.67
总计	105.57	100.00	50.73

（五）养分状况

对伊犁州直七等地耕层养分进行统计如表4-66所示。七等地的养分含量平均值分别为：有机质24.17g/kg、全氮1.37g/kg、有效磷18.11mg/kg、速效钾225.71mg/kg、碱解氮98.64mg/kg、缓效钾408.36mg/kg、有效硼1.15mg/kg、有效钼0.15mg/kg、有效铜2.22mg/kg、有效铁23.01mg/kg、有效锰15.05mg/kg、有效锌1.12mg/kg、有效硅69.87mg/kg、有效硫355.00mg/kg、pH值8.30、盐分1.33g/kg。

表4-66 七等地耕地土壤养分含量

项目	平均值	标准差
有机质（g/kg）	24.17	14.80
全氮（g/kg）	1.37	0.80

(续表)

项目	平均值	标准差
有效磷（mg/kg）	18.11	10.84
速效钾（mg/kg）	225.71	92.41
碱解氮（mg/kg）	98.64	47.20
缓效钾（mg/kg）	408.36	192.55
有效硼（mg/kg）	1.15	0.43
有效钼（mg/kg）	0.15	0.09
有效铜（mg/kg）	2.22	0.73
有效铁（mg/kg）	23.01	18.42
有效锰（mg/kg）	15.05	4.67
有效锌（mg/kg）	1.12	0.88
有效硅（mg/kg）	69.87	40.65
有效硫（mg/kg）	355.00	480.32
pH值	8.30	0.19
盐分（g/kg）	1.33	0.87

对伊犁州直七等地中各县市的土壤养分含量平均值比较见表4-67，可以发现有机质含量伊宁市最高，为44.32g/kg，奎屯市最低，为13.28g/kg；全氮含量伊宁市最高，为2.44g/kg，奎屯市最低，为0.73g/kg；有效磷含量奎屯市最高，为30.73mg/kg，昭苏县最低，为13.81mg/kg；速效钾含量昭苏县最高，为264.14mg/kg，奎屯市最低，为157.35mg/kg；碱解氮含量伊宁市最高，为154.60mg/kg，奎屯市最低，为65.48mg/kg；缓效钾含量霍城县最高，为833.02mg/kg，新源县最低，为275.54mg/kg；盐分、pH、微量元素硼、钼、铜、铁、锰、锌的有效含量各有高低，差异不明显。

七等地有机质含量为一级（＞25.0g/kg）的面积为25.51千hm²，占比24.16%；有机质含量为二级（20.0~25.0g/kg）的面积为36.97千hm²，占比35.03%；有机质含量为三级（15.0~20.0g/kg）的面积为32.18千hm²，占比30.48%；有机质含量为四级（10.0~15.0g/kg）的面积为8.66千hm²，占比8.20%；有机质含量为五级（≤10.0g/kg）的面积为2.25千hm²，占比2.13%。表明伊犁州直七等地有机质含量以中等为主，偏下的面积和比例较小（表4-67）。

七等地全氮含量为一级（＞1.50g/kg）的面积为23.37千hm²，占比22.15%；全氮含量为二级（1.00~1.50g/kg）的面积为55.03千hm²，占比52.11%；全氮含量为三级（0.75~1.00g/kg）的面积为20.28千hm²，占比19.21%；全氮含量为四级（0.50~0.75g/kg）的面积为6.63千hm²，占比6.28%；全氮含量为五级（≤0.50g/kg）的面积为0.26千hm²，占比0.25%。表明伊犁州直七等地全氮含量以中等和偏上为主，偏下的面积和比例较小（表4-67）。

表4-67 七等地中各县市土壤养分含量平均值比较

养分项目	察布查尔县	巩留县	霍城县	奎屯市	尼勒克县	特克斯县	新源县	伊宁市	伊宁县	昭苏县
有机质（g/kg）	21.22	19.26	30.50	13.28	16.13	23.52	19.31	44.32	24.24	26.31
全氮（g/kg）	1.20	1.07	1.64	0.73	0.93	1.30	1.11	2.44	1.44	1.55
有效磷（mg/kg）	17.37	15.57	19.19	30.73	16.39	17.73	15.76	22.20	19.34	13.81
速效钾（mg/kg）	235.86	181.28	216.89	157.35	166.45	189.06	245.41	251.98	217.52	264.14
碱解氮（mg/kg）	88.90	95.21	120.30	65.48	73.99	101.13	73.85	154.60	102.47	104.69
缓效钾（mg/kg）	355.41	411.54	833.02	560.60	289.23	321.06	275.54	595.36	440.58	391.96
有效硼（mg/kg）	1.04	1.04	1.44	1.27	1.36	1.32	0.83	1.52	1.27	0.93
有效钼（mg/kg）	0.13	0.16	0.12	0.28	0.17	0.13	0.13	0.15	0.14	0.16
有效铜（mg/kg）	2.28	2.31	2.21	2.43	3.32	2.13	2.21	1.88	1.99	1.97
有效铁（mg/kg）	23.84	17.63	15.55	39.74	46.82	18.23	26.02	20.66	14.57	20.05
有效锰（mg/kg）	14.34	10.56	16.20	7.24	12.16	14.80	14.62	20.13	15.58	19.15
有效锌（mg/kg）	1.05	0.71	0.80	1.38	3.04	1.32	1.06	0.88	0.96	0.99
有效硅（mg/kg）	57.40	61.09	70.15	63.02	50.07	77.23	49.46	123.22	76.57	82.32
有效硫（mg/kg）	465.18	288.79	39.70	502.40	777.26	225.16	475.75	80.03	101.83	323.78
pH值	8.32	8.21	8.24	8.24	8.34	8.15	8.45	8.25	8.35	8.37
盐分（g/kg）	1.48	1.44	1.10	1.63	1.90	0.92	1.42	1.06	1.01	1.24

七等地有效磷含量为一级（>30.0mg/kg）的面积为12.27千hm²，占比11.62%；有效磷含量为二级（20.0~30.0mg/kg）的面积为16.15千hm²，占比15.30%；有效磷含量为三级（15.0~20.0mg/kg）的面积为22.77千hm²，占比21.57%；有效磷含量为四级（8.0~15.0mg/kg）的面积为50.73千hm²，占比48.05%；有效磷含量为五级（≤8.0mg/kg）的面积为3.65千hm²，占比3.46%。表明伊犁州直七等地有效磷含量以中等为主，偏高和偏低的面积和比例较小（表4-68）。

七等地速效钾含量为一级（>250mg/kg）的面积为0.82千hm²，占比0.78%；速效钾含量为二级（200~250mg/kg）的面积为1.50千hm²，占比1.42%；速效钾含量为三级（150~200mg/kg）的面积为8.72千hm²，占比8.26%；速效钾含量为四级（100~150mg/kg）的面积为6.53千hm²，占比6.19%；速效钾含量为五级（≤100mg/kg）的面积为88.00千hm²，占比83.35%。表明伊犁州直七等地速效钾含量以偏下为主，偏上和中等的面积和比例较小（表4-68）。

七等地碱解氮含量为一级（>150mg/kg）的面积为8.21千hm²，占比7.78%；碱解氮含量为二级（120~150mg/kg）的面积为4.81千hm²，占比4.56%；碱解氮含量为三级（90~120mg/kg）的面积为33.68千hm²，占比31.90%；碱解氮含量为四级（60~90mg/kg）的面积为52.03千hm²，占比49.28%；碱解氮含量为五级（≤60mg/kg）的面积为6.84千hm²，占比6.48%。表明伊犁州直七等地碱解氮含量以中等为主，偏上和偏下的面积和比例较小（表4-68）。

七等地盐分含量为一级（≤2.5g/kg）的面积为102.24千hm²，占比96.84%；盐分含量为二级（2.5~6.0g/kg）的面积为2.17千hm²，占比2.06%；盐分含量为三级（6.0~12.0g/kg）的面积为1.14千hm²，占比1.08%；盐分含量为四级（12.0~20.0g/kg）的面积为0.02千hm²，占比0.02%。表明伊犁州直七等地盐分含量以一级为主，其他级别的面积和比例较小（表4-68）。

表4-68 七等地土壤养分各级别面积与比例

养分等级	一级		二级		三级		四级		五级	
	面积（千hm²）	比例（%）	面积（千hm²）	比例（%）	面积（千hm²）	比例（%）	面积（千hm²）	比例（%）	面积（千hm²）	比例（%）
有机质	25.51	24.16	36.97	35.03	32.18	30.48	8.66	8.20	2.25	2.13
全氮	23.37	22.15	55.03	52.11	20.28	19.21	6.63	6.28	0.26	0.25
有效磷	12.27	11.62	16.15	15.30	22.77	21.57	50.73	48.05	3.65	3.46
速效钾	0.82	0.78	1.50	1.42	8.72	8.26	6.53	6.19	88.00	83.35
碱解氮	8.21	7.78	4.81	4.56	33.68	31.90	52.03	49.28	6.84	6.48
盐分	102.24	96.84	2.17	2.06	1.14	1.08	0.02	0.02	—	—

第九节 八等地耕地质量等级特征

一、八等地分布特征

(一) 区域分布

伊犁州直八等地耕地面积 69.74 千 hm^2，占伊犁州直耕地面积 10.23%。其中，察布查尔县 8.58 千 hm^2，占察布查尔县耕地的 7.17%；巩留县 2.65 千 hm^2，占巩留县耕地的 4.29%；霍城县 3.91 千 hm^2，占霍城县耕地的 4.15%；奎屯市 1.03 千 hm^2，占奎屯市耕地的 3.26%；尼勒克县 1.10 千 hm^2，占尼勒克县耕地的 2.23%；特克斯县 1.74 千 hm^2，占特克斯县耕地的 5.62%；新源县 1.14 千 hm^2，占新源县耕地的 1.33%；伊宁市 1.51 千 hm^2，占伊宁市耕地的 9.77%；伊宁县 13.59 千 hm^2，占伊宁县耕地的 15.42%；昭苏县 34.49 千 hm^2，占昭苏县耕地的 32.94%（表4-69）。

表4-69 各县市八等地面积及占辖区耕地面积的比例

县市	面积（千 hm^2）	比例（%）	县市	面积（千 hm^2）	比例（%）
察布查尔县	8.58	7.17	特克斯县	1.74	5.62
巩留县	2.65	4.29	新源县	1.14	1.33
霍城县	3.91	4.15	伊宁市	1.51	9.77
奎屯市	1.03	3.26	伊宁县	13.59	15.42
尼勒克县	1.10	2.23	昭苏县	34.49	32.94

八等地在县域的分布上的差异较大。八等地面积占全县耕地面积的比例在30%以上的只有1个，为昭苏县。

八等地面积占全县耕地面积的比例在10%~20%的只有1个，为伊宁县。

八等地面积占全县（市）耕地面积的比例在10%以下的有8个，分别是察布查尔县、巩留县、霍城县、奎屯市、尼勒克县、特克斯县、新源县和伊宁市。

(二) 土壤类型

从土壤类型来看，伊犁州直八等地分布面积和比例最大的土壤类型分别是灰钙土、黑钙土和栗钙土，分别占八等地总面积的33.12%、26.56%和25.99%，其次是潮土、草甸土和沼泽土，其他土类分布面积较小。详见表4-70。

表4-70 八等地耕地主要土壤类型耕地面积与比例

土壤类型	面积（千 hm^2）	比例（%）
草甸土	2.81	4.03

(续表)

土壤类型	面积（千 hm²）	比例（%）
潮土	3.49	5.01
风沙土	0.52	0.74
灌漠土	0.04	0.05
黑钙土	18.52	26.56
灰钙土	23.10	33.12
灰漠土	0.88	1.26
栗钙土	18.12	25.99
林灌草甸土	0.61	0.87
草甸盐土	0.03	0.04
沼泽土	1.62	2.33
总计	69.74	100

二、八等地属性特征

（一）地形部位

八等地的地形部位面积与比例如表4-71所示。八等地在平原中阶分布最多，面积为24.41千hm²，占八等地总面积的35.00%，占伊犁州直耕地平原中阶总面积的13.34%；八等地在平原高阶次之，分布面积为21.61千hm²，占八等地总面积的30.98%，占伊犁州直耕地平原高阶总面积的17.46%；八等地在丘陵下部居第三位，分布面积为6.92千hm²，占八等地总面积的9.92%，占伊犁州直耕地丘陵下部总面积的31.78%；其他地形部位的面积和占比较小。

表4-71 八等地的地形部位面积与比例

地形部位	面积（千 hm²）	比例（%）	占相同地形部位的比例（%）
河滩地	5.25	7.52	2.76
平原高阶	21.61	30.98	17.46
平原中阶	24.41	35.00	13.34
平原低阶	4.84	6.94	5.06
丘陵上部	2.57	3.68	20.49
丘陵下部	6.92	9.92	31.78
丘陵中部	0.32	0.46	22.38
山地坡下	0.76	1.08	9.34

(续表)

地形部位	面积（千 hm²）	比例（%）	占相同地形部位的比例（%）
山间盆地	2.75	3.94	10.31
扇缘	0.33	0.48	2.81

（二）灌溉能力

八等地中，灌溉能力满足的耕地面积为 0.31 千 hm²，占八等地面积的 0.44%，占伊犁州直相同灌溉能力耕地总面积的 0.25%；灌溉能力基本满足的耕地面积为 14.44 千 hm²，占八等地面积的 20.70%，占伊犁州直相同灌溉能力耕地总面积的 6.93%；灌溉能力不满足的耕地面积为 54.99 千 hm²，占八等地面积的 78.86%，占伊犁州直相同灌溉能力耕地总面积的 23.06%（表 4-72）。

表 4-72　不同灌溉能力下八等地的面积与比例

灌溉能力	面积（千 hm²）	比例（%）	占相同灌溉能力的比例（%）
满足	0.31	0.44	0.25
基本满足	14.44	20.70	6.93
不满足	54.99	78.86	23.06

（三）耕层质地

耕层质地在伊犁州直八等地中的面积及占比如表 4-73 所示。八等地中，耕层质地以中壤为主，面积达 43.09 千 hm²，占比为 61.79%；其次是轻壤，面积为 15.85 千 hm²，占比为 22.72%；黏土、砂壤、砂土和重壤所占比例较小。

表 4-73　八等地与耕层质地

耕层质地	面积（千 hm²）	比例（%）	占相同质地耕地面积（%）
黏土	2.42	3.47	21.51
轻壤	15.85	22.72	7.35
砂壤	3.73	5.35	10.88
砂土	1.80	2.58	14.15
中壤	43.09	61.79	12.47
重壤	2.85	4.09	4.60
总计	69.74	100.00	42.10

（四）盐渍化程度

八等地的盐渍化程度见表 4-74。无盐渍化的耕地面积为 68.43 千 hm²，占八等地总面积的98.12%，占相同盐渍化程度耕地面积的10.53%；轻度盐渍化的耕地面积为1.11千hm^2，占八等地总面积的1.59%；中度盐渍化的耕地面积为0.20千hm^2，占八等地总面积的0.29%；重度盐渍化的耕地面积为0.002千hm^2，占八等地总面积的0.003%。

表4-74 八等地的盐渍化程度

盐渍化程度	面积（千hm^2）	比例（%）	占相同盐渍化程度耕地面积（%）
无	68.43	98.12	10.53
轻度	1.11	1.59	4.28
中度	0.20	0.29	4.29
重度	0.002	0.003	0.30
总计	69.74	100.00	19.39

（五）养分状况

对伊犁州直八等地耕层养分进行统计如表4-75所示。八等地的养分含量平均值分别为：有机质22.99g/kg、全氮1.31g/kg、有效磷14.98mg/kg、速效钾219.49mg/kg、碱解氮94.39mg/kg、缓效钾408.21mg/kg、有效硼1.12mg/kg、有效钼0.14mg/kg、有效铜2.05mg/kg、有效铁18.27mg/kg、有效锰15.43mg/kg、有效锌0.97mg/kg、有效硅70.57mg/kg、有效硫328.96mg/kg、pH值8.31、盐分1.26g/kg。

表4-75 八等地耕地土壤养分含量

项目	平均值	标准差
有机质（g/kg）	22.99	13.37
全氮（g/kg）	1.31	0.73
有效磷（mg/kg）	14.98	6.70
速效钾（mg/kg）	219.49	77.12
碱解氮（mg/kg）	94.39	43.53
缓效钾（mg/kg）	408.21	205.25
有效硼（mg/kg）	1.12	0.45
有效钼（mg/kg）	0.14	0.11
有效铜（mg/kg）	2.05	0.61
有效铁（mg/kg）	18.27	13.67
有效锰（mg/kg）	15.43	4.18
有效锌（mg/kg）	0.97	0.64
有效硅（mg/kg）	70.57	38.16

伊犁州直耕地

（续表）

项目	平均值	标准差
有效硫（mg/kg）	328.96	401.98
pH值	8.31	0.18
盐分（g/kg）	1.26	0.70

对伊犁州直八等地中各县市的土壤养分含量平均值比较见表4-76，可以发现有机质含量伊宁市最高，为43.85g/kg，奎屯市最低，为12.51g/kg；全氮含量伊宁市最高，为2.45g/kg，奎屯市最低，为0.70g/kg；有效磷含量奎屯市最高，为23.68mg/kg，昭苏县最低，为10.92mg/kg；速效钾含量昭苏县最高，为243.79mg/kg，尼勒克县最低，为162.25mg/kg；碱解氮含量伊宁市最高，为157.92mg/kg，奎屯市最低，为62.99mg/kg；缓效钾含量霍城县最高，为905.76mg/kg，巩留县最低，为273.55mg/kg。盐分含量、pH微量元素硼、钼、铜、铁、锰、锌的有效含量各有高低，差异不明显。

八等地有机质含量为一级（＞25.0g/kg）的面积为12.47千hm²，占比17.88%；八等地有机质含量为二级（20.0~25.0g/kg）的面积为20.60千hm²，占比29.53%；有机质含量为三级（15.0~20.0g/kg）的面积为25.57千hm²，占比36.67%；有机质含量为四级（10.0~15.0g/kg）的面积为10.02千hm²，占比14.37%；有机质含量为五级（≤10.0g/kg）的面积为1.08千hm²，占比1.55%。表明伊犁州直八等地有机质含量以中等为主，偏下的面积和比例较小（表4-76）。

八等地全氮含量为一级（＞1.50g/kg）的面积为11.28千hm²，占比16.17%；全氮含量为二级（1.00~1.50g/kg）的面积为37.85千hm²，占比54.28%；全氮含量为三级（0.75~1.00g/kg）的面积为18.20千hm²，占比26.09%；全氮含量为四级（0.50~0.75g/kg）的面积为2.21千hm²，占比3.17%；全氮含量为五级（≤0.50g/kg）的面积为0.20千hm²，占比0.29%。表明伊犁州直八等地全氮含量以中等偏上为主，偏下的面积和比例较小（表4-76）。

八等地有效磷含量为一级（＞30.0mg/kg）的面积为0.92千hm²，占比1.32%；有效磷含量为二级（20.0~30.0mg/kg）的面积为5.62千hm²，占比8.06%；有效磷含量为三级（15.0~20.0mg/kg）的面积为11.56千hm²，占比16.57%；有效磷含量为四级（8.0~15.0mg/kg）的面积为45.50千hm²，占比65.25%；有效磷含量为五级（≤8.0mg/kg）的面积为6.14千hm²，占比8.80%。表明伊犁州直八等地有效磷含量以中等偏下为主，偏上的面积和比例较小（表4-76）。

八等地速效钾含量为一级（＞250mg/kg）的面积为0.04千hm²，占比0.06%；速效钾含量为二级（200~250mg/kg）的面积为0.97千hm²，占比1.39%；速效钾含量为三级（150~200mg/kg）的面积为4.11千hm²，占比5.89%；速效钾含量为四级（100~150mg/kg）的面积为1.79千hm²，占比2.57%；速效钾含量为五级（≤100mg/kg）的面积为62.83千hm²，占比90.09%。表明伊犁州直八等地速效钾含量以偏下为主，偏上和中等的面积和比例较小，在各个等级较分散（表4-76）。

表 4-76 八等地中各县市土壤养分含量平均值比较

养分项目	察布查尔县	巩留县	霍城县	奎屯市	尼勒克县	特克斯县	新源县	伊宁市	伊宁县	昭苏县
有机质 (g/kg)	18.83	17.77	25.68	12.51	15.54	24.02	17.93	43.85	21.70	20.71
全氮 (g/kg)	1.07	1.01	1.36	0.70	0.87	1.33	1.04	2.45	1.29	1.23
有效磷 (mg/kg)	15.48	18.34	18.47	23.68	15.14	16.77	13.02	15.71	15.47	10.92
速效钾 (mg/kg)	206.32	229.03	219.61	164.83	162.25	191.23	230.62	243.24	211.01	243.79
碱解氮 (mg/kg)	81.15	87.80	102.66	62.99	71.42	102.72	67.56	157.92	90.30	84.28
缓效钾 (mg/kg)	358.62	273.55	905.76	683.07	297.79	323.20	274.23	569.10	436.73	356.15
有效硼 (mg/kg)	1.04	0.87	1.46	1.28	1.43	1.32	0.82	1.57	1.23	0.85
有效钼 (mg/kg)	0.13	0.14	0.08	0.32	0.20	0.15	0.13	0.17	0.16	0.13
有效铜 (mg/kg)	2.23	1.58	2.22	2.05	3.34	2.06	2.08	1.74	1.99	1.95
有效铁 (mg/kg)	21.15	12.18	12.52	28.77	50.07	16.88	20.73	18.21	14.58	15.40
有效锰 (mg/kg)	14.08	10.38	14.90	6.02	12.07	14.84	14.35	19.41	14.83	18.33
有效锌 (mg/kg)	0.91	0.89	0.69	1.04	2.72	1.54	0.99	0.81	0.85	0.88
有效硅 (mg/kg)	56.90	60.70	60.11	72.24	44.70	80.46	47.26	127.70	67.42	67.60
有效硫 (mg/kg)	473.11	156.76	37.11	299.17	852.07	219.52	490.87	62.99	177.81	426.45
pH 值	8.31	8.26	8.27	8.22	8.34	8.16	8.46	8.25	8.37	8.37
盐分 (g/kg)	1.48	1.21	1.07	1.29	2.04	0.89	1.41	1.03	1.11	1.23

八等地碱解氮含量为一级（＞150mg/kg）的面积为 1.31 千 hm²，占比 1.88%；碱解氮含量为二级（120~150mg/kg）的面积为 1.55 千 hm²，占比 2.22%；碱解氮含量为三级（90~120mg/kg）的面积为 25.14 千 hm²，占比 36.04%；碱解氮含量为四级（60~90mg/kg）的面积为 32.22 千 hm²，占比 46.21%；碱解氮含量为五级（≤60mg/kg）的面积为 9.52 千 hm²，占比 13.65%。表明伊犁州直八等地碱解氮含量以中等为主，偏高和偏下的面积和比例较小（表 4-77）。

八等地盐分含量为一级（≤2.5g/kg）的面积为 68.43 千 hm²，占比 98.12%；盐分含量为二级（2.5~6.0g/kg）的面积为 1.11 千 hm²，占比 1.59%；盐分含量为三级（6.0~12.0g/kg）的面积为 0.20 千 hm²，占比 0.29%。表明伊犁州直八等地盐分含量以一级为主，其他级别的面积和比例较小（表 4-77）。

表 4-77 八等地土壤养分各级别面积与比例

养分等级	一级		二级		三级		四级		五级	
	面积（千hm²）	比例（%）	面积（千hm²）	比例（%）	面积（千hm²）	比例（%）	面积（千hm²）	比例（%）	面积（千hm²）	比例（%）
有机质	12.47	17.88	20.60	29.53	25.57	36.67	10.02	14.37	1.08	1.55
全氮	11.28	16.17	37.85	54.28	18.20	26.09	2.21	3.17	0.20	0.29
有效磷	0.92	1.32	5.62	8.06	11.56	16.57	45.50	65.25	6.14	8.80
速效钾	0.04	0.06	0.97	1.39	4.11	5.89	1.79	2.57	62.83	90.09
碱解氮	1.31	1.88	1.55	2.22	25.14	36.04	32.22	46.21	9.52	13.65
盐分	68.43	98.12	1.11	1.59	0.20	0.29	—	—	—	—

第十节　九等地耕地质量等级特征

一、九等地分布特征

（一）区域分布

伊犁州直九等地耕地面积 22.52 千 hm²，占伊犁州直耕地面积的 3.30%。其中，察布查尔县 4.09 千 hm²，占察布查尔县耕地的 3.42%；巩留县 3.73 千 hm²，占巩留县耕地的 6.05%；霍城县 2.77 千 hm²，占霍城县耕地的 2.94%；奎屯市 0.03 千 hm²，占奎屯市耕地的 0.08%；尼勒克县 0.53 千 hm²，占尼勒克县耕地的 1.07%；特克斯县 0.39 千 hm²，占特克斯县耕地的 1.27%；新源县 0.10 千 hm²，占新源县耕地的 0.11%；伊宁市 0.60 千 hm²，占伊宁市耕地的 3.88%；伊宁县 3.02 千 hm²，占伊宁县耕地的 3.42%；昭苏县 7.26 千 hm²，占昭苏县耕地的 6.94%（表 4-78）。

表 4-78　各县市九等地面积及占辖区耕地面积的比例

县市	面积（千 hm²）	比例（%）	县市	面积（千 hm²）	比例（%）
察布查尔县	4.09	3.42	特克斯县	0.39	1.27
巩留县	3.73	6.05	新源县	0.10	0.11
霍城县	2.77	2.94	伊宁市	0.60	3.88
奎屯市	0.03	0.08	伊宁县	3.02	3.42
尼勒克县	0.53	1.07	昭苏县	7.26	6.94

九等地在县域的分布上的差异较小。各县市的九等地面积占全县（市）耕地面积比例均在 10% 以下。

（二）土壤类型

从土壤类型来看，伊犁州直九等地分布面积和比例最大的土壤类型分别是灰钙土、黑钙土和栗钙土，分别占九等地总面积的 39.47%、23.23% 和 11.78%，其他土类分布面积较小。详见表 4-79。

表 4-79　九等地耕地主要土壤类型耕地面积与比例

土壤类型	面积（千 hm²）	比例（%）
草甸土	1.61	7.16
潮土	1.92	8.52
风沙土	0.91	4.05
灌漠土	0.02	0.11
黑钙土	5.23	23.23
灰钙土	8.90	39.47
栗钙土	2.65	11.78
林灌草甸土	0.02	0.08
沼泽土	1.26	5.61
总计	22.52	100

二、九等地属性特征

（一）地形部位

九等地的地形部位面积与比例如表 4-80 所示。九等地在平原高阶分布最多，面积为 8.60 千 hm²，占九等地总面积的 38.19%，占伊犁州直耕地平原高阶总面积的 6.95%；九等地在丘陵上部次之，分布面积为 3.94 千 hm²，占九等地总面积的 17.47%，占伊犁州直耕地丘陵上部总面积的 31.38%；九等地在山间盆地分布面积为

2.41千hm²，占九等地总面积的10.69%，占伊犁州直耕地山间盆地总面积的9.02%；其他地形部位的面积和比例相对较小。

表4-80 九等地的地形部位面积与比例

地形部位	面积（千hm²）	比例（%）	占相同地形部位的比例（%）
河滩地	1.86	8.26	0.98
平原高阶	8.60	38.19	6.95
平原中阶	1.81	8.03	0.99
平原低阶	1.31	5.83	1.37
丘陵上部	3.94	17.47	31.38
丘陵下部	0.93	4.14	4.28
丘陵中部	0.03	0.14	2.27
山地坡上	1.23	5.48	18.85
山地坡下	0.33	1.49	4.14
山间盆地	2.41	10.69	9.02
扇缘	0.06	0.28	0.54

（二）灌溉能力

九等地中，灌溉能力满足的耕地面积为0.03千hm²，占九等地面积的0.12%，占伊犁州直相同灌溉能力耕地总面积的0.02%；灌溉能力基本满足的耕地面积为3.72千hm²，占九等地面积的16.52%，占伊犁州直相同灌溉能力耕地总面积的1.79%；灌溉能力不满足的耕地面积为18.77千hm²，占九等地面积的83.36%，占伊犁州直相同灌溉能力耕地总面积的7.87%（表4-81）。

表4-81 不同灌溉能力下九等地的面积与比例

灌溉能力	面积（千hm²）	比例（%）	占相同灌溉能力的比例（%）
满足	0.03	0.12	0.02
基本满足	3.72	16.52	1.79
不满足	18.77	83.36	7.87

（三）耕层质地

耕层质地在伊犁州直九等地中的面积及占比如表4-82所示。九等地中，耕层质地以轻壤最多，面积达8.00千hm²，占比为35.52%；其次是中壤，面积为6.75千hm²，占比为30.00%；另外砂壤占九等地总面积的13.98%，黏土和重壤所占比例较小。

表 4-82 九等地与耕层质地

耕层质地	面积（千 hm²）	比例（%）	占相同质地耕地面积（%）
黏土	0.59	2.62	5.24
轻壤	8.00	35.52	3.71
砂壤	3.15	13.98	9.17
砂土	2.70	11.98	21.20
中壤	6.75	30.00	1.96
重壤	1.33	5.90	2.14
总计	22.52	100.00	34.47

（四）盐渍化程度

九等地的盐渍化程度见表 4-83。轻度盐渍化的耕地面积为 0.42 千 hm²，占九等地总面积的 1.86%，占相同盐渍化程度耕地面积的 1.62%；无盐渍化的耕地面积为 22.10 千 hm²，占九等地总面积的 98.14%。

表 4-83 九等地的盐渍化程度

盐渍化程度	面积（千 hm²）	比例（%）	占相同盐渍化程度耕地面积（%）
无	22.10	98.14	3.40
轻度	0.42	1.86	1.62
总计	22.52	100.00	5.02

（五）养分状况

对伊犁州直九等地耕层养分进行统计如表 4-84 所示。九等地的养分含量平均值分别为：有机质 22.09g/kg、全氮 1.25g/kg、有效磷 16.79mg/kg、速效钾 203.38mg/kg、碱解氮 93.93mg/kg、缓效钾 404.46mg/kg、有效硼 1.08mg/kg、有效钼 0.15mg/kg、有效铜 1.98mg/kg、有效铁 18.37mg/kg、有效锰 14.38mg/kg、有效锌 0.97mg/kg、有效硅 65.49mg/kg、有效硫 270.60mg/kg、pH 值 8.32、盐分 1.20g/kg。

表 4-84 九等地耕地土壤养分含量

项目	平均值	标准差
有机质（g/kg）	22.09	14.17
全氮（g/kg）	1.25	0.76
有效磷（mg/kg）	16.79	10.35
速效钾（mg/kg）	203.38	81.42
碱解氮（mg/kg）	93.93	45.00

(续表)

项目	平均值	标准差
缓效钾（mg/kg）	404.46	213.34
有效硼（mg/kg）	1.08	0.45
有效钼（mg/kg）	0.15	0.11
有效铜（mg/kg）	1.98	0.79
有效铁（mg/kg）	18.37	19.64
有效锰（mg/kg）	14.38	4.53
有效锌（mg/kg）	0.97	0.57
有效硅（mg/kg）	65.49	39.52
有效硫（mg/kg）	270.60	320.80
pH值	8.32	0.18
盐分（g/kg）	1.20	0.55

对伊犁州直九等地中各县市的土壤养分含量平均值比较见表4-85，可以发现有机质含量伊宁市最高，为41.30g/kg，尼勒克县最低，为15.40g/kg；全氮含量伊宁市最高，为2.28g/kg，尼勒克县最低，为0.90g/kg；有效磷含量奎屯市最高，为29.48mg/kg，尼勒克县最低，为12.78mg/kg；速效钾含量昭苏县最高，为295.56mg/kg，奎屯市最低，为109.90mg/kg；碱解氮含量伊宁市最高，为151.02mg/kg，尼勒克县最低，为71.90mg/kg；缓效钾含量霍城县最高，为880.49mg/kg，奎屯市最低，为218.19mg/kg。盐分含量、pH值、微量元素硼、钼、铜、铁、锰、锌的有效含量各有高低，差异不明显。

九等地有机质含量为一级（＞25.0g/kg）的面积为3.48千hm²，占比15.45%；九等地有机质含量为二级（20.0~25.0g/kg）的面积为7.31千hm²，占比32.46%；有机质含量为三级（15.0~20.0g/kg）的面积为7.14千hm²，占比31.71%；有机质含量为四级（10.0~15.0g/kg）的面积为4.56千hm²，占比20.25%；有机质含量为五级（≤10.0g/kg）的面积为0.03千hm²，占比0.13%。表明伊犁州直九等地有机质含量以中等为主，偏低的面积和比例较小（表4-85）。

九等地全氮含量为一级（＞1.50g/kg）的面积为2.77千hm²，占比12.30%；全氮含量为二级（1.00~1.50g/kg）的面积为10.76千hm²，占比47.79%；全氮含量为三级（0.75~1.00g/kg）的面积为8.34千hm²，占比37.03%；全氮含量为四级（0.50~0.75g/kg）的面积为0.64千hm²，占比2.84%；全氮含量为五级（≤0.50g/kg）的面积为0.01千hm²，占比0.04%。表明伊犁州直九等地全氮含量以中等为主，偏高和偏低的面积和比例较小（表4-85）。

表4-85 九等地中各县市土壤养分含量平均值比较

养分项目	察布查尔县	巩留县	霍城县	奎屯市	尼勒克县	特克斯县	新源县	伊宁市	伊宁县	昭苏县
有机质（g/kg）	19.23	16.62	25.12	18.89	15.40	20.30	30.03	41.30	22.11	20.73
全氮（g/kg）	1.10	0.96	1.34	1.03	0.90	1.12	1.71	2.28	1.22	1.24
有效磷（mg/kg）	17.43	15.05	17.22	29.48	12.78	15.67	15.38	23.38	13.35	13.57
速效钾（mg/kg）	191.43	159.54	210.72	109.90	156.34	186.86	253.77	241.64	197.56	295.56
碱解氮（mg/kg）	84.85	84.56	99.89	76.05	71.90	87.96	114.93	151.02	84.08	85.71
缓效钾（mg/kg）	382.01	278.48	880.49	218.19	332.90	322.41	319.10	587.89	376.01	343.78
有效硼（mg/kg）	1.05	0.77	1.50	1.08	1.48	1.35	1.05	1.52	1.07	0.88
有效钼（mg/kg）	0.13	0.19	0.13	0.14	0.19	0.16	0.10	0.15	0.15	0.15
有效铜（mg/kg）	2.34	1.32	2.17	4.53	2.98	2.14	1.78	1.80	2.12	1.90
有效铁（mg/kg）	23.73	10.74	12.33	78.22	37.48	17.56	14.71	17.56	19.45	15.30
有效锰（mg/kg）	13.88	10.83	14.62	8.48	12.89	13.80	16.03	18.45	13.91	18.94
有效锌（mg/kg）	0.95	0.94	0.67	2.31	2.58	1.21	0.90	0.88	0.85	0.96
有效硅（mg/kg）	55.09	48.75	61.50	33.17	52.24	72.81	73.48	117.93	58.34	77.51
有效硫（mg/kg）	419.94	96.14	49.50	809.91	670.35	283.12	417.28	69.45	238.82	394.93
pH值	8.32	8.37	8.26	8.36	8.28	8.15	8.47	8.24	8.36	8.39
盐分（g/kg）	1.40	0.98	1.07	2.32	1.67	1.07	1.29	1.07	1.12	1.23

九等地有效磷含量为一级（>30.0mg/kg）的面积为 0.83 千 hm²，占比 3.69%；有效磷含量为二级（20.0~30.0mg/kg）的面积为 2.13 千 hm²，占比 9.46%；有效磷含量为三级（15.0~20.0mg/kg）的面积为 5.07 千 hm²，占比 22.51%；有效磷含量为四级（8.0~15.0mg/kg）的面积为 13.66 千 hm²，占比 60.65%；有效磷含量为五级（≤8.0mg/kg）的面积为 0.83 千 hm²，占比 3.69%。表明伊犁州直九等地有效磷含量以中等偏下为主，偏高和偏低的面积和比例较小（表4-86）。

九等地速效钾含量为一级（>250mg/kg）的面积为 0.05 千 hm²，占比 0.22%；速效钾含量为二级（200~250mg/kg）的面积为 0.47 千 hm²，占比 2.09%；速效钾含量为三级（150~200mg/kg）的面积为 1.92 千 hm²，占比 8.53%；速效钾含量为四级（100~150mg/kg）的面积为 0.97 千 hm²，占比 4.31%；速效钾含量为五级（≤100mg/kg）的面积为 19.11 千 hm²，占比 84.85%。表明伊犁州直九等地速效钾含量以偏下为主，中等和偏上的面积和比例较小，在各个等级较分散（表4-86）。

九等地碱解氮含量为一级（>150mg/kg）的面积为 0.34 千 hm²，占比 1.51%；碱解氮含量为二级（120~150mg/kg）的面积为 1.19 千 hm²，占比 5.28%；碱解氮含量为三级（90~120mg/kg）的面积为 7.54 千 hm²，占比 33.48%；碱解氮含量为四级（60~90mg/kg）的面积为 11.11 千 hm²，占比 49.34%；碱解氮含量为五级（≤60mg/kg）的面积为 2.34 千 hm²，占比 10.39%。表明伊犁州直九等地碱解氮含量以偏下为主，中等偏上的面积和比例较小（表4-86）。

九等地盐分含量为一级（≤2.5g/kg）的面积为 22.1 千 hm²，占比 98.13%；盐分含量为二级（2.5~6.0g/kg）的面积为 0.42 千 hm²，占比 1.87%。表明伊犁州直九等地盐分含量以一级为主，其他级别的面积和比例较小（表4-86）。

表4-86 九等地土壤养分各级别面积与比例

养分等级	一级		二级		三级		四级		五级	
	面积（千hm²）	比例（%）	面积（千hm²）	比例（%）	面积（千hm²）	比例（%）	面积（千hm²）	比例（%）	面积（千hm²）	比例（%）
有机质	3.48	15.45	7.31	32.46	7.14	31.71	4.56	20.25	0.03	0.13
全氮	2.77	12.30	10.76	47.79	8.34	37.03	0.64	2.84	0.01	0.04
有效磷	0.83	3.69	2.13	9.46	5.07	22.51	13.66	60.65	0.83	3.69
速效钾	0.05	0.22	0.47	2.09	1.92	8.53	0.97	4.31	19.11	84.85
碱解氮	0.34	1.51	1.19	5.28	7.54	33.48	11.11	49.34	2.34	10.39
盐分	22.1	98.13	0.42	1.87	—	—	—	—	—	—

第十一节 十等地耕地质量等级特征

一、十等地分布特征

(一) 区域分布

伊犁州直十等地耕地面积20.03千hm²，占伊犁州直耕地面积的2.94%。其中，察布查尔县3.20千hm²，占察布查尔县耕地的2.67%；巩留县2.54千hm²，占巩留县耕地的4.11%；霍城县1.48千hm²，占霍城县耕地的1.57%；尼勒克县0.02千hm²，占尼勒克县耕地的0.04%；特克斯县0.29千hm²，占特克斯县耕地的0.93%；新源县0.02千hm²，占新源县耕地的0.02%；伊宁市0.70千hm²，占伊宁市耕地的4.51%；伊宁县1.38千hm²，占伊宁县耕地的1.57%；昭苏县10.41千hm²，占昭苏县耕地的9.94%（表4-87）。

表4-87 各县市十等地面积及占辖区耕地面积的比例

县市	面积（千hm²）	比例（%）	县市	面积（千hm²）	比例（%）
察布查尔县	3.20	2.67	特克斯县	0.29	0.93
巩留县	2.54	4.11	新源县	0.02	0.02
霍城县	1.48	1.57	伊宁市	0.70	4.51
奎屯市	-	-	伊宁县	1.38	1.57
尼勒克县	0.02	0.04	昭苏县	10.41	9.94

十等地在县域的分布上的差异较小，十等地面积占全县（市）耕地面积的比例在10%以下的有9个，分别是察布查尔县、巩留县、霍城县、尼勒克县、特克斯县、新源县、伊宁市、伊宁县和昭苏县。奎屯市无十等地分布。

(二) 土壤类型

从土壤类型来看，伊犁州直十等地分布面积和比例最大的土壤类型分别是黑钙土、灰钙土和栗钙土，分别占十等地总面积的48.10%、28.30%和9.62%，其次是潮土、风沙土、草甸土和沼泽土等，其他土类分布面积较小。详见表4-88。

表4-88 十等地耕地主要土壤类型耕地面积与比例

土壤类型	面积（千hm²）	比例（%）
草甸土	0.57	2.83
潮土	1.37	6.85
风沙土	0.61	3.02

(续表)

土壤类型	面积（千 hm²）	比例（%）
灌漠土	0.01	0.06
黑钙土	9.63	48.10
灰钙土	5.67	28.30
栗钙土	1.93	9.62
林灌草甸土	0.01	0.05
沼泽土	0.24	1.17
总计	20.03	100

二、十等地属性特征

（一）地形部位

十等地的地形部位面积与比例如表4-89所示。十等地在平原高阶分布最多，面积为6.12千 hm²，占十等地总面积的30.55%，占伊犁州直耕地平原高价总面积的4.94%；十等地在山地坡上次之，分布面积为5.29千 hm²，占十等地总面积的26.43%，占伊犁州直耕地山地坡上总面积的80.85%；十等地在丘陵上部居第三位，分布面积为3.90千 hm²，占十等地总面积的19.49%，占伊犁州直耕地丘陵上部总面积的31.13%；其他地形部位面积和占比较小。

表4-89 十等地的地形部位面积与比例

地形部位	面积（千 hm²）	比例（%）	占相同地形部位的比例（%）
河滩地	1.02	5.09	0.53
平原高阶	6.12	30.55	4.94
平原中阶	0.67	3.37	0.37
平原低阶	0.28	1.4	0.29
丘陵上部	3.90	19.49	31.13
丘陵下部	0.82	4.1	3.77
丘陵中部	0.17	0.85	12.01
山地坡上	5.29	26.43	80.85
山地坡下	0.43	2.16	5.36
山间盆地	1.29	6.46	4.85
扇缘	0.02	0.11	0.18

(二) 灌溉能力

十等地中，灌溉能力基本满足的耕地面积为 1.21 千 hm²，占十等地面积的 6.03%，占伊犁州直相同灌溉能力耕地总面积的 0.58%；灌溉能力不满足的耕地面积为 18.83 千 hm²，占十等地面积的 93.97%，占伊犁州直相同灌溉能力耕地总面积的 7.89%（表 4-90）。

表 4-90　不同灌溉能力下十等地的面积与比例

灌溉能力	面积（千 hm²）	比例（%）	占相同灌溉能力的比例（%）
基本满足	1.21	6.03	0.58
不满足	18.83	93.97	7.89

(三) 耕层质地

耕层质地在伊犁州直十等地中的面积及占比如表 4-91 所示。十等地中，耕层质地以轻壤为主，面积达 8.07 千 hm²，占比为 40.19%；其次是中壤，面积为 5.33 千 hm²，占比为 26.61%；另外，砂土、砂壤分别占十等地总面积的 13.70%、12.20%，黏土和重壤所占比例较小。

表 4-91　十等地与耕层质地

耕层质地	面积（千 hm²）	比例（%）	占相同质地耕地面积（%）
黏土	1.23	6.14	10.94
轻壤	8.07	40.19	3.73
砂壤	2.44	12.20	7.12
砂土	2.74	13.70	21.55
中壤	5.33	26.61	1.54
重壤	0.23	1.16	0.38
总计	20.03	100.00	30.59

(四) 盐渍化程度

十等地的盐渍化程度见表 4-92。无盐渍化的耕地面积为 20.04 千 hm²，占十等地总面积的 99.98%，占相同盐渍化程度耕地面积的 3.08%；轻度盐渍化的耕地面积为 0.004 千 hm²，占十等地总面积的 0.02%，占相同盐渍化程度耕地面积的 0.02%。

表 4-92　十等地的盐渍化程度

盐渍化程度	面积（千 hm²）	比例（%）	占相同盐渍化程度耕地面积（%）
无	20.04	99.98	3.08
轻度	0.004	0.02	0.02
总计	20.03	100.00	3.10

(五) 养分状况

对伊犁州直十等地耕层养分进行统计如表 4-93 所示。十等地的养分含量平均值分别为：有机质 23.27g/kg、全氮 1.32g/kg、有效磷 15.05mg/kg、速效钾 205.02mg/kg、碱解氮 97.61mg/kg、缓效钾 400.72mg/kg、有效硼 1.02mg/kg、有效钼 0.16mg/kg、有效铜 1.79mg/kg、有效铁 16.10mg/kg、有效锰 15.12mg/kg、有效锌 0.90mg/kg、有效硅 73.09mg/kg、有效硫 192.31mg/kg、pH 值 8.31、盐分 1.09g/kg。

表 4-93 十等地耕地土壤养分含量

项目	平均值	标准差
有机质（g/kg）	23.27	14.71
全氮（g/kg）	1.32	0.81
有效磷（mg/kg）	15.05	6.30
速效钾（mg/kg）	205.02	85.75
碱解氮（mg/kg）	97.61	44.99
缓效钾（mg/kg）	400.72	196.21
有效硼（mg/kg）	1.02	0.39
有效钼（mg/kg）	0.16	0.10
有效铜（mg/kg）	1.79	0.55
有效铁（mg/kg）	16.10	10.90
有效锰（mg/kg）	15.12	4.97
有效锌（mg/kg）	0.90	0.31
有效硅（mg/kg）	73.09	43.30
有效硫（mg/kg）	192.31	189.10
pH 值	8.31	0.21
盐分（g/kg）	1.09	0.32

对伊犁州直十等地中各市县的土壤养分含量平均值比较见表 4-94，可以发现有机质含量伊宁市最高，为 44.85g/kg，尼勒克县最低，为 14.24g/kg；全氮含量伊宁市最高，为 2.52g/kg，尼勒克县最低，为 0.81g/kg；有效磷含量新源县和昭苏县最高，均为 18.04mg/kg，尼勒克县最低，为 9.57mg/kg；速效钾含量昭苏县最高，为 295.12mg/kg，伊宁县最低，为 153.07mg/kg；碱解氮含量新源县最高，为 146.84mg/kg，尼勒克县最低，为 73.44mg/kg；缓效钾含量霍城县最高，为 879.53mg/kg，巩留县最低，为 249.68mg/kg；盐分含量、pH 值、微量元素硼、钼、铜、铁、锰、锌的有效含量各有高低，差异不明显。

表 4-94 十等地中各县市土壤养分含量平均值比较

养分项目	察布查尔县	巩留县	霍城县	尼勒克县	特克斯县	新源县	伊宁市	伊宁县	昭苏县
有机质（g/kg）	17.77	16.50	25.87	14.24	18.60	37.71	44.85	18.81	22.89
全氮（g/kg）	1.01	0.96	1.39	0.81	1.00	2.13	2.52	0.99	1.37
有效磷（mg/kg）	13.00	16.07	16.79	9.57	17.17	18.04	15.47	11.55	18.04
速效钾（mg/kg）	184.88	167.99	198.27	159.01	183.30	184.54	237.94	153.07	295.12
碱解氮（mg/kg）	75.91	86.10	103.99	73.44	88.10	146.84	158.33	77.92	102.40
缓效钾（mg/kg）	378.66	249.68	879.53	438.39	311.56	415.04	524.46	408.21	381.30
有效硼（mg/kg）	0.88	0.76	1.43	1.52	1.22	1.23	1.51	0.96	0.97
有效钼（mg/kg）	0.14	0.18	0.06	0.16	0.14	0.19	0.16	0.16	0.19
有效铜（mg/kg）	2.00	1.26	2.21	2.54	1.82	1.78	1.60	2.05	1.97
有效铁（mg/kg）	18.28	10.41	12.46	23.79	12.75	20.79	16.66	17.23	19.88
有效锰（mg/kg）	13.87	10.68	14.92	15.66	14.19	18.71	19.77	11.70	20.38
有效锌（mg/kg）	0.87	0.97	0.69	1.37	0.85	0.89	0.75	0.72	1.16
有效硅（mg/kg）	53.37	50.84	60.71	54.53	66.20	121.16	133.39	53.99	94.31
有效硫（mg/kg）	281.38	94.99	36.31	268.75	138.95	62.16	40.28	264.14	339.00
pH值	8.35	8.33	8.23	8.26	8.15	8.39	8.22	8.34	8.37
盐分（g/kg）	1.18	0.99	1.08	1.09	0.73	0.99	1.03	1.14	1.21

十等地有机质含量为一级（>25.0g/kg）的面积为3.8千hm²，占比18.78%；有机质含量为二级（20.0~25.0g/kg）的面积为9.84千hm²，占比48.59%；有机质含量为三级（15.0~20.0g/kg）的面积为3.85千hm²，占比19.03%；有机质含量为四级（10.0~15.0g/kg）的面积为2.16千hm²，占比10.68%；有机质含量为五级（≤10.0g/kg）的面积为0.39千hm²，占比6.33%。表明伊犁州直十等地有机质含量以中等偏上为主，偏下的面积和比例较小（表4-95）。

十等地全氮含量为一级（>1.50g/kg）的面积为3.71千hm²，占比18.34%；全氮含量为二级（1.00~1.50g/kg）的面积为11.36千hm²，占比56.10%；全氮含量为三级（0.75~1.00g/kg）的面积为3.75千hm²，占比18.54%；全氮含量为四级（0.50~0.75g/kg）的面积为0.87千hm²，占比4.30%；全氮含量为五级（≤0.50g/kg）的面积为0.35千hm²，占比17.71%。表明伊犁州直十等地全氮含量以中等偏上为主，中等和偏下的面积和比例较小（表4-95）。

十等地有效磷含量为一级（>30.0mg/kg）的面积为1.19千hm²，占比5.88%；有效磷含量为二级（20.0~30.0mg/kg）的面积为1.27千hm²，占比6.28%；有效磷含量为三级（15.0~20.0mg/kg）的面积为4.77千hm²，占比23.53%；有效磷含量为四级（8.0~15.0mg/kg）的面积为12.2千hm²，占比60.31%；有效磷含量为五级（≤8.0mg/kg）的面积为0.61千hm²，占比3.63%。表明伊犁州直十等地有效磷含量以中等偏下为主（表4-95）。

十等地速效钾含量为一级（>250mg/kg）的面积为0.61千hm²，占比3.02%；速效钾含量为二级（200~250mg/kg）的面积为0.07千hm²，占比0.35%；速效钾含量为三级（150~200mg/kg）的面积为0.81千hm²，占比4.00%；速效钾含量为四级（100~150mg/kg）的面积为0.49千hm²，占比2.42%；速效钾含量为五级（≤100mg/kg）的面积为18.06千hm²，占比3.28%。表明伊犁州直十等地速效钾含量以偏低为主，在各个等级较分散（表4-95）。

十等地碱解氮含量为一级（>150mg/kg）的面积为0.45千hm²，占比2.22%；碱解氮含量为二级（120~150mg/kg）的面积为1.18千hm²，占比5.83%；碱解氮含量为三级（90~120mg/kg）的面积为11.07千hm²，占比54.62%；碱解氮含量为四级（60~90mg/kg）的面积为6.15千hm²，占比30.40%；碱解氮含量为五级（≤60mg/kg）的面积为1.19千hm²，占比2.51%。表明伊犁州直十等地碱解氮含量以中等为主，偏上和偏下的面积和比例较小（表4-95）。

表4-95 十等地土壤养分各级别面积与比例

养分等级	一级		二级		三级		四级		五级	
	面积（千hm²）	比例（%）	面积（千hm²）	比例（%）	面积（千hm²）	比例（%）	面积（千hm²）	比例（%）	面积（千hm²）	比例（%）
有机质	3.80	18.78	9.84	48.59	3.85	19.03	2.16	10.68	0.39	6.33
全氮	3.71	18.34	11.36	56.10	3.75	18.54	0.87	4.30	0.35	17.71

(续表)

养分等级	一级		二级		三级		四级		五级	
	面积（千hm²）	比例（%）	面积（千hm²）	比例（%）	面积（千hm²）	比例（%）	面积（千hm²）	比例（%）	面积（千hm²）	比例（%）
有效磷	1.19	5.88	1.27	6.28	4.77	23.53	12.20	60.31	0.61	3.63
速效钾	0.61	3.02	0.07	0.35	0.81	4.00	0.49	2.42	18.06	3.28
碱解氮	0.45	2.22	1.18	5.83	11.07	54.62	6.15	30.40	1.19	2.51
盐分	20.04	98.96	0.004	0.02	—	—	—	—	—	—

十等地盐分含量为一级（≤2.5g/kg）的面积为20.04千hm²，占比98.96%；盐分含量为二级（2.5~6.0g/kg）的面积为0.004千hm²，占比0.02%。表明伊犁州直十等地盐分含量以一级为主，其他级别的面积和比例较小（表4-95）。

第十二节 耕地质量提升与改良利用

耕地质量评价的目的是依据评价的结果对伊犁州直的耕地质量进行提升，以逐步提高伊犁州直农作物产量，改良中低产田。伊犁州直气候条件差、地形地貌较为复杂，因此，对于本次评价出的不同等级的耕地在耕地质量提升与改良措施上应区别对待，依据各等级及其主要障碍因素，分别采取不同的地力提升与改良措施。本次评价出的一至三等地限制因素相对较少，归为高等地；四至六等地限制因素中等，归为中等地；七至十级耕地肥力较低，具有较多的限制因素，因此归为低等地。针对伊犁州直高、中、低不同质量等级的耕地，要因地制宜地确定改良利用方案，科学规划，合理配置，并制定相应的政策法规，以地力培肥、土壤改良、养分平衡、质量修复为主要出发点，做到因土用地，在保证耕地质量不下降的基础上，实现经济、社会、生态环境的同步发展，着力提升耕地内在质量，为农业生产夯实长远基础。

一、高等地的地力保持途径

伊犁州直高等地主要分布在具有灌溉条件的平原上，质地壤土，障碍因素较少，熟化程度高，有机质及养分含量高，机械化耕作与收割方便，适种范围广，是伊犁州直重要的农作物产地。但由于伊犁州直地力基础较低，因此地力保持途径关键在于以下几点。

一是增施有机肥，不断培肥地力。通过政府引导、部门示范等途径，逐渐改变农户重化肥轻有机肥的习惯，提高农户秸秆还田和农家肥的施用量，以保持和提高地力。

二是完善灌溉配套设施。充分利用伊犁州直现有的河流、水库等水利条件，改造陈旧灌溉沟渠，推进高效、节水灌溉方式的推广。

三是用地养地相结合。尽管伊犁州直的高等地目前而言具有一定程度的优势，但毕竟处于干旱、半干旱地区，易受到多重因素的威胁，因此在利用上除尽可能让高等地发挥作用之外，还应注重耕地的养护。可采取轮作、套种、复种绿肥及豆类等形式，以达到培肥地力，维持土壤养分平衡的目的。

二、中等地的地力提升措施

伊犁州直中等地主要分布在具有一定灌溉条件的平原，这些耕地分布范围广、面积较大，质地中等，土壤质量差别较大，有机质及养分含量中等，灌溉能力多在满足或基本满足，生产潜力巨大。应从以下四个方面提升地力。

第一，大力促进秸秆还田及有机肥的施用，以培肥地力。土壤有机质和养分含量较低是伊犁州直中等地质量低下的重要原因之一。一方面可以通过发展伊犁州直具有优势的畜牧业，多积农家肥，另一方面将作物秸秆制肥施入农地，同时也要保证化学肥料的合理投入。

第二，加大农、林、路、渠的配套建设。伊犁州直中等地所处区域一般较为干旱，生态环境脆弱，易受干旱、大风等危害影响，因此需要尽快建立健全农、林、路、渠相配套的高标准农田，同时充分利用现有的河流、水库等水资源，大力发展节水农业，提高中等地的灌溉水平和能力，努力改善农田环境，增强农业抵抗和防御自然灾害的能力。

第三，可以实行耕地休耕制度。伊犁州直中等地尽管具有较高的潜力，但也不能过度地利用，可以在一些地方试点耕地轮休制度，特别是果粮果经间套作作物休耕，通过深翻之后让耕地休息 1~2 年后，种植绿肥、油菜等实现用地养地相结合，保护和提升地力，增强农业发展后劲。

第四，积极推广应用农业新技术，大力推广测土配方施肥、有机肥积造、化肥农药减施等技术，在增施农肥的基础上，精细整地，隔年轮翻加深耕等活化土壤。

三、低等地的培肥改良途径

伊犁州直低等地部分是由于养分贫瘠造成的，其他因素如盐渍化、荒漠化、水资源短缺等均可能是限制耕地质量的因素，因此可以将伊犁州直低等地按照限制因素的不同划分成不同的类型，并针对不同的类型提出相应的改良措施。

（一）肥力贫瘠型

此类耕地主要分布在土壤发育微弱，植被覆盖度较低，养分积累困难，有机质及养分含量低地带，因此在改良上应以增施有机肥和补充作物所需氮磷钾肥为主，同时注重秸秆还田，使地力逐渐提高。

（二）水、热限制型

此类耕地主要指由于耕地所处海拔较高，水热成为农作物生长的限制因素，从土壤本身的肥力来看，其有机质及各种养分含量并不算低，但由于全年仅有夏季才会有较高的热量，受到积温的限制，不利于作物的生长。对于此类耕地，应通过抢抓农时，充分利用热量最为丰富的夏季，合理规划农作物种植时间，也可以通过引进适宜于热量限制区域的农作物品种进行种植。

(三) 水源短缺型

这类耕地主要是由于距离水源地较远，常年缺水，作物收成很低。对于这类耕地，应大力加强排水灌溉设施建设，改善灌溉条件；还可通过改变耕作方式，应用高效节水技术，加强田间水肥管理，通过覆盖地膜等提高水分利用效率，并通过秸秆覆盖减少地面蒸发，这些途径在一定程度上可以提高作物产量。

第五章　耕地土壤有机质及主要营养元素

土壤有机质及主要营养元素是作物生长发育所必需的物质基础，其含量的高低直接影响作物的生长发育及产量与品质。土壤有机质及主要营养元素状况是土壤肥力的核心内容，是土壤生产力的物质基础，农业生产上通常以土壤耕层养分含量作为衡量土壤肥力高低的主要依据。通过对伊犁州直耕地土壤有机质及主要营养元素状况的测定评价，以期为该区域作物科学施肥制度的建立、高产高效及环境安全的可持续发展提供理论依据与技术支撑。

根据伊犁州直土壤有机质及养分含量状况，参照《全国九大农区及省级耕地质量监测指标分级标准（试行）》，将土壤有机质、全氮、有效磷、速效钾、缓效钾、有效硼、有效钼、有效铜、有效铁、有效锰、有效锌、有效硅、有效硫、pH值等土壤主要营养元素指标分为5个级别，见表5-1。

表 5-1　伊犁州直土壤有机质及主要营养元素分级标准

项目	单位	分级标准				
		一级	二级	三级	四级	五级
有机质	g/kg	>25.0	20.0~25.0	15.0~20.0	10.0~15.0	≤10.0
全氮	g/kg	>1.50	1.00~1.50	0.75~1.00	0.50~0.75	≤0.50
有效磷	mg/kg	>30.0	30.0~20.0	15.0~20.0	8.0~15.0	≤8.0
速效钾	mg/kg	>250	200~250	150~200	100~150	≤100
缓效钾	mg/kg	>1 200	1 000~1 200	800~1 000	600~800	≤600
有效硼	mg/kg	>2.00	1.50~2.00	1.00~1.50	0.50~1.00	≤0.50
有效钼	mg/kg	>0.20	0.15~0.20	0.10~0.15	0.05~0.10	≤0.05
有效铜	mg/kg	>2.00	1.50~2.00	1.00~1.50	0.50~1.00	≤0.50
有效铁	mg/kg	>20.0	15.0~20.0	10.0~15.0	5.0~10.0	≤5.0
有效锰	mg/kg	>15.0	10.0~15.0	5.0~10.0	3.0~5.0	≤3.0
有效锌	mg/kg	>2.00	1.50~2.00	1.00~1.50	0.50~1.00	≤0.50
有效硅	mg/kg	>250	150~250	100~150	50~100	≤50
有效硫	mg/kg	>50.0	30.0~50.0	15.0~30.0	10.0~15.0	≤10.0
pH值		≤7.2	7.2~7.5	7.5~8.5	8.5~9.0	≥9.0

第一节 土壤有机质

土壤有机质是指存在于土壤中的所有含碳的有机化合物,它主要包括土壤中各种动物、植物残体,微生物体及其分解和合成的各种有机化合物,其中经过微生物作用形成的腐殖质,主要为腐殖酸及其盐类物质,是土壤有机质的主体。土壤有机质基本成分是纤维素、木质素、淀粉、糖类、油脂、蛋白质等,土壤有机质的主要元素组成是C、O、H、N,分别占52%~58%、9%~34%、3.3%~4.8%和3.7%~4.1%,其次还有S、P、Fe、Mg等。

土壤有机质是衡量土壤肥力的重要指标之一,它是土壤的重要组成部分,它不仅是植物营养的重要来源,也是微生物生活和活动的能源。与土壤的发生演变、肥力水平和诸多属性密切相关,而且对于土壤结构的形成、熟化,改善土壤物理性质,调节水肥气热状况也起着重要作用。土壤有机质不仅含有作物生长所需的各种养分,可以直接或间接地为作物生长提供N、P、K、Ca、Mg、S和各种微量元素;影响和制约土壤结构的形成及通气性、渗透性、缓冲性、交换性能和保水保肥性能,是评价耕地地力的重要指标。

一、土壤有机质含量及其空间差异

通过对伊犁州直947个耕层土壤样品有机质含量测定结果分析,伊犁州直耕层土壤有机质平均值为31.82g/kg,标准差为24.97g/kg。平均含量以昭苏县含量最高为67.72g/kg,其次分别为新源县41.33g/kg、尼勒克县32.72g/kg、奎屯市29.95g/kg、特克斯县27.67g/kg、巩留县26.8g/kg、察布查尔县19.64g/kg、伊宁县18.48g/kg、伊宁市17.87g/kg、霍城县含量最低为17.52g/kg。

伊犁州直土壤有机质平均变异系数为78.47%,最大值出现在奎屯市,为139.07%;最小值出现在伊宁市,为26.92%。详见表5-2。

表5-2 伊犁州直土壤有机质含量及其空间差异 (g/kg)

县市	点位数	平均值	标准差	变异系数(%)
察布查尔县	146	19.64	8.09	41.19
巩留县	81	26.80	15.78	58.88
霍城县	145	17.52	8.4	47.95
奎屯市	23	29.95	41.65	139.07
尼勒克县	76	32.72	26.75	81.75
特克斯县	46	27.67	11.03	39.86
新源县	118	41.33	21.64	52.36
伊宁市	27	17.87	4.81	26.92

县市	点位数	平均值	标准差	变异系数（%）
伊宁县	133	18.48	6.06	32.79
昭苏县	152	67.72	26.13	38.59
伊犁州直	947	31.82	24.97	78.47

二、不同土壤类型有机质含量差异

通过对伊犁州直主要土类土壤有机质测定值平均分析，耕层土壤有机质含量平均最高值出现在黑钙土，为74.25g/kg，最低值出现在灰钙土，为18.32g/kg。

不同土类土壤有机质变异系数以灰漠土和栗钙土最高，分别为139.06%和55.62%，以灰钙土和黑钙土变异系数最低，分别为42.01%和35.03%，详见表5-3。

表5-3　伊犁州直主要土类土壤有机质含量差异　　　　　　　　　(g/kg)

土类	点位数	平均值	标准差	变异系数（%）
草甸土	32	22.57	12.32	54.59
潮土	27	30.84	15.4	49.93
黑钙土	119	74.25	26.01	35.03
灰钙土	467	18.32	7.69	42.01
灰漠土	23	29.95	41.65	139.06
栗钙土	278	37.52	20.87	55.62
沼泽土	1	71.93	—	—
伊犁州直	947	31.82	24.97	78.48

三、不同地形部位土壤有机质含量差异

伊犁州直不同地形部位土壤有机质含量平均值由高到低顺序为：丘陵下部＞平原高阶＞山地坡上＞扇缘＞山地坡下＞平原低阶＞平原中阶＞河滩地＞山间盆地＞丘陵中部＞丘陵上部。丘陵下部和平原高阶有机质含量较高，分别为56.74g/kg和49.20g/kg，丘陵中部和丘陵上部有机质含量较低，分别为18.87g/kg和17.92g/kg。

不同地形部位土壤有机质变异系数平均为78.48%，最大值出现在扇缘为92.64%，最小值出现在山间盆地为13.44%。详见表5-4。

表 5-4 伊犁州直不同地形部位土壤有机质含量差异

地形部位	点位数	平均值	标准差	变异系数（%）
河滩地	358	24.09	15.78	65.49
平原低阶	85	28.29	20.22	71.50
平原高阶	213	49.20	30.86	62.71
平原中阶	223	27.73	23.07	83.21
丘陵上部	13	17.92	5.98	33.38
丘陵下部	9	56.74	29.30	51.63
丘陵中部	2	18.87	5.34	28.30
山地坡上	5	41.78	10.17	24.33
山地坡下	7	35.85	13.63	38.01
山间盆地	7	23.37	3.14	13.44
扇缘	25	41.45	38.40	92.64
伊犁州直	947	31.82	24.97	78.48

四、不同土壤质地土壤有机质含量差异

通过对伊犁州直不同质地样品土壤有机质含量测试结果分析，土壤有机质平均含量从高到低的顺序，表现为砂壤＞重壤＞中壤＞黏土＞轻壤＞砂土，其中砂壤土最高，为28.72g/kg，砂土最低，为21.97g/kg。

不同质地土壤有机质含量的变异系数平均为58.32%，最高值为砂壤，为72.35%，最低值为砂土，为36.59%，详见表5-5。

表 5-5 伊犁州直不同质地土壤有机质含量差异 （g/kg）

质地	点位数	平均值	标准差	变异系数（%）
黏土	18	24.40	12.56	51.46
轻壤	267	22.71	9.88	43.50
砂壤	57	28.72	20.78	72.35
砂土	14	21.97	8.04	36.59
中壤	434	26.90	16.51	61.37
重壤	157	28.51	16.90	59.27
伊犁州直	947	25.51	14.88	58.32

五、土壤有机质的分级与分布

从伊犁州直耕层土壤有机质分级面积统计数据看，伊犁州直耕地土壤有机质多数在一、二、三级之间，四级和五级总和不到11%。按等级分，一级占31.33%，二级占26.13%，三级占31.75%，四级占9.89%，五级占0.90%。详见表5-6和图5-1。

（一）一级

伊犁州直有机质一级地面积213.54千hm^2，占伊犁州直总耕地面积的31.33%。霍城县一级地面积最大，为64.80千hm^2，占一级地面积的30.35%，其次为察布查尔县和昭苏县，分别占16.88%和16.70%。

（二）二级

伊犁州直有机质二级地面积178.06千hm^2，占伊犁州直总耕地面积的26.13%。昭苏县二级地面积最大，为41.33千hm^2，占二级地面积的23.21%，其次为察布查尔县和伊宁县，分别占21.16%和15.55%。

（三）三级

伊犁州直有机质三级地面积216.37千hm^2，占伊犁州直总耕地面积的31.75%。新源县三级地面积最大，为37.81千hm^2，占三级地面积的17.47%，其次为察布查尔县和尼勒克县，分别占17.37%和13.46%。

（四）四级

伊犁州直有机质四级地面积67.43千hm^2，占伊犁州直总耕地面积9.89%。伊宁县四级地面积最大，为14.43千hm^2，占伊犁州直四级地面积的21.40%，其次为新源县和巩留县，分别占19.91%和14.39%。

（五）五级

伊犁州直有机质五级地面积6.17千hm^2，占伊犁州直总耕地面积的0.90%。奎屯市五级地面积最大，为4.01千hm^2，占伊犁州直五级地面积的64.95%，其次为察布查尔县和尼勒克县，分别占26.00%和3.95%。

六、土壤有机质调控

土壤有机质在微生物的作用下，不断进行着矿质化过程和腐殖化过程，在增加有机质的前提下，使土壤的腐殖化过程大于矿化过程，土壤有机质含量出现增长，满足作物在连续生产中对土壤肥力的要求，实现了农业可持续发展。秸秆还田、种植绿肥、增施有机肥与合理的养分配比是伊犁州直土壤有机质提升的有效途径。

（一）大力推广秸秆直接还田

秸秆中含有大量的有机质、氮磷钾和微量元素，将其归还于土壤中，不但可以提高土壤有机质、还可改善土壤的孔隙度和团聚体含量，改善土壤物理性质，达到蓄水保墒、培肥地力，改善农业生态环境，提高农业综合生产能力的目的。由于秸秆的C/N大，

表 5-6　土壤有机质不同等级在伊犁州直的分布

等级	一级（高）		二级（较高）		三级（中）		四级（较低）		五级（低）		合计	
含量	≥25.0g/kg		20.0~25.0g/kg		15.0~20.0g/kg		10.0~15.0g/kg		≤10.0g/kg			
县市	面积（千hm²）	占比（%）	面积（千hm²）	占比（%）	面积（千hm²）	占比（%）	面积（千hm²）	占比（%）	面积（千hm²）	占比（%）	面积（千hm²）	占比（%）
察布查尔县	36.05	16.88	37.68	21.16	37.58	17.37	6.80	10.09	1.60	26.00	119.71	17.56
巩留县	11.28	5.28	12.13	6.81	28.50	13.17	9.70	14.39	0.14	2.15	61.75	9.06
霍城县	64.80	30.35	19.72	11.08	6.89	3.18	2.86	4.24	—	—	94.27	13.83
奎屯市	4.29	2.01	4.82	2.71	10.46	4.84	8.03	11.91	4.01	64.95	31.61	4.64
尼勒克县	5.45	2.55	9.46	5.30	29.12	13.46	5.13	7.61	0.24	3.95	49.40	7.25
特克斯县	2.51	1.18	7.23	4.06	20.09	9.29	1.18	1.75	—	—	31.01	4.55
新源县	19.11	8.95	15.17	8.52	37.81	17.47	13.44	19.91	—	—	85.53	12.56
伊宁市	8.45	3.95	2.84	1.60	3.47	1.60	0.72	1.07	0.02	0.29	15.50	2.27
伊宁县	25.95	12.15	27.68	15.55	19.86	9.18	14.43	21.40	0.16	2.66	88.08	12.92
昭苏县	35.65	16.70	41.33	23.21	22.59	10.44	5.14	7.63	—	—	104.71	15.36
伊犁州直	213.54	31.33	178.06	26.13	216.37	31.75	67.43	9.89	6.17	0.90	681.56	100.00

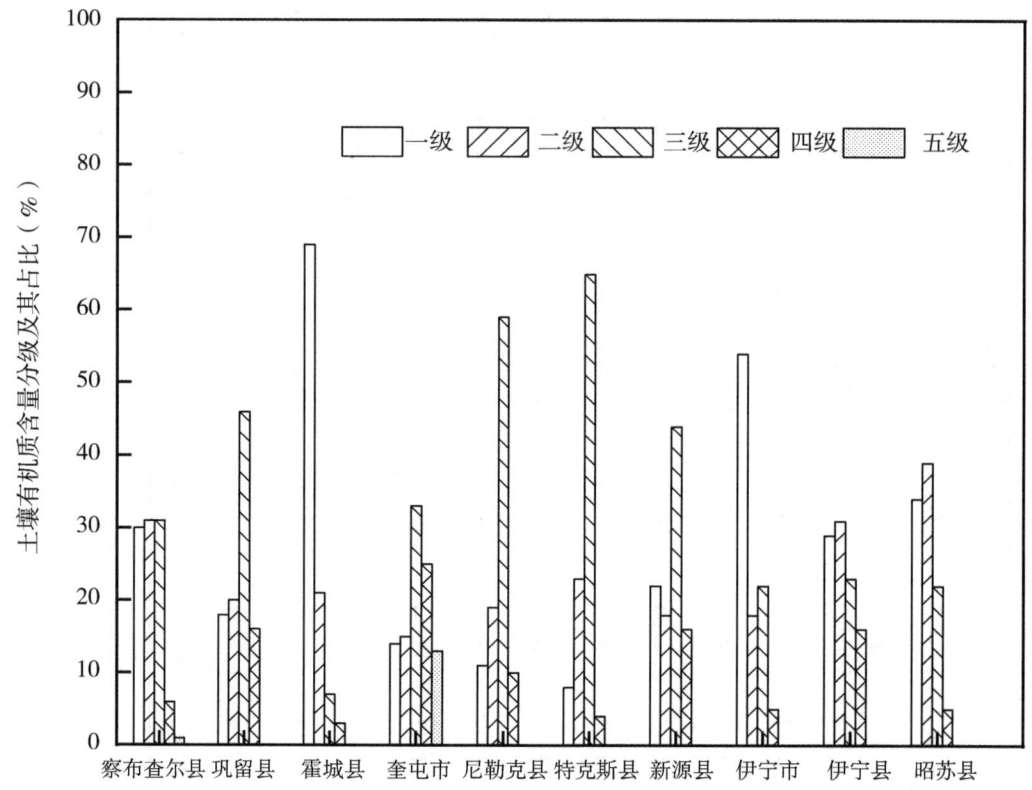

图 5-1 耕层有机质含量在各县市的分布

多在（60~100）：1，碳多氮少，因此在实施秸秆还田时，应配施适量的氮、磷肥料。还田量一般 200~400kg/亩为宜。同时配合使用秸秆腐熟剂，尽量提高还田秸秆的当年利用率，以提高农民参与秸秆还田的积极性。提倡机械化秸秆直接还田，以提高效率，争抢农时。

（二）因地制宜发展绿肥、掩青肥田

绿肥含有丰富的有机质及氮素，种植绿肥可显著改善土壤理化性状。特别是豆科绿肥（如草木樨、苜蓿等）可以固定空气中的氮素，增加土壤氮素的有效供给。非豆科绿肥（如玉米、油菜等）由于生物产量高，柔嫩多汁，翻压到土壤中，能快速腐解，也能快速增加土壤有机质含量。目前绿肥种植模式主要有果园套种绿肥、复播绿肥、小麦套种绿肥等形式。

（三）增施农家肥及商品有机肥

农家肥与商品有机肥的有机质含量高，制造原理基本相同，只不过商品有机肥是在工厂发酵，条件可控，发酵彻底。西北地区有机肥资源广，但利用不充分，要充分利用各种废弃物制造有机肥料，提升土壤有机含量，促进农业资源的循环利用。结合饲养业和沼气业的发展，拓宽有机肥来源。改进有机肥制造方法和技术，提高工效，减少损失,增进肥效。充分利用各种渣肥(糖渣、酒渣、菇渣、酱渣),饼肥(棉饼、豆饼、麻饼)制造有机肥。使有机肥含量高浓度化,形状颗粒化。同时重视商品有机肥和无机复混肥的施用。让农民在施用有机肥时像施用化肥一样省工、省力,当年见效,以提高农民施用有机肥的积极性。

(四)科学施肥,合理调整养分配比

化肥的大量投入增加了作物产量,但与此同时大量的养分流失与蒸发,破坏了环境,特别是不合理的养分配比破坏了土壤肥力。测土配方施肥是一种科学施肥方法。它是在施用有机肥的基础上,通过土壤测试、植株营养诊断、田间试验提出合理的养分配比,使作物均衡吸收各种养分,达到有机与无机养分平衡,提高肥料利用率,培肥地力。

第二节 土壤全氮

氮是作物生长发育所必需的营养元素之一,也是农业生产中影响作物产量的最主要的养分限制因子。土壤中的全氮含量代表着土壤氮素的总贮量和供氮潜力。因此,土壤全氮是土壤肥力的主要指标之一。

土壤中的氮元素可分为有机氮和无机氮,两者之和称为全氮。土壤中的氮素绝大部分以有机态的氮存在,无机氮主要是铵态氮、硝态氮和亚硝态氮,它们容易被作物吸收利用。我国耕地土壤含量一般都在0.2~2.0g/kg,高于2.0g/kg的很少,大部分低于1.0g/kg。西北地区大部分地区土壤耕层含量不足1.0g/kg。

耕作土壤氮素的来源主要为生物固氮、降水、灌水和地下水、施入土壤中的含氮肥料。全氮的含量与有机质含量呈正相关,影响土壤的有机质的因素,包括水热条件、土壤质地、微生物种类与数量等,都会对土壤氮素含量产生显著影响。另外,土壤中氮素的含量还受耕作、施肥、灌溉及利用方式的影响,变异性很大。

一、土壤全氮含量及其空间差异

通过对伊犁州直947个耕层土壤样品全氮含量测定结果分析,伊犁州直耕层土壤全氮平均值为1.76g/kg,标准差为1.33g/kg。平均含量以昭苏县含量最高为3.76g/kg,其次分别为新源县2.25g/kg、特克斯县1.75g/kg、尼勒克县1.73g/kg、奎屯市1.53g/kg、巩留县1.45g/kg、察布查尔县1.10g/kg、伊宁市1.05g/kg和霍城县1.01g/kg,伊宁县含量最低为1.00g/kg。

伊犁州直土壤全氮平均变异系数为75.28%,最小值出现在伊宁市,为26.80%;最大值出现在奎屯市,为123.92%。详见表5-7。

表5-7 伊犁州直土壤全氮含量及其空间差异 (g/kg)

县市	点位数	平均值	标准差	变异系数(%)
察布查尔县	146	1.10	0.41	37.61

（续表）

县市	点位数	平均值	标准差	变异系数（%）
巩留县	81	1.45	0.83	57.05
霍城县	145	1.01	0.48	47.09
奎屯市	23	1.53	1.9	123.92
尼勒克县	76	1.73	1.34	77.78
特克斯县	46	1.75	0.71	40.77
新源县	118	2.25	1.11	49.54
伊宁市	27	1.05	0.28	26.80
伊宁县	133	1.00	0.3	29.95
昭苏县	152	3.76	1.35	35.95
伊犁州直	947	1.76	1.33	75.28

二、不同土壤类型土壤全氮含量差异

通过对伊犁州直不同土壤类型土壤全氮含量测试结果分析，土壤全氮平均含量从高到低的顺序，表现为黑钙土＞沼泽土＞栗钙土＞潮土＞灰漠土＞草甸土＞灰钙土，其中黑钙土最高，为4.07g/kg，灰钙土最低，为1.03g/kg。

不同土壤类型土壤全氮含量的变异系数最高值为灰漠土123.92%，最低值为黑钙土33.35%，详见表5-8。

表5-8 伊犁州直主要土类土壤全氮含量差异 （g/kg）

土类	点位数	平均值	标准差	变异系数（%）
草甸土	32	1.23	0.65	52.94
潮土	27	1.67	0.81	48.72
黑钙土	119	4.07	1.36	33.35
灰钙土	467	1.03	0.42	40.61
灰漠土	23	1.53	1.90	123.92
栗钙土	278	2.09	1.09	52.00
沼泽土	1	3.57	-	-
伊犁州直	947	1.76	1.33	75.28

三、不同地形部位土壤全氮含量差异

伊犁州直不同地形部位土壤全氮含量平均值由高到低顺序为：丘陵下部＞平原高

阶＞山地坡上＞扇缘＞山地坡下＞平原低阶＞平原中阶＞山间盆地＞河滩地＞丘陵上部＞丘陵中部。丘陵下部全氮含量较高，为 3.18g/kg，丘陵中部全氮含量较低，为 0.75g/kg。

不同地形部位类型土壤全氮变异系数最大值出现在扇缘为 82.13%，最小值出现在山间盆地为 14.40%。详见表 5-9。

表 5-9　伊犁州直不同地形部位土壤全氮含量差异

地形部位	点位数	平均值	标准差	变异系数（%）
河滩地	358	1.33	0.81	60.82
平原高阶	213	2.76	1.66	60.16
平原中阶	223	1.50	1.17	78.03
平原低阶	85	1.57	1.12	71.59
丘陵上部	13	1.08	0.39	36.07
丘陵中部	2	0.75	0.21	27.68
丘陵下部	9	3.18	1.55	48.81
山地坡上	5	2.36	0.43	18.41
山地坡下	7	2.03	0.66	32.52
山间盆地	7	1.41	0.2	14.40
扇缘	25	2.24	1.84	82.13
伊犁州直	947	1.76	1.33	75.28

四、不同土壤质地土壤全氮含量差异

通过对伊犁州直不同质地样品土壤全氮含量测试结果分析，土壤全氮平均含量从高到低的顺序，表现为中壤＞砂壤＞轻壤＞重壤＞黏土＞砂土，其中中壤土最高，为 2.08g/kg，砂土最低，为 0.96g/kg。

不同质地土壤全氮含量的变异系数最高值为重壤土 83.28%，最低值黏土，25.26%，详见表 5-10。

表 5-10　伊犁州直不同质地土壤全氮含量差异　　　　　　　　　　　（g/kg）

土壤质地	点位数	平均值	标准差	变异系数（%）
黏土	18	1.06	0.27	25.26
轻壤	267	1.54	1.05	68.84

伊犁州直耕地

（续表）

土壤质地	点位数	平均值	标准差	变异系数（%）
砂壤	57	1.63	1.06	65.13
砂土	14	0.96	0.32	33.43
中壤	434	2.08	1.50	72.46
重壤	157	1.52	1.27	83.28
伊犁州直	947	1.77	1.32	75.28

五、土壤全氮的分级与分布

从伊犁州直耕层土壤全氮分级面积统计数据看，伊犁州直耕地土壤全氮多数为一、二级。按等级分，一级占27.87%，二级占46.31%，三级占22.56%，四级占2.97%，五级占0.29%。提升空间较大。详见表5-11和图5-2。

（一）一级

伊犁州直一级地面积189.95千hm²，占伊犁州直总耕地面积的27.87%。霍城县一级地面积最大，为49.88千hm²，占一级地面积的26.25%，其次为昭苏县和察布查尔县，分别占19.51%和16.96%。

（二）二级

伊犁州直二级地面积315.67千hm²，占伊犁州直总耕地面积的46.31%。察布查尔县二级地面积最大，为58.11千hm²，占二级地面积的18.41%，其次为昭苏县和霍城县，分别占18.36%和12.77%。

（三）三级

伊犁州直三级地面积153.74千hm²，占伊犁州直总耕地面积的22.56%。新源县三级地面积最大，为34.02千hm²，占三级地面积的22.12%，其次为察布查尔县和巩留县，分别占17.05%和14.18%。

（四）四级

伊犁州直四级地面积20.23千hm²，占伊犁州直总耕地面积2.97%。奎屯市四级地面积最大，为10.66千hm²，占伊犁州直四级地面积的52.69%，其次为巩留县和伊宁县，分别为14.70%和11.29%。

（五）五级

伊犁州直五级地面积1.98千hm²，占伊犁州直总耕地面积的0.29%。察布查尔县五级地面积最大，为1.58千hm²，占伊犁州直五级地面积的79.64%，其次为伊宁县和尼勒克县，分别占11.84%和5.64%。

表 5-11 土壤全氮不同等级在伊犁州直的分布

等级 含量 县市	一级 >1.50g/kg 面积 （千 hm²）		二级 1.00~1.50g/kg 面积 （千 hm²）		三级 0.75~1.00g/kg 面积 （千 hm²）		四级 0.50~0.75g/kg 面积 （千 hm²）		五级 ≤0.50g/kg 面积 （千 hm²）		合计 面积 （千 hm²）	
	面积 （千 hm²）	占比 (%)	面积 （千 hm²）	占比 (%)	面积 （千 hm²）	占比 (%)	面积 （千 hm²）	占比 (%)	面积 （千 hm²）	占比 (%)	面积 （千 hm²）	占比 (%)
察布查尔县	32.21	16.96	58.11	18.41	26.2	17.05	1.61	7.96	1.58	79.64	119.71	17.56
巩留县	9.32	4.91	27.61	8.75	21.79	14.18	2.97	14.7	0.06	2.82	61.75	9.06
霍城县	49.88	26.25	40.32	12.77	4.05	2.63	0.02	0.12	-	-	94.27	13.83
奎屯市	3.23	1.70	8.79	2.78	8.93	5.81	10.66	52.69	-	-	31.61	4.64
尼勒克县	5.28	2.78	28.02	8.88	14.33	9.32	1.66	8.17	0.11	5.64	49.40	7.25
特克斯县	2.12	1.12	16.93	5.36	11.69	7.6	0.27	1.35	0.0012	0.06	31.01	4.55
新源县	14.72	7.75	36.29	11.5	34.02	22.12	0.50	2.45	-	-	85.53	12.56
伊宁市	7.57	3.98	5.34	1.69	2.33	1.52	0.26	1.27	-	-	15.50	2.27
伊宁县	28.57	15.04	36.32	11.5	20.68	13.45	2.28	11.29	0.23	11.84	88.08	12.92
昭苏县	37.05	19.51	57.94	18.36	9.72	6.32	-	-	-	-	104.71	15.36
伊犁州直	189.95	27.87	315.67	46.31	153.74	22.56	20.23	2.97	1.98	0.29	681.57	100.00

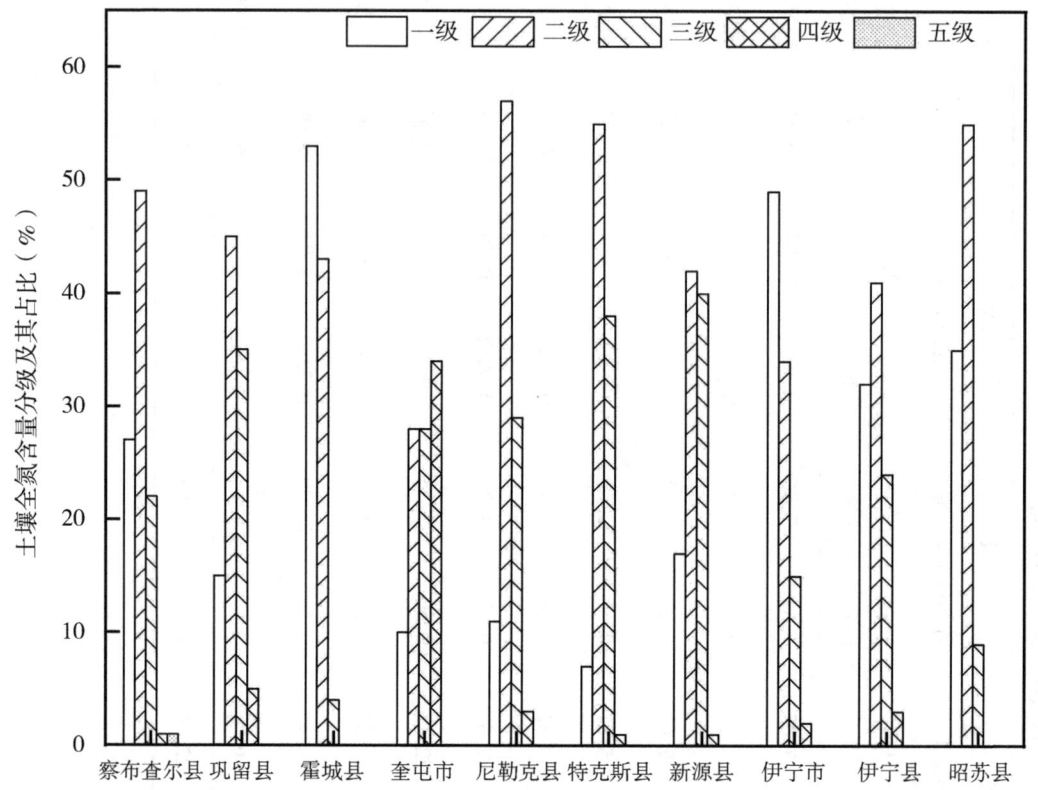

图 5-2 耕层全氮含量在各县市的分布

六、土壤全氮调控

土壤全氮反映土壤氮素的总贮量和供氮潜力，土壤速效氮反映近期土壤的氮素供应能力。土壤氮的有效化过程（包括氨化作用和硝化作用）和无效化过程（包括反硝化作用、化学脱氮作用和矿物晶格固定）是土壤氮素的调控关键。合理施肥、耕作、灌溉等，控制土壤氮素的有机矿化速率和减少有效的固定量，促使土壤氮素既能满足作物需要，有利于氮素的保存和周转，以尽量减少氮素损失的数量，又能达到提高土壤氮素的利用率的效果。

（一）调节土壤 C/N 比值

土壤全氮含量与施入的氮肥呈正相关，施入的氮肥越高，土壤全氮的含量也会随之增加。利用有机物质 C/N 比值与土壤有效氮的相互关系，来调节土壤氮素状况。在有机物质开始分解时，其 C/N ＞30，矿化作用所释放的有效氮量远少于微生物吸收同化的数量，此时微生物要从土壤中吸收一部分原有的氮，转为微生物体中的有机氮。随着有机物的不断分解，其中碳被用作微生物活动的能源所消耗，剩余的物质的 C/N 迅速下降。当 C/N 达到 30~15 时，矿化释放的氮量和同化的固氮量基本相等，此时土壤中的氮素无亏损。全氮进一步分解，微生物种类更迭，全氮的 C/N 继续不断下降，当下降到 C/N<15 时，氮的矿化量超过了同化量，土壤的有效氮有了盈余，作物的氮营养条件也开始得到改善。

（二）合理施用氮肥

合理施用氮肥的目的在于减少氮素的损失，提高氮肥利用率，充分发挥氮肥增产效益。要做到合理施用，必须根据下列因素来考虑氮肥的分配和施用。

1. 土壤条件

一般石灰性土或碱性土，可以施酸性或生理酸性的氮肥，如硫铵、氯化铵等，这些肥料除了能中和土壤碱性外，在碱性条件下铵态氮比较容易被作物吸收；在盐碱土中不宜施用含氯的氯化铵，以免增加盐分，影响作物生长。肥沃的土壤，施氮量宜减少，保肥能力强的土壤施肥次数可少些；反之，则施氮量适当增加，分次施用。

2. 作物营养特性

不同作物、不同时期对氮的需求也是不一样的，如水稻、玉米、小麦等作物需要较多氮肥，而豆科作物有根瘤固定空气中的氮素，因而对氮肥需要较少。不同作物对氮肥品种的反应也不同，忌氯作物如烟草、淀粉类作物、葡萄等应少施或不施氯化铵。多数蔬菜施用硝态氮肥效果好，如萝卜施用铵态氮肥会抑制其生长。甜菜用硝酸钠效果好。作物不同生育期施氮肥的效果也不一样。在作物施肥的关键时期如营养临界期或最高效率期进行施肥，增产作用显著。如玉米在抽穗开花前后需要养分最多，重施穗肥都能获得显著增产。所以考虑作物不同生育期对养分的要求，掌握适宜的施肥时期和施肥量，是经济有效施用氮肥的关键。

3. 氮肥本身的性质

凡是铵态肥（特别是碳铵、氨水）都要深施盖土，防止挥发，由于它们都是速效肥料，在土壤中又不易流失，故可作基肥和追肥，适宜水田、旱地施用；硝态氮肥在土中移动性大，肥效快，适宜作旱地追肥；酰胺态氮肥（如尿素）作为基肥、追肥都可以。总之，要根据氮肥的特性来考虑它的施用方法。

4. 氮肥与其他肥料配施

在缺乏有效磷和有效钾的土壤上，单施氮肥效果很差，增施氮肥还有可能减产。因为在缺磷、钾的情况下，蛋白质和许多重要含氮化合物很难形成，严重地影响了作物的生长。各地试验已经证明，氮肥与适量磷钾肥配合，增产效果显著。

（三）其他措施

1. 采用氮肥释放抑制剂

工厂生产肥料时，在肥料表面包一层薄膜，以减缓氮释放速度，起到缓效之作用，提高氮肥的利用率，如缓释肥料。

2. 控制氮肥的施用量

采取配方施肥技术，确定氮肥用量，以达到发挥氮肥最佳经济效益的效果。

3. 合理施肥与灌水

在石灰性土壤上，施用铵态氮肥时，应采取深施覆土、随施随灌水、分次施肥的方法。对水稻田来说，将 NH_4^+ 施在还原层，把 NO_3^- 施入氧化层，防止反硝化作用产生所引起氮的损失。总之，应用耕作、灌溉措施，采取合理的施肥方法做到尽量减少氮的损失，达到提高氮肥利用率的目的。

第三节 土壤有效磷

土壤有效磷是土壤中可被植物吸收的磷组分，包括全部水溶性磷、部分吸附态磷及有机态磷，有的土壤中还包括某些沉淀态磷。土壤有效磷是土壤磷素养分供应水平高低的指标，土壤磷素含量高低在一定程度反映了土壤中磷素的贮量和供应能力。土壤中有效磷含量低于 3.0mg/kg 时，作物往往表现出缺磷症状。土壤中的磷主要来源于含磷矿物质，在长期的风化和成土过程中，经过生物的积累而逐渐聚积到土壤的上层。开垦后，则主要来源于施用磷肥。

一、土壤有效磷含量及其空间差异

通过对伊犁州直 947 个耕层土壤样品有效磷含量测定结果分析，伊犁州直耕层土壤有效磷平均值为 22.96mg/kg，标准差为 39.19mg/kg。平均含量以奎屯市含量最高为 67.83mg/kg，其次分别为察布查尔县 26.31mg/kg、昭苏县 25.86mg/kg、伊宁市 22.37mg/kg、巩留县 21.87mg/kg、新源县 21.41mg/kg、特克斯县 21.30mg/kg、伊宁县 19.24mg/kg、尼勒克县 18.67mg/kg，霍城县含量最低为 17.59mg/kg。

伊犁州直土壤有效磷平均变异系数为 170.69%，最小值出现在新源县，为 70.18%；最大值出现在奎屯市，为 304.67%。详见表 5-12。

表 5-12 伊犁州直土壤有效磷含量及其空间差异 （mg/kg）

县市	点位数	平均值	标准差	变异系数（%）
察布查尔县	146	26.31	34.84	132.45
巩留县	81	21.87	23.27	106.40
霍城县	145	17.59	16.12	91.63
奎屯市	23	67.83	206.67	304.67
尼勒克县	76	18.67	13.65	73.11
特克斯县	46	21.30	23.16	108.75
新源县	118	21.41	15.03	70.18
伊宁市	27	22.37	32.13	143.64
伊宁县	133	19.24	17.1	88.86
昭苏县	152	25.86	21.41	82.81
伊犁州直	947	22.96	39.19	170.69

二、不同土壤类型有效磷含量差异

通过对伊犁州直主要土类土壤有效磷测定值平均分析，耕层土壤有效磷含量平均最高值出现在灰漠土，为 67.83mg/kg，最低值出现在潮土，为 16.48mg/kg。

不同土类土壤有效磷变异系数以灰漠土和灰钙土最高，分别为 304.67% 和 121.95%，以黑钙土和潮土变异系数最低，分别为 74.54% 和 70.43%，详见表 5-13。

表 5-13 伊犁州直主要土类土壤有效磷含量差异 （mg/kg）

土类	点位数	平均值	标准差	变异系数（%）
草甸土	32	28.29	21.42	75.70
潮土	27	16.48	11.61	70.43
黑钙土	119	31.12	23.19	74.54
灰钙土	467	20.72	25.27	121.95
灰漠土	23	67.83	206.67	304.67
栗钙土	278	19.50	16.15	82.86
沼泽土	1	32.20	—	—
伊犁州直	947	22.96	39.19	170.69

三、不同地形部位土壤有效磷含量差异

伊犁州直不同地形部位土壤有效磷含量平均值由高到低顺序为：平原中阶＞平原高阶＞平原低阶＞山地坡下＞丘陵下部＞河滩地＞扇缘＞山间盆地＞丘陵上部＞丘陵中部＞山地坡上。平原中阶和平原高阶有效磷含量较高，分别为 26.53mg/kg 和 24.15mg/kg，丘陵中部和山地坡上有效磷含量较低，分别为 15.10mg/kg 和 14.14mg/kg。

不同地形部位类型土壤有效磷变异系数最大值出现在平原中阶，为 273.13%，最小值出现在山地坡上，为 12.28%。详见表 5-14。

表 5-14 伊犁州直不同地形部位土壤有效磷含量差异 （mg/kg）

地形部位	点位数	平均值	标准差	变异系数（%）
河滩地	358	20.73	18.58	89.62
平原高阶	213	24.15	23.86	98.82
平原中阶	223	26.53	72.45	273.13
平原低阶	85	23.23	19.07	82.07
丘陵上部	13	16.58	11.69	70.49
丘陵中部	2	15.10	10.04	66.50

(续表)

地形部位	点位数	平均值	标准差	变异系数（%）
丘陵下部	9	22.03	10.58	48.02
山地坡上	5	14.14	1.74	12.28
山地坡下	7	22.09	8.28	37.50
山间盆地	7	18.74	11.79	62.90
扇缘	25	19.45	10.62	54.59
伊犁州直	947	22.96	39.19	170.69

四、不同土壤质地土壤有效磷含量差异

通过对伊犁州直不同质地样品土壤有效磷含量测试结果分析，土壤有效磷平均含量从高到低的顺序，表现为砂壤＞轻壤＞中壤＞重壤＞砂土＞黏土，其中砂壤最高，为25.42mg/kg，黏土最低，为11.61mg/kg。

不同质地土壤有效磷含量的变异系数最高值为轻壤259.58%，最低值黏土为36.91%，详见表5-15。

表 5-15　伊犁州直不同质地土壤有效磷含量差异　　　　　　　　　　（mg/kg）

土壤质地	点位数	平均值	标准差	变异系数（%）
黏土	18	11.61	4.29	36.91
轻壤	267	24.45	63.48	259.58
砂壤	57	25.42	19.17	75.41
砂土	14	20.84	16.61	79.71
中壤	434	22.86	26.56	116.21
重壤	157	21.29	17.37	81.60
伊犁州直	947	22.96	39.19	170.69

五、土壤有效磷的分级与分布

从伊犁州直耕层土壤有效磷分级面积统计数据看，伊犁州直耕地土壤有效磷多数在三、四级之间。按等级分，一级占18.71%，二级占18.15%，三级占22.69%，四级占38.00%，五级占2.45%。提升空间较大。详见表5-16和图5-3。

（一）一级

伊犁州直一级地面积127.52千hm²，占伊犁州直总耕地面积的18.71%。新源县一级地面积最大，为29.27千hm²，占一级地面积的22.96%，其次为察布查尔县和奎屯

表 5-16 土壤有效磷不同等级在伊犁州直的分布

等级	一级		二级		三级		四级		五级		合计	
含量	>30.0mg/kg		20.0~30.0mg/kg		15.0~20.0mg/kg		8.0~15.0mg/kg		≤8.0mg/kg			
县市	面积(千hm²)	占比(%)	面积(千hm²)	占比(%)	面积(千hm²)	占比(%)	面积(千hm²)	占比(%)	面积(千hm²)	占比(%)	面积(千hm²)	占比(%)
察布查尔县	25.82	20.25	23.99	19.39	26.36	17.05	42.25	16.31	1.29	7.72	119.71	17.56
巩留县	3.91	3.07	11.24	9.09	23.50	15.20	22.10	8.53	1.00	5.95	61.75	9.06
霍城县	5.27	4.13	21.96	17.75	34.45	22.27	31.10	12.00	1.49	8.92	94.27	13.83
奎屯市	19.88	15.59	7.11	5.74	2.57	1.66	2.05	0.79	—	—	31.61	4.64
尼勒克县	9.21	7.22	13.3	10.75	9.75	6.31	16.84	6.50	0.30	1.80	49.40	7.25
特克斯县	3.88	3.04	6.59	5.33	6.18	3.99	14.26	5.51	0.10	0.63	31.01	4.55
新源县	29.27	22.96	16.56	13.38	13.79	8.91	25.15	9.72	0.76	4.53	85.53	12.56
伊宁市	3.15	2.46	3.71	3.00	4.11	2.66	4.13	1.60	0.40	2.40	15.50	2.27
伊宁县	12.67	9.94	12.37	10.00	23.00	14.88	36.27	14.01	3.77	22.55	88.08	12.92
昭苏县	14.46	11.34	6.89	5.57	10.93	7.07	64.82	25.03	7.61	45.50	104.71	15.36
伊犁州直	127.52	18.71	123.72	18.15	154.64	22.69	258.97	38.00	16.72	2.45	681.57	100.00

市，分别占 20.25%和 15.59%。

（二）二级

伊犁州直二级地面积 123.72 千 hm²，占伊犁州直总耕地面积的 18.15%。察布查尔县二级地面积最大，为 23.99 千 hm²，占二级地面积的 19.39%，其次为霍城县和新源县，分别占 17.75%和 13.38%。

（三）三级

伊犁州直三级地面积 154.64 千 hm²，占伊犁州直总耕地面积的 22.69%。霍城县三级地面积最大，为 34.45 千 hm²，占三级地面积的 22.27%，其次为察布查尔县、巩留县和伊宁县，分别占 17.05%、15.20%和 14.88%。

（四）四级

伊犁州直四级地面积 258.97 千 hm²，占伊犁州直总耕地面积的 38.00%。昭苏县四级地面积最大，为 64.82 千 hm²，占伊犁州直四级地面积的 25.03%，其次为察布查尔县、伊宁县和霍城县，分别占 16.31%、14.01%和 12.00%。

（五）五级

伊犁州直五级地面积 16.72 千 hm²，占伊犁州直总耕地面积的 2.45%。昭苏县五级地面积最大，为 7.61 千 hm²，占伊犁州直五级地面积的 45.50%，其次为伊宁县和霍城县，分别占 22.55%和 8.92%。

六、土壤有效磷调控

一般磷肥都有后效，提高土壤中磷的有效性，一般要从以下三方面调控：一是采取增施速效态磷肥来增加土壤中有效磷的含量，以保证供给当季作物对磷的吸收利用；二是调节土壤环境条件，如在酸性土壤上施石灰，在碱性土壤上施石膏，尽量减弱土壤中的固磷机制；三是要促使土壤中难溶态磷的溶解，提高磷的活性，使难溶性磷逐渐转化为有效态磷。

根据土壤条件和固磷机制的不同，一般可采取以下农业措施。

（一）调节土壤 pH

在施肥中应多施用酸性肥料，以中和土壤中的碱性，如有机肥、过磷酸钙等。由于土壤酸度适中，有利于微生物的活动，从而增强了磷的活化过程。

（二）因土壤、作物施磷肥

在施用磷肥时要考虑不同的土壤条件和作物不同种类选择适宜的磷肥品种。如在碱性土壤上施用过磷酸钙，有利于提高磷肥的有效性。磷矿粉适合在豆科作物和油菜作物上施用，因为这些作物吸收利用磷的能力比一般作物强得多。

（三）磷肥与有机肥混施

磷肥与有机肥混合堆、沤后一起施用，效果较好。因为有机肥在分解过程中所产生的中间产物（有机酸类），对铁、铝、钙能够起一定的络合作用，因而降低了 Fe^{3+}、

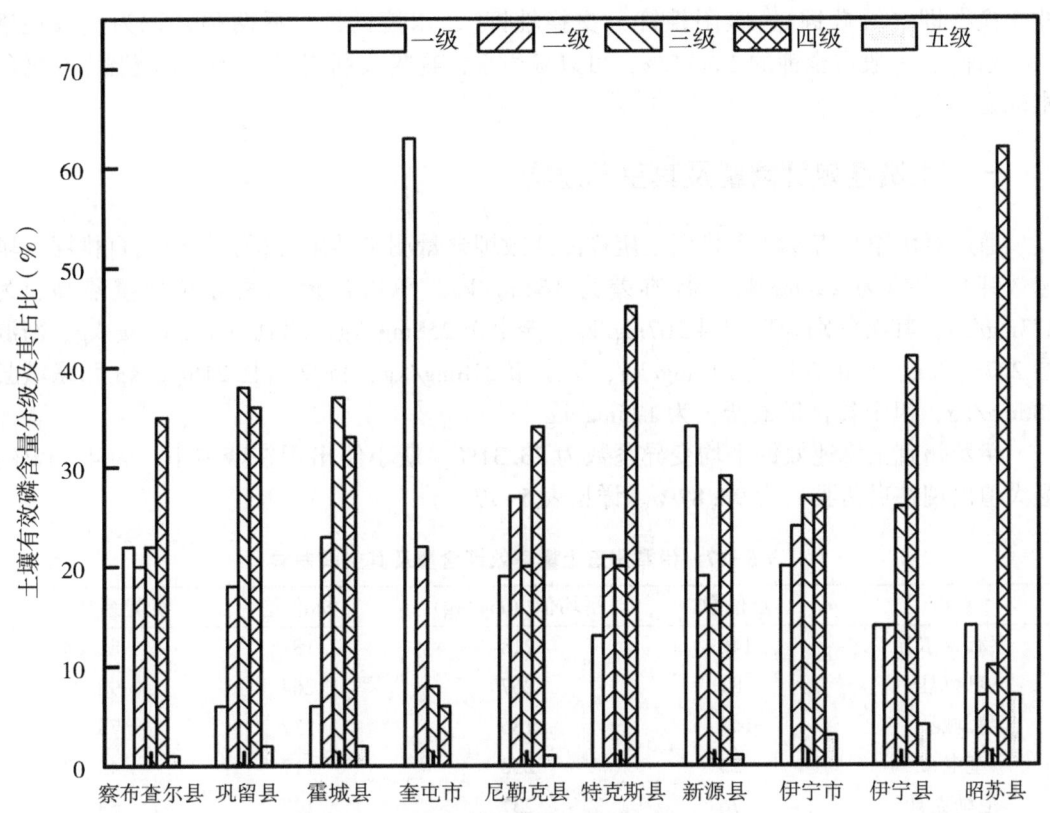

图 5-3　耕层有效磷含量在各县市的分布

Al^{3+}、Ca^{2+} 的离子浓度，可减弱磷的化学固定作用。另外，形成的腐殖质还可在土壤固体表面形成胶膜，可减弱磷的表面固定作用。在石灰性土壤上结合施用大量的有机肥也可降低磷的固定作用，从而提高磷的有效性。

（四）集中施磷肥

采取集中施用磷肥的方法，尽量减少或避免与土壤的接触面，把磷肥施在根系附近效果较好。因为磷的移动性很小，穴施、条施或把磷肥制成颗粒肥、或采取叶面喷肥等，均可提高磷肥的有效性。在碱性土壤上施用酸性磷肥，如过磷酸钙等，应采用撒施效果较好。磷肥剂型以粉状为好，其细度越细，效果越好，尽量多与土壤接触才能提高其有效性。

第四节　土壤速效钾

钾是作物生长发育过程中所必需的营养元素之一，与作物的生理代谢、抗逆及品质的改善密切相关，被认为是品质元素。钾还可以提高肥料的利用率，改善环境质量。钾是土壤中含量最高的矿质营养元素。土壤中的钾素基本呈无机形态存在，根据钾的存在形态和作物吸收能力，可把土壤中的钾素分为四个部分：土壤矿物态钾（难溶性钾）、非交换态钾（缓效钾）、吸附性钾（交换性钾）、水溶性钾。后两种合称为速效性钾（速效钾），一般占全钾的1%~2%，可以被当季作物吸收利用，是反映土壤肥力高低的指标之一。

一、土壤速效钾含量及其空间差异

通过对伊犁州直947个耕层土壤样品速效钾含量测定结果分析，伊犁州直耕层土壤速效钾平均值为224mg/kg，标准差为164mg/kg。平均含量以昭苏县含量最高，为273mg/kg，其次分别为巩留县267mg/kg、奎屯市258mg/kg、尼勒克县237mg/kg、新源县227mg/kg、察布查尔县218mg/kg、伊宁市218mg/kg、特克斯县216mg/kg和霍城县186mg/kg，伊宁县含量最低，为175mg/kg。

伊犁州直土壤速效钾平均变异系数为73.31%，最小值出现在奎屯市，为45.12%；最大值出现在巩留县，为98.87%。详见表5-17。

表5-17 伊犁州直土壤速效钾含量及其空间差异

县市	点位数	平均值（mg/kg）	标准差	变异系数（%）
察布查尔县	146	218	181	82.84
巩留县	81	267	264	98.87
霍城县	145	186	137	73.71
奎屯市	23	258	117	45.12
尼勒克县	76	237	127	53.54
特克斯县	46	216	99	45.78
新源县	118	227	182	80.07
伊宁市	27	218	134	61.55
伊宁县	133	175	104	59.51
昭苏县	152	273	154	56.48
伊犁州直	947	224	164	73.31

二、不同土壤类型速效钾含量差异

通过对伊犁州直主要土类土壤速效钾测定值平均分析，耕层土壤速效钾含量平均最高值出现在沼泽土，为1 650mg/kg，最低值出现在草甸土，为193mg/kg。

不同土类土壤速效钾变异系数以草甸土最高，为119.35%，以灰漠土变异系数最低，为45.12%，详见表5-18。

表5-18 伊犁州直主要土类土壤速效钾含量差异 （mg/kg）

土类	点位数	平均值	标准差	变异系数（%）
草甸土	32	193	231	119.35

(续表)

土类	点位数	平均值	标准差	变异系数（%）
潮土	27	228	167	73.47
黑钙土	119	278	201	72.37
灰钙土	467	194	143	73.45
灰漠土	23	258	117	45.12
栗钙土	278	245	141	57.65
沼泽土	1	1 650	—	—
伊犁州直	947	224	164	73.31

三、不同地形部位土壤速效钾含量差异

伊犁州直不同地形部位土壤速效钾含量平均值由高到低顺序为：丘陵下部＞平原高阶＞平原中阶＞山间盆地＞平原低阶＞河滩地＞扇缘＞丘陵上部＞山地坡下＞山地坡上＞丘陵中部。

不同地形部位类型土壤速效钾变异系数最大值出现在平原中阶，为92.17%，最小值出现在丘陵中部，为9.53%。详见表5-19。

表5-19 伊犁州直不同地形部位土壤速效钾含量差异　　　　　　　　（mg/kg）

地形部位	点位数	平均值	标准差	变异系数（%）
河滩地	358	196	137	70.11
平原高阶	213	251	148	58.85
平原中阶	223	244	225	92.17
平原低阶	85	225	125	55.40
丘陵上部	13	191	85	44.30
丘陵中部	2	89	8	9.53
丘陵下部	9	329	190	57.76
山地坡上	5	186	42	22.37
山地坡下	7	187	44	23.53
山间盆地	7	235	179	76.20
扇缘	25	194	80	41.13
伊犁州直	947	224	164	73.31

四、不同土壤质地土壤速效钾含量差异

通过对伊犁州直不同质地样品土壤速效钾含量测试结果分析，土壤速效钾平均含量从高到低的顺序，表现为中壤＞轻壤＞重壤＞砂土＞砂壤＞黏土，其中中壤最高，为251mg/kg，黏土最低，为137mg/kg。

不同质地土壤速效钾含量的变异系数最高值为中壤78.93%，最低值黏土为36.66%，详见表5-20。

表5-20 伊犁州直不同质地土壤速效钾含量差异 （mg/kg）

质地	点位数	平均值	标准差	变异系数（%）
黏土	18	137	50	36.66
轻壤	267	214	129	60.02
砂壤	57	158	92	58.21
砂土	14	173	97	56.44
中壤	434	251	198	78.93
重壤	157	202	128	63.38

五、土壤速效钾的分级与分布

从伊犁州直耕层土壤速效钾分级面积统计数据看，伊犁州直耕地土壤速效钾多数在一、二和三级之间。按等级分，一级占31.43%，二级占28.16%，三级占23.66%，四级占12.61%，五级占4.13%，提升空间较大。详见表5-21和图5-4。

（一）一级

伊犁州直一级地面积214.25千hm²，占伊犁州直总耕地面积的31.43%。昭苏县一级地面积最大，为52.12千hm²，占一级地面积的24.34%，其次为伊宁县和霍城县，分别占17.22%和16.00%。

（二）二级

伊犁州直二级地面积191.94千hm²，占伊犁州直总耕地面积的28.16%。察布查尔县二级地面积最大，为37.02千hm²，占二级地面积的19.30%，其次为霍城县和昭苏县，分别占17.40%和14.37%。

（三）三级

伊犁州直三级地面积161.25千hm²，占伊犁州直总耕地面积的23.66%。察布查尔县三级地面积最大，为29.23千hm²，占三级地面积的18.13%，其次为昭苏县和霍城县，分别占14.87%和12.54%。

（四）四级

伊犁州直四级地面积85.97千hm²，占伊犁州直总耕地面积的12.61%。察布查尔

表 5-21 土壤速效钾不同等级在伊犁州直的分布

等级 含量 县市	一级 >250mg/kg 面积(千hm²)	占比(%)	二级 200~250mg/kg 面积(千hm²)	占比(%)	三级 150~200mg/kg 面积(千hm²)	占比(%)	四级 100~150mg/kg 面积(千hm²)	占比(%)	五级 ≤100mg/kg 面积(千hm²)	占比(%)	合计 面积(千hm²)	占比(%)
察布查尔县	31.34	14.63	37.02	19.30	29.23	18.13	19.43	22.60	2.69	9.56	119.71	17.56
巩留县	14.74	6.88	10.33	5.38	18.56	11.51	14.05	16.35	4.07	14.47	61.75	9.06
霍城县	34.29	16.00	33.41	17.40	20.21	12.54	2.55	2.97	3.81	13.54	94.27	13.83
奎屯市	7.50	3.50	8.22	4.28	5.38	3.34	2.73	3.18	7.78	27.64	31.61	4.64
尼勒克县	3.52	1.64	13.43	7.00	19.79	12.27	12.47	14.5	0.19	0.68	49.40	7.25
特克斯县	6.66	3.11	7.64	3.98	10.67	6.62	5.68	6.60	0.36	1.29	31.01	4.55
新源县	20.82	9.72	24.40	12.71	15.56	9.65	16.68	19.40	8.07	28.64	85.53	12.56
伊宁市	6.35	2.96	4.05	2.11	3.48	2.16	1.48	1.72	0.14	0.49	15.50	2.27
伊宁县	36.89	17.22	25.85	13.47	14.37	8.91	9.93	11.55	1.04	3.68	88.08	12.92
昭苏县	52.14	24.34	27.59	14.37	24.00	14.87	0.97	1.13	0.01	0.02	104.71	15.36
伊犁州直	214.25	31.43	191.94	28.16	161.25	23.66	85.97	12.61	28.16	4.13	681.57	100.00

县四级地面积最大，为 19.43 千 hm^2，占五级地面积的 22.60%，其次为新源县和巩留县，分别占 19.4%和 16.35%。

（五）五级

伊犁州直五级地面积 28.16 千 hm^2，占伊犁州直总耕地面积的 4.13%。新源县五级地面积最大，为 8.07 千 hm^2，占五级地面积的 28.64%，其次为奎屯市和巩留县，分别占 27.64%和 14.47%。

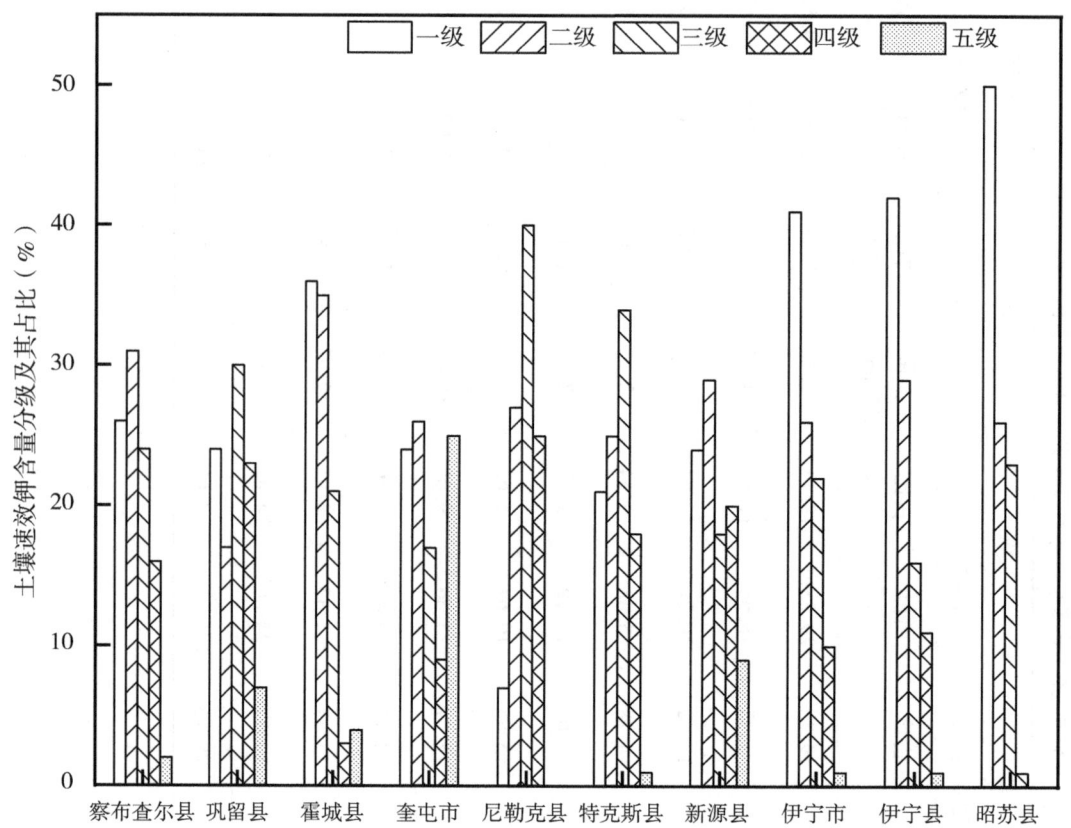

图 5-4　耕层速效钾含量在各县市的分布

六、土壤速效钾调控

提高土壤中钾的有效性，一般要从以下三方面调控：一是采取增施速效态钾肥来增加土壤中钾的含量，以保证供给当季作物对钾的吸收利用；二是调节土壤环境条件，使土壤中的缓效钾快速转化为速效钾；三是要促使土壤中难溶态钾的溶解，提高钾的活性，使难溶性钾逐渐转化为速效钾。

根据土壤条件和作物对钾的吸收，一般可采取以下农业措施。

（一）调节土壤 pH

在酸性土壤上施用碱性肥料，降低土壤的酸性，以减少土壤中速效性钾的淋溶，增强土壤对钾的固定。在碱性土壤上使用酸性肥料，减少土壤对钾的固定，提高钾的活性。

（二）因土壤、作物施钾肥

在施用钾肥时要考虑不同的土壤条件和作物不同种类，选择适宜的钾肥品种。由于钾肥多数水溶性较强，作物后期对钾的吸收较强，提倡钾肥后移，提高钾肥的利用率。

（三）使用有机肥料

在缺钾的土壤上，增施有机肥能起到一定的补钾作用。因为有机肥的钾含量较高，有机肥在腐熟后，能将有机态的钾肥转化为无机钾，供植物吸收利用。

（四）集中施钾肥

采取集中施用钾肥的方法，尽量减少或避免与土壤的接触面，把钾肥施在根系附近效果较好。或采取叶面喷施磷酸二氢钾等，均可提高钾肥的有效性，达到迅速补充钾肥的目的。

第五节 土壤碱解氮

碱解氮包括无机态氮和结构简单能为作物直接吸收利用的有机态氮，它可供作物近期吸收利用，故又称速效氮。碱解氮含量的高低，取决于有机质含量的高低和质量的好坏以及施用氮素化肥数量的多少。碱解氮在土壤中的含量不够稳定，易受土壤水热条件和生物活动的影响而发生变化，但它能反映近期土壤的氮素供应能力。

一、土壤碱解氮含量及其空间差异

通过对伊犁州直 947 个耕层土壤样品碱解氮含量测定结果分析，伊犁州直耕层土壤碱解氮平均值为 125.39mg/kg，标准差为 79.96mg/kg。平均含量以昭苏县含量最高，为 229.68mg/kg，其次分别为新源县 148.59mg/kg、奎屯市 126.65mg/kg、尼勒克县 125.93mg/kg、巩留县 122.97mg/kg、特克斯县 119.14mg/kg、伊宁市 89.83mg/kg、伊宁县 88.68mg/kg 和霍城县 86.26mg/kg，察布查尔县含量最低，为 79.77mg/kg。

伊犁州直土壤碱解氮平均变异系数为 63.77%，最小值出现在伊宁县，为 32.83%；最大值出现在奎屯市，为 116.05%。详见表 5-22。

表 5-22 伊犁州直土壤碱解氮含量及其空间差异 （mg/kg）

县市	点位数	平均值	标准差	变异系数（%）
察布查尔县	146	79.77	34.22	42.89
巩留县	81	122.97	57.81	47.01

(续表)

县市	点位数	平均值	标准差	变异系数（%）
霍城县	145	86.26	34.24	39.69
奎屯市	23	126.65	146.98	116.05
尼勒克县	76	125.93	95.26	75.64
特克斯县	46	119.14	43.55	36.56
新源县	118	148.59	67.88	45.68
伊宁市	27	89.83	37.67	41.94
伊宁县	133	88.68	29.11	32.83
昭苏县	152	229.68	83.60	36.40
伊犁州直	947	125.39	79.96	63.77

二、不同土壤类型碱解氮含量差异

通过对伊犁州直主要土类土壤碱解氮测定值平均分析，耕层土壤碱解氮含量平均最高值出现在黑钙土，为246.39mg/kg，最低值出现在灰钙土，为86.68mg/kg。

不同土类土壤碱解氮变异系数以灰漠土最高，为116.05%，以黑钙土变异系数最低，为35.16%，详见表5-23。

表5-23 伊犁州直主要土类土壤碱解氮含量差异 (mg/kg)

土类	点位数	平均值	标准差	变异系数（%）
草甸土	32	98.29	52.21	53.12
潮土	27	120.09	58.88	49.03
黑钙土	119	246.39	86.63	35.16
灰钙土	467	86.68	34.23	39.49
灰漠土	23	126.65	146.98	116.05
栗钙土	278	141.79	71.48	50.41
沼泽土	1	227.60	—	—
伊犁州直	947	125.39	79.96	63.77

三、不同地形部位土壤碱解氮含量差异

伊犁州直不同地形部位土壤碱解氮含量平均值由高到低顺序为：丘陵下部＞平原高阶＞扇缘＞山地坡上＞山地坡下＞山间盆地＞平原低阶＞平原中阶＞河滩地＞丘陵上部＞丘陵中部。丘陵下部和平原高阶碱解氮含量较高，分别为200.99mg/kg和

173.89mg/kg，丘陵中部和丘陵上部碱解氮含量较低，分别为 56.55mg/kg 和 87.18mg/kg。

不同地形部位土壤碱解氮变异系数最大值出现在扇缘，为 81.17%，最小值出现在丘陵中部，为 18.63%。详见表 5-24。

表 5-24　伊犁州直不同地形部位土壤碱解氮含量差异　　　　　　（mg/kg）

地形部位	点位数	平均值	标准差	变异系数（%）
河滩地	358	101.69	50.16	49.33
平原高阶	213	173.89	95.98	55.20
平原中阶	223	115.12	79.44	69.00
平原低阶	85	116.55	70.68	60.64
丘陵上部	13	87.18	26.94	30.89
丘陵中部	2	56.55	10.54	18.63
丘陵下部	9	200.99	92.25	45.90
山地坡上	5	138.20	34.43	24.91
山地坡下	7	134.54	44.94	33.40
山间盆地	7	134.01	36.04	26.89
扇缘	25	163.79	132.95	81.17
伊犁州直	947	125.39	79.96	63.77

四、不同土壤质地土壤碱解氮含量差异

通过对伊犁州直不同质地样品土壤碱解氮含量测试结果分析，土壤碱解氮平均含量从高到低的顺序，表现为中壤＞砂壤＞重壤＞轻壤＞黏土＞砂土，其中中壤最高，为 142.19mg/kg，砂土最低，为 86.71mg/kg。

不同质地土壤碱解氮含量的变异系数最高值为重壤 64.42%，最低值为黏土 33.79%，详见表 5-25。

表 5-25　伊犁州直不同土壤质地土壤碱解氮含量差异　　　　　　（mg/kg）

土壤质地	点位数	平均值	标准差	变异系数（%）
黏土	18	91.08	30.77	33.79
轻壤	267	111.43	69.41	62.29
砂壤	57	115.13	67.20	58.37
砂土	14	86.71	44.02	50.77
中壤	434	142.19	88.49	62.23
重壤	157	113.81	73.32	64.42

五、土壤碱解氮的分级与分布

从伊犁州直耕层土壤碱解氮分级面积统计数据看，伊犁州直耕地土壤碱解氮多数在三级和四级。按等级分，一级占12.24%，二级占10.70%，三级占31.79%，四级占38.29%，五级占6.98%，提升空间较大。详见表5-26和图5-5。

（一）一级

伊犁州直一级地面积83.44千hm^2，占伊犁州直总耕地面积的12.24%。霍城县一级地面积最大，为20.19千hm^2，占一级地面积的24.20%，其次为昭苏县和察布查尔县，分别占22.01%和16.82%。

（二）二级

伊犁州直二级地面积72.91千hm^2，占伊犁州直总耕地面积的10.70%。霍城县二级地面积最大，为21.46千hm^2，占二级地面积的29.44%，其次为察布查尔县和伊宁县，分别占17.53%和14.86%。

（三）三级

伊犁州直三级地面积216.68千hm^2，占伊犁州直总耕地面积的31.79%。昭苏县三级地面积最大，为43.36千hm^2，占三级地面积的20.02%，其次为察布查尔县和霍城县，分别占17.20%和15.51%。

（四）四级

伊犁州直四级地面积260.96千hm^2，占伊犁州直总耕地面积的38.29%。察布查尔县四级地面积最大，为49.20千hm^2，占四级地面积的18.85%，其次为新源县和伊宁县，为17.45%和12.22%。

（五）五级

伊犁州直五级地面积47.58千hm^2，占伊犁州直总耕地面积的6.98%。新源县五级地面积最大，为12.30千hm^2，占五级地面积的25.85%，其次为伊宁县和奎屯市，分别占19.76%和14.21%。

六、土壤碱解氮调控

（一）合理控制氮肥用量

氮肥是用量最高的肥料种类之一，氮肥的使用在一定程度上使作物产量得到了很大提高。但与此同时，大面积过量施用氮肥也造成了局部地区的环境污染。因此控制氮肥用量一直是环境保护的重大问题，控制氮肥用量一方面要与磷肥、钾肥等配合使用，另一方面要少量多次施用，避免一炮轰，造成浪费，同时还可与其他的控氮措施一起使用，如硝化抑制剂、尿素增效剂等。

（二）选择适宜的氮肥品种

尿素、硫酸铵、硝酸铵、碳酸氢铵都是较好的速效氮肥，不同的氮肥肥效差异很

表 5-26 土壤碱解氮不同等级在伊犁州直的分布

等级	一级		二级		三级		四级		五级		合计	
含量	>150mg/kg		120~150mg/kg		90~120mg/kg		60~90mg/kg		≤60mg/kg			
县市	面积(千hm²)	占比(%)	面积(千hm²)	占比(%)	面积(千hm²)	占比(%)	面积(千hm²)	占比(%)	面积(千hm²)	占比(%)	面积(千hm²)	占比(%)
察布查尔县	14.03	16.82	12.78	17.53	37.28	17.20	49.20	18.85	6.42	13.50	119.71	17.56
巩留县	3.83	4.60	8.32	11.41	23.01	10.62	25.00	9.58	1.59	3.34	61.75	9.06
霍城县	20.19	24.20	21.46	29.44	33.62	15.51	18.98	7.27	0.02	0.05	94.27	13.83
奎屯市	1.71	2.05	1.80	2.46	6.06	2.80	15.28	5.86	6.76	14.21	31.61	4.64
尼勒克县	1.99	2.37	3.23	4.42	17.01	7.85	24.06	9.22	3.11	6.54	49.40	7.25
特克斯县	1.45	1.74	1.39	1.90	11.58	5.34	15.98	6.13	0.61	1.29	31.01	4.55
新源县	9.17	10.98	5.87	8.05	12.67	5.85	45.52	17.45	12.30	25.85	85.53	12.56
伊宁市	5.78	6.93	1.15	1.58	3.06	1.41	4.34	1.66	1.17	2.45	15.50	2.27
伊宁县	6.92	8.30	10.82	14.86	29.03	13.40	31.90	12.22	9.41	19.76	88.08	12.92
昭苏县	18.37	22.01	6.09	8.35	43.36	20.02	30.70	11.76	6.19	13.01	104.71	15.36
伊犁州直	83.44	12.24	72.91	10.70	216.68	31.79	260.96	38.29	47.58	6.98	681.57	100.00

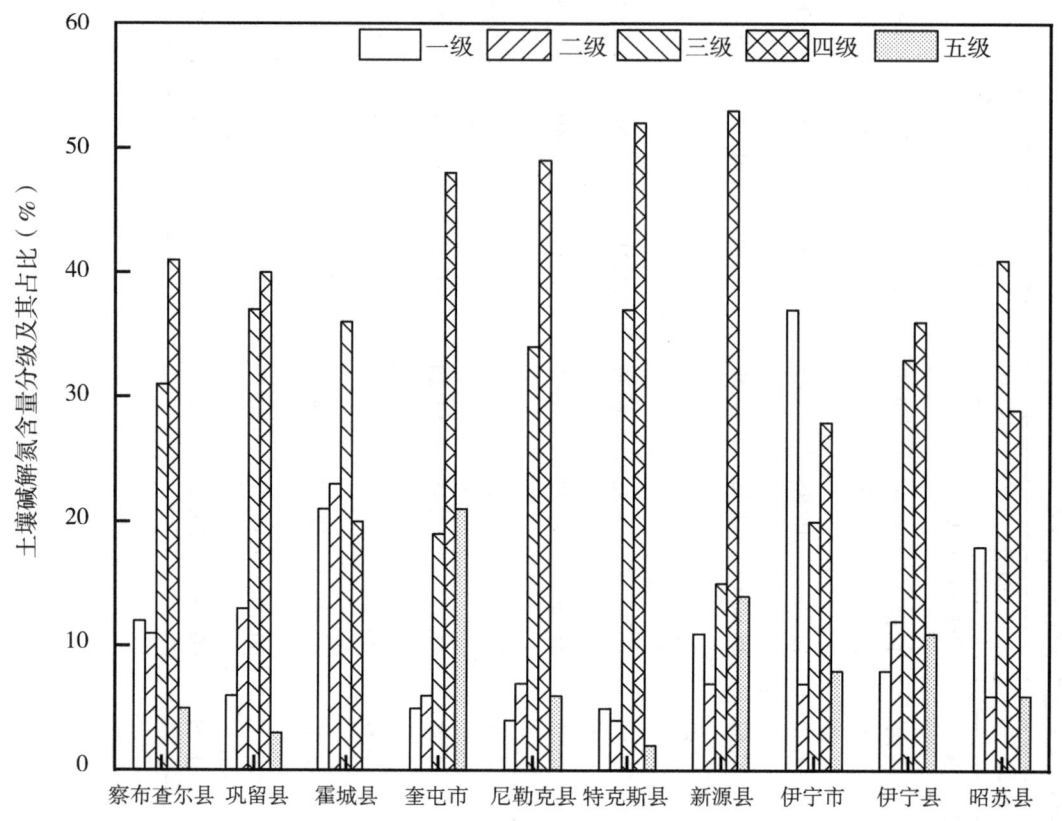

图 5-5 耕层碱解氮含量在各县市的分布

大，其用法与用量也需掌握恰当。基本上所有的氮肥水溶性都较好，要注意氮素的挥发与淋失。在作物出现缺氮症状时，叶面喷施含氮肥料能迅速缓解症状。

（三）确定合理的施肥时期

氮肥的施用时间也直接影响着肥效的发挥。在干旱少雨地区，施完氮肥一般要先覆土，避免挥发，其次要及时浇水，以提高肥效，俗语"肥随水来肥随水去"。氮肥一般可以用作基肥，于播种或移栽前耕地时施入，通过耕耙使之与土壤混合。此外氮肥还可作为追肥使用，也可作为叶面喷施使用。

第六节 土壤缓效钾

缓效钾主要指2∶1型层状硅酸盐矿物层间和颗粒边缘的一部分钾，通常占全钾量的1%~10%。缓效钾是速效钾的贮备库，当速效钾因作物吸收和淋失，浓度降低时，部分缓效钾可以释放出来转化为交换性钾和水溶性钾，成为速效钾。因此，判断土壤供钾能力应综合考虑土壤速效钾和土壤缓效钾两项指标。如果土壤速效钾含量低，而缓效钾含量较高时，土壤的供钾能力并不一定很低，施用钾肥往往效果不明显。只有土壤速效钾和缓效钾含量都低的情况下，施用钾肥的效果才十分显著。

一、土壤缓效钾含量及其空间差异

伊犁州直耕层土壤缓效钾平均值为 1 033mg/kg，标准差为 1 132.08mg/kg。平均含量特克斯县含量最高，为 1 254mg/kg，其次分别为新源县 1 215mg/kg、尼勒克县 1 155mg/kg、伊宁市 1 097mg/kg、奎屯市 1 066mg/kg、昭苏县 1 060mg/kg、察布查尔县 1 004mg/kg、巩留县 935mg/kg、霍城县 809mg/kg 和伊宁县 788mg/kg。详见表 5-27。

表 5-27　伊犁州直土壤缓效钾含量及其空间差异　　　　　　　　　（mg/kg）

名称	平均值	标准差	变异系数（%）
特克斯县	1 254	1 895.42	151.12
新源县	1 215	815.96	67.15
尼勒克县	1 155	806.43	69.82
伊宁市	1 097	1 445.6	131.76
奎屯市	1 066	956.45	89.69
昭苏县	1 060	611.89	57.73
察布查尔县	1 004	1 336.89	133.17
巩留县	935	868.36	92.88
霍城县	809	562.67	69.54
伊宁县	788	262.17	33.28
伊犁州直	1 033	1 132.08	109.64

二、土壤缓效钾的分级与分布

从伊犁州直耕层土壤缓效钾分级面积统计数据看，伊犁州直耕地土壤速效钾多数在四、五级之间。按等级分，一级占 4.64%，二级占 15.09%，三级占 28.11%，四级占 31.46%，五级占 20.7%。详见表 5-21 和图 5-6。

（一）一级

伊犁州直一级地面积 31.6 千 hm²，占伊犁州直总耕地面积的 4.64%。新源县一级地面积最大，为 12.37 千 hm²，占一级地面积的 39.15%，其次为昭苏县和奎屯市，分别占 23.03% 和 14.84%。

（二）二级

伊犁州直二级地面积 102.86 千 hm²，占伊犁州直总耕地面积的 15.09%。昭苏县二级地面积最大，为 34.3 千 hm²，占二级地面积的 33.35%，其次为新源县和尼勒克县，

表5-28　土壤缓效钾不同等级在伊犁州直分布

等级	一级		二级		三级		四级		五级		合计	
含量	>1 200mg/kg		1 000~1 200mg/kg		800~1 000mg/kg		600~800mg/kg		≤600mg/kg			
县市	面积（千hm²）	占比(%)	面积（千hm²）	占比(%)	面积（千hm²）	占比(%)	面积（千hm²）	占比(%)	面积（千hm²）	占比(%)	面积（千hm²）	占比(%)
察布查尔县	0.05	0.16	0.94	0.91	16.02	8.36	52.22	24.36	50.48	35.78	119.71	17.56
巩留县	2.13	6.75	6.04	5.87	15.31	7.99	23.51	10.96	14.76	10.46	61.75	9.06
霍城县	—	—	1.80	1.75	8.81	4.60	42.73	19.93	40.93	29.01	94.27	13.83
奎屯市	4.69	14.84	5.64	5.48	9.24	4.82	6.19	2.89	5.85	4.14	31.61	4.64
尼勒克县	1.14	3.60	15.91	15.47	27.05	14.12	5.20	2.42	0.10	0.07	49.4	7.25
特克斯县	2.89	9.16	3.81	3.71	11.17	5.83	5.39	2.51	7.75	5.49	31.01	4.55
新源县	12.37	39.15	29.58	28.75	35.30	18.42	5.02	2.34	3.26	2.31	85.52	12.55
伊宁市	—	—	—	—	0.88	0.46	12.76	5.95	1.86	1.32	15.5	2.27
伊宁县	1.04	3.31	4.84	4.71	28.76	15.01	40.60	18.94	12.83	9.09	88.08	12.92
昭苏县	7.29	23.03	34.30	33.35	39.06	20.39	20.79	9.70	3.28	2.33	104.72	15.37
伊犁州直	31.60	4.64	102.86	15.09	191.60	28.11	214.41	31.46	141.10	20.70	681.57	100.00

分别占 28.75% 和 15.47%。

（三）三级

伊犁州直三级地面积 191.6 千 hm², 占伊犁州直总耕地面积的 28.11%。昭苏县三级地面积最大，为 39.06 千 hm²，占三级地面积的 20.39%，其次为新源县和伊宁县，分别占 18.42% 和 15.01%。

（四）四级

伊犁州直四级地面积 214.41 千 hm², 占伊犁州直总耕地面积的 31.46%。察布查尔县四级地面积最大，为 52.22 千 hm²，占四级地面积的 24.36%，其次为霍城县和伊宁县，分别占 19.93% 和 18.94%。

（五）五级

伊犁州直五级地面积 141.1 千 hm², 占伊犁州直总耕地面积的 20.70%。察布查尔县五级地面积最大，为 50.48 千 hm²，占五级地面积的 35.78%，其次为霍城县和巩留县，分别占 29.01% 和 10.46%。

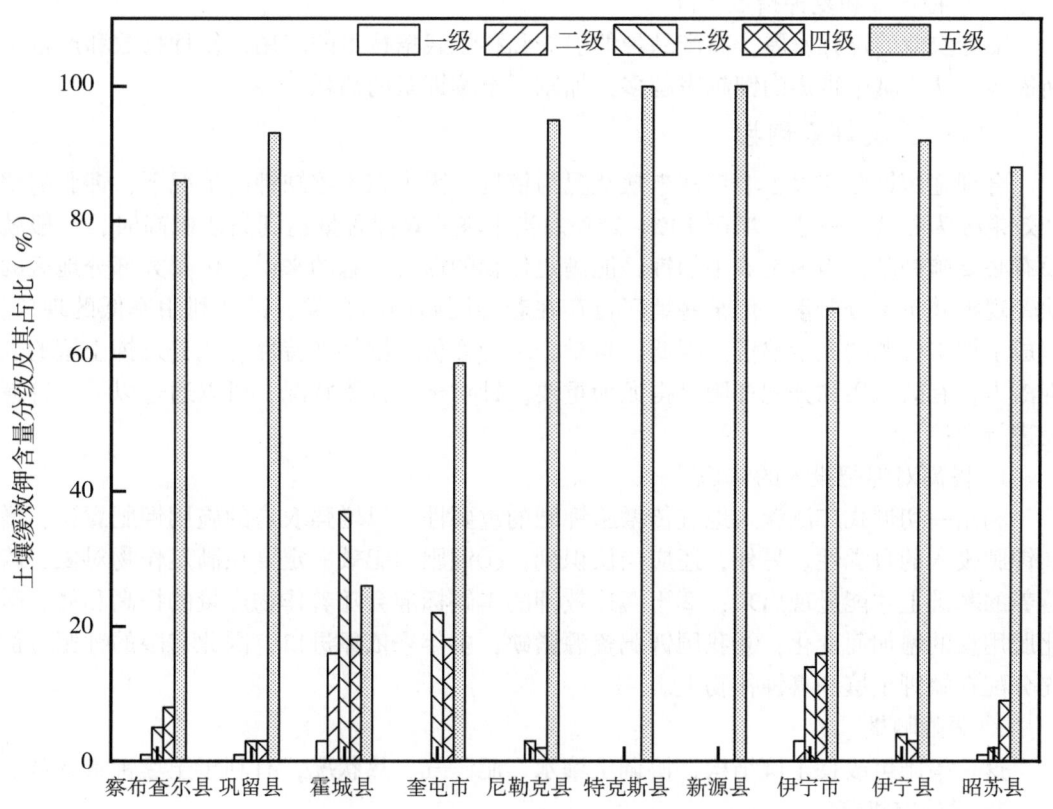

图 5-6 耕层缓效钾含量在各县市的分布

三、土壤缓效钾调控

(一) 土壤缓效钾含量变化及影响因素

土壤钾素含量变化的影响因素很多，主要是施肥和种植制度。伊犁州直一般土壤不缺乏钾素，但施用钾肥往往能起到一定增产效果，究其原因大概有以下几方面。

1. 有机肥投入不足

虽然土壤速效钾、缓效钾含量不低，但容易被土壤固定，不如施入的钾肥水溶性高，容易被作物吸收。有机肥不仅富含作物生长发育的多种营养元素，还含有丰富的钾素，不但能改良培肥土壤，还可提高土壤钾素供应能力，对土壤钾素的循环十分重要。但有机肥料肥效缓慢，周期长、见效慢，不如化肥养分含量高，施用方便，见效快，因此投入相对不足。

2. 土壤钾素含量出现下滑

人们对钾肥的认识不足，生产上一直存在着"重氮磷肥，轻钾肥"的施肥现象。施用化学钾肥，水溶性好，因而能够被作物迅速吸收，从而达到增产目的。

3. 作物产量和复种指数提高

随着农业的迅猛发展，高产品种的引进和科学栽培技术的应用，复种指数和产量不断提高，从土壤中带走的钾越来越多，加剧了土壤钾素的消耗。

(二) 土壤钾素调控

合理施用钾肥应以土壤钾素丰缺状况为依据。因为在土壤缺钾的情况下，钾肥的增产效果极为显著，一般可增产10%~25%。当土壤速效钾含量达到高或极高时，一般就没有必要施钾肥，因为土壤中的钾已能满足作物的需要。总的来说，伊犁大部分地区的缺钾现象并不十分严重，但某些地区也存在着钾肥施用不合理、钾肥利用率低的现象，造成了钾素资源的大量浪费。因此，科学合理的评价土壤供钾特性、充分发挥土壤的供钾潜力，有效施用和分配钾肥显得尤为重要。针对土壤钾素状况，可以通过以下几种途径进行调控。

1. 提高对钾肥投入的认识

利用一切形式广泛深入地宣传增施钾肥的重要性，以增强农户的施用钾肥意识，增加钾肥投入的自觉性。另外，还应当认识到：①钾肥的肥效一定要在满足作物对氮、磷营养的基础上才能显现出来；②土壤速效钾的丰缺标准会随着作物产量的提高和氮、磷化肥用量的增加而变化；③我国钾肥资源紧缺，多年来依靠进口，因此有限的钾肥应优先分配在缺钾土壤和喜钾作物上。

2. 深翻晒垡

这一措施可改良土壤结构，协调土壤水、肥、气、热状况，有利于土壤钾素释放。

3. 增施有机肥

作物秸秆还田对增加土壤钾素尤为明显，秸秆可通过过腹、堆沤和直接覆盖3种形式还田。另外，发展绿肥生产也是提高土壤钾素含量的有效途径，可利用秋收后剩余光热资源种植一季绿肥进行肥田。

4. 施用生物钾肥

土壤中钾素含量比较丰富，但90%~98%是一般作物难以吸收的形态。施用生物钾肥可将难溶性钾转变为有效钾，挖掘土壤钾素潜力，从而增加土壤有效钾含量，达到补钾目的。

5. 优化配方施肥，增施化学钾肥

改变多氮、磷肥，少钾肥的施肥现状，充分利用各地地力监测和试验示范结果，因土壤因作物制定施肥方案，协调氮、磷、钾，有机肥与无机肥之间的比例。根据不同土壤及作物，在增施有机肥的基础上，适量增加钾肥用量，逐步扭转钾素亏缺局面。

第七节　土壤有效铁

铁（Fe）是地壳中较丰富的元素。铁在土壤中广泛存在，是土壤的染色剂，和土壤的颜色有直接相关性。土壤中铁的含量主要与土壤pH值、氧化还原条件、土壤全氮、碳酸钙含量和成土母质等有关。容易发生缺铁的土壤一般有：盐碱土、施用大量磷肥土壤、风沙土和砂土等。由于铁的有效性差，植物容易出现缺铁症状，其土壤本身可能不缺铁。在酸性和淹水还原条件下，铁以亚铁形式出现，易使植物亚铁中毒。

土壤铁的有效性受到很多因素的影响，如土壤pH值、$CaCO_3$含量、水分、孔隙度等。铁的有效性与pH值呈负相关。pH值高的土壤易生成难溶的氢氧化铁，降低土壤中铁的有效性。长期处于还原条件的酸性土壤，铁被还原成溶解度大的亚铁，铁的有效性增加。干旱少雨地区土壤中氧化环境占优势，降低了铁的溶解度。土壤中有效铁含量与全氮成正比。碱性土壤中，铁能与碳酸根生成难溶的碳酸盐，降低铁的有效性。而在酸性土壤上很难观察到缺铁现象。成土母质影响全铁含量。土壤母质含铁高，土壤表层含铁量也高。

铁作为含量相对较大的微量元素，其在植物生长过程中具有重要的生理意义，因此，明确土壤有效铁含量变化及其分布，对于合理调控土壤肥力，促进作物高产具有重要意义。

一、土壤有效铁含量及其空间差异

通过对伊犁州直耕层土壤样品有效铁含量测定结果分析，伊犁州直耕层土壤有效铁平均值为22.4mg/kg，标准差为39.92mg/kg。平均含量以察布查尔县含量最高，为31.3mg/kg，其次分别为特克斯县29.9mg/kg、奎屯市26.4mg/kg、新源县26.2mg/kg、伊宁市23.9mg/kg、昭苏县15.9mg/kg、巩留县15.2mg/kg、伊宁县14.8mg/kg、尼勒克县13.32mg/kg，霍城县含量最低，为7.5mg/kg。详见表5-29。

表 5-29　伊犁州直土壤有效铁含量及其空间差异　　　　　　　　　　　（mg/kg）

名称	平均值	标准差	变异系数（%）
察布查尔县	31.3	60.15	192.05
特克斯县	29.9	50.91	170.35
奎屯市	26.4	51.50	194.83
新源县	26.2	23.71	90.44
伊宁市	23.9	34.80	145.51
昭苏县	15.9	14.79	93.32
巩留县	15.2	15.38	100.97
伊宁县	14.8	7.16	48.49
尼勒克县	13.3	17.29	129.82
霍城县	7.5	6.27	83.65
伊犁州直	22.4	39.92	178.42

二、土壤有效铁的分级与分布

从伊犁州直耕层土壤有效铁分级面积统计数据看，伊犁州直耕地土壤有效铁多数在一、三级和四级。按等级分，一级占 20.68%，二级占 16.34%，三级占 24.06%，四级占 26.98%，五级占 11.94%，提升空间较大。详见表 5-30 和图 5-7。

（一）一级

伊犁州直一级地面积 140.98 千 hm^2，占伊犁州直总耕地面积的 20.68%。察布查尔县一级地面积最大，为 39.13 千 hm^2，占一级地面积的 27.76%，其次为新源县和昭苏县，分别占 25.35% 和 18.30%。

（二）二级

伊犁州直二级地面积 111.34 千 hm^2，占伊犁州直总耕地面积的 16.34%。新源县二级地面积最大，为 26.92 千 hm^2，占二级地面积的 24.18%，其次为昭苏县和伊宁县，分别占 18.72% 和 17.43%。

（三）三级

伊犁州直三级地面积 163.99 千 hm^2，占伊犁州直总耕地面积的 24.06%。伊宁县三级地面积最大，为 41.59 千 hm^2，占三级地面积的 25.36%，其次为巩留县和察布查尔县，分别占 16.64% 和 16.51%。

（四）四级

伊犁州直四级地面积 183.92 千 hm^2，占伊犁州直总耕地面积 26.98%。霍城县四级地面积最大，为 56.2 千 hm^2，占伊犁州直四级地面积的 30.56%，其次为察布查尔县和昭苏县，分别占 17.71% 和 14.72%。

表 5-30 土壤有效铁不同等级在伊犁州直的分布

等级 含量 县市	一级 >20mg/kg 面积(千hm²)	占比(%)	二级 15~20mg/kg 面积(千hm²)	占比(%)	三级 10~15mg/kg 面积(千hm²)	占比(%)	四级 5~10mg/kg 面积(千hm²)	占比(%)	五级 ≤5mg/kg 面积(千hm²)	占比(%)	合计 面积(千hm²)	占比(%)
察布查尔县	39.13	27.76	15.67	14.07	27.07	16.51	32.58	17.71	5.26	6.48	119.71	17.56
巩留县	5.14	3.65	11.46	10.29	27.29	16.64	15.09	8.21	2.77	3.40	61.75	9.06
霍城县	—	—	0.14	0.13	4.31	2.63	56.20	30.56	33.62	41.33	94.27	13.83
奎屯市	7.52	5.33	0.83	0.75	1.62	0.99	7.02	3.81	14.62	17.98	31.61	4.64
尼勒克县	5.16	3.66	4.57	4.10	9.67	5.90	18.92	10.29	11.08	13.62	49.40	7.25
特克斯县	10.61	7.53	9.88	8.87	7.21	4.40	1.09	0.59	2.22	2.73	31.01	4.55
新源县	35.74	25.35	26.92	24.18	13.17	8.03	8.54	4.64	1.15	1.43	85.52	12.55
伊宁市	2.50	1.77	1.62	1.46	9.68	5.90	1.30	0.71	0.40	0.48	15.50	2.27
伊宁县	9.37	6.65	19.41	17.43	41.59	25.36	16.12	8.76	1.59	1.97	88.08	12.92
昭苏县	25.81	18.30	20.84	18.72	22.38	13.64	27.06	14.72	8.63	10.58	104.72	15.37
伊犁州直	140.98	20.68	111.34	16.34	163.99	24.06	183.92	26.98	81.34	11.94	681.57	100.00

（五）五级

伊犁州直五级地面积 81.34 千 hm^2，占伊犁州直总耕地面积的 11.94%。霍城县五级地面积最大，为 33.62 千 hm^2，占伊犁州直五级地面积的 41.33%，其次为奎屯市和尼勒克县，分别占 17.98% 和 13.62%。

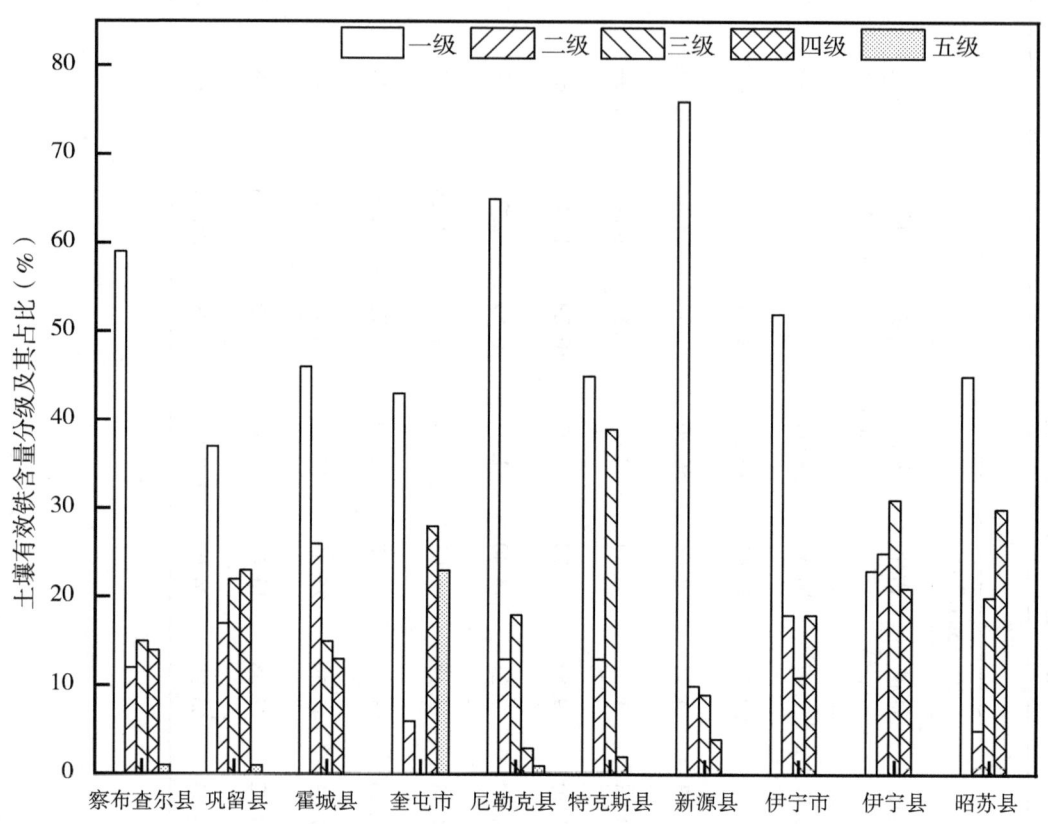

图 5-7　耕层有效铁含量在各县市的分布

三、土壤有效铁调控

（一）作物缺铁状况

由于作物产量大幅提高、微肥投入不足以及石灰性土壤自身碱性反应及氧化作用，使铁形成难溶性化合物而降低其有效性，致使植物缺铁现象连年发生，涉及的植物品种较为广泛。植物这种缺铁病害，不但影响作物的生长发育、产量及品质，更重要的是影响人体健康，如缺铁营养病、缺铁性贫血病等。而合理施用铁肥有助于提高植物性产品的铁含量，改善人类的铁营养。另外高位泥炭土、砂质土、通气性不良的土壤、富含磷或大量施用磷肥的土壤、全氮含量低的酸性土壤、过酸的土壤上也易发生缺铁。通过合理施铁肥调控改善土壤缺铁状况。

作物缺铁常出现在游离碳酸钙含量高的碱性土壤上，一些落叶果树（桃、苹果、山楂等）在高温多雨季节叶片缺铁失绿现象十分明显。对缺铁敏感的有花生、大豆、草莓、苹果、梨和桃等。单子叶植物如玉米、小麦等很少缺铁，其原因是它们的根可分泌一种能螯合铁的有机物——麦根酸，活化土壤中的铁，增加对铁的吸收利用。由于铁在植物体内很难移动，又是叶绿素形成的必需元素，所以缺铁常见的症状是幼叶的失绿症。开始时叶色变淡，进而叶脉间失绿黄化，叶脉仍保持绿色。缺铁严重时整个叶片变白，并出现坏死的斑点。

（二）铁肥类型及合理使用技术

1. 铁肥类型

铁肥可分为无机铁肥、有机铁肥两大类。硫酸亚铁和硫酸铁是常用的无机铁肥。有机铁肥包括络合、螯合、复合有机铁肥，如乙二胺四乙酸（EDTA）、二乙酰三胺五醋酸铁（DTPA）、羟乙基乙二胺三乙酸铁（HEEDTA）等，这类铁肥可适用的pH、土壤类型范围广，肥效高，可混性强。但其成本昂贵、售价极高，多用作叶面喷施。柠檬酸铁、葡萄糖酸铁十分有效。柠檬酸土施可提高土壤铁的溶解吸收，可促进土壤钙、磷、铁、锰、锌的释放，提高铁的有效性。

2. 铁肥施用方法及注意问题

（1）铁肥在土壤中易转化为无效铁、其后效弱。因此，每年都应向缺铁土壤施用铁肥，土施铁肥应以无机铁肥为主，即七水硫酸亚铁，价格非常低廉，约2元/kg。施铁量一般为 $22.5 \sim 45 kg/hm^2$。

（2）根外施铁肥，以有机铁肥为主，其用量小，效果好。螯合铁肥、柠檬酸铁类有机铁肥价格极为昂贵，约12元/kg以上，土壤施用成本非常高，其主要用于根外施肥，即叶面喷施或茎秆钻孔施用。果树类可采用叶片喷施，吊针输液，及树干钉铁钉或钻孔置药法。

（3）叶面喷施是最常用的纠正植物缺铁黄化病的高效方法，也就是采用均匀喷雾的方法将含铁营养液喷到叶面上，其可与酸性农药混合喷施。叶面喷施铁肥的时间一般选在晴朗无风的下午4点以后，喷施后遇雨应在天晴后再补喷1次。无机铁肥随喷随配，肥液不宜久置，以防止氧化失效。叶面喷施铁肥的浓度一般为 $5 \sim 30 g/kg$，可与酸性农药混合喷施。单喷铁肥时，可在肥液中加入尿素或表面活性剂（非离子型洗衣粉），以促进肥液在叶面的附着及铁素的吸收。由于叶面喷施肥料持效期短，因此，果树或长生育期作物缺铁矫正时，一般每半月左右喷施1次，连喷2~3次，可起到良好的效果。

吊针输液与人体输液一样，向树皮输含铁营养液。树干钉铁钉是将铁钉直接钉入树干，其缓慢释放供铁，效果较差。钻孔置药法是在茎秆较为粗大的果树茎秆上钻孔置入颗粒状或片状有机铁肥。

（4）土施铁肥与生理酸性肥料混合施用能起到较好的效果，如硫酸亚铁和硫酸钾造粒合施的肥效明显高于各自单独施用的肥效之和。

（5）浸种和种子包衣。对于易缺铁作物种子或缺铁土壤上播种，用铁肥浸种或包衣可纠正缺铁症。浸种溶液浓度为 $1 g/kg$ 硫酸亚铁，包衣剂铁含量为 $100 g/kg$。

(6) 喷灌铁肥。对于具有喷灌或滴灌设备的农田缺铁防治或纠正，可将铁肥加入灌溉水中，效果良好。

第八节 土壤有效锰

锰（Mn）在地壳中是一个分布很广的元素，至少能在大多数岩石中，特别是铁镁物质中找到微量锰的存在。土壤中全锰含量比较丰富，一般在 100~5 000mg/kg。土壤中锰的含量因母质的种类、质地、成土过程以及土壤的酸度、全氮的积累程度等而异，其中母质的影响尤为明显。锰在植株中的正常浓度一般是 20~500mg/kg。土壤中的有效锰主要包括水溶态锰、交换态锰和一部分易还原态锰。土壤 pH 值愈低，锰有效性愈高，在碱性或石灰性土壤中锰易形成氧化锰沉淀，有效性降低。大多数中性或碱性土壤有可能缺锰。石灰性土壤，尤其是排水不良和全氮含量高的土壤易缺锰。

对锰较敏感的作物有麦类、水稻、玉米、马铃薯、甘薯、甜菜、豆类、花生、棉花、烟草、油菜和果树等。作物施用锰肥对种子发芽，苗期生长及生殖器官的形成，促进根、茎的发育等都有良好作用。

一、土壤有效锰含量及其空间差异

通过对伊犁州直耕层土壤样品有效锰含量测定结果分析，伊犁州直耕层土壤有效锰平均值为 34.3mg/kg，标准差为 45.99mg/kg。平均含量以察布查尔县含量最高，为 50.4mg/kg，其次分别为伊宁市 37.3mg/kg、昭苏县 34.9mg/kg、霍城 28.8mg/kg、新源县 28.3mg/kg、奎屯市 28.2mg/kg、伊宁县 27.4mg/kg、尼勒克县 26.6mg/kg、特克斯县 24.6mg/kg，巩留县含量最低，为 21.4mg/kg。详见表 5-31。

表 5-31 伊犁州直土壤有效锰含量及其空间差异 （mg/kg）

名称	平均值	标准差	变异系数（%）
察布查尔县	50.4	69.44	137.71
伊宁市	37.3	48.53	130.19
昭苏县	34.9	22.99	65.80
霍城县	28.8	23.20	80.57
新源县	28.3	21.50	76.11
奎屯市	28.2	36.25	128.39
伊宁县	27.4	13.86	50.58
尼勒克县	26.6	23.57	88.59
特克斯县	24.6	31.08	126.26
巩留县	21.4	29.63	138.31
伊犁州直	34.3	45.99	133.91

二、土壤有效锰的分级与分布

从伊犁州直耕层土壤有效锰分级面积统计数据看,伊犁州直耕地土壤效锰多数在一级和二级。按等级分,一级占 80.16%,二级占 15.15%,三级占 4.44%,四级占 0.25%,无五级分布,提升空间较大。详见表 5-32 和图 5-8。

(一) 一级

伊犁州直一级地面积 546.32 千 hm^2,占伊犁州直总耕地面积的 80.16%。察布查尔县一级地面积最大,为 118.21 千 hm^2,占一级地面积的 21.64%,其次为昭苏县和伊宁县,占 19.07% 和 14.89%。

(二) 二级

伊犁州直二级地面积 103.25 千 hm^2,占伊犁州直总耕地面积的 15.15%。巩留县二级地面积最大,为 23.03 千 hm^2,占二级地面积的 22.31%,其次为特克斯县和霍城县,分别占 18.19% 和 17.57%。

(三) 三级

伊犁州直三级地面积 30.26 千 hm^2,占伊犁州直总耕地面积的 4.44%。巩留县三级地面积最大,为 13.22 千 hm^2,占三级地面积的 43.66%,其次为奎屯市和新源县,分别占 18.92% 和 16.40%。

(四) 四级

伊犁州直四级地面积 1.74 千 hm^2,占伊犁州直总耕地面积的 0.25%。奎屯市四级地面积最大,为 1.06 千 hm^2,占伊犁州直四级地面积的 60.77%,其次为巩留县,占 39.23%。

三、土壤有效锰调控

土壤中锰的有效性与土壤 pH 值、通气性和碳酸盐含量有一定关系,在 pH 值 4~9 的范围内,随着土壤 pH 值的提高,锰的有效性降低,在酸性土壤中,全锰和交换性锰(有效锰)含量都较高。一般来说,有些土壤锰的含量比较高,但它的有效态含量却很低,生长在这种土壤上的农作物,依然会因缺锰而出现缺素的生理症状。另外,随着作物产量的增加和复种指数的提高,从土壤中带走的锰也越来越多,而且氮磷化肥的施用量越来越大,有机肥料施用不足,致使锰大面积的缺乏,有的地块已明显表现出缺素症状。

伊犁州直大部分为中性或碱性土壤,较易出现缺锰现象,尤其是排水不良和石灰性的土壤极易缺锰。针对土壤缺锰状况,一般是通过施用含锰的肥料(锰肥)的方式进行补充。常用的锰肥有硫酸锰、氯化锰、碳酸锰、氧化锰等。在实际施用锰肥时,应主要注意以下原则。

表 5-32 土壤有效锰不同等级在伊犁州直的分布

等级 含量 县市	一级 >15mg/kg 面积（千hm²）	占比（%）	二级 10~15mg/kg 面积（千hm²）	占比（%）	三级 5~10mg/kg 面积（千hm²）	占比（%）	四级 3~5mg/kg 面积（千hm²）	占比（%）	合计 面积（千hm²）	占比（%）
察布查尔县	118.21	21.64	1.37	1.33	0.13	0.44	-	-	119.71	17.56
巩留县	24.82	4.54	23.03	22.31	13.22	43.66	0.68	39.23	61.75	9.06
霍城县	71.47	13.08	18.14	17.57	4.66	15.40	-	-	94.27	13.83
奎屯市	11.63	2.13	13.20	12.78	5.72	18.92	1.06	60.77	31.61	4.64
尼勒克县	40.42	7.40	8.87	8.60	0.11	0.35	-	-	49.4	7.25
特克斯县	11.83	2.17	18.78	18.19	0.40	1.32	-	-	31.01	4.55
新源县	67.97	12.44	12.59	12.19	4.96	16.40	-	-	85.52	12.55
伊宁市	14.42	2.64	1.02	0.98	0.06	0.19	-	-	15.5	2.27
伊宁县	81.34	14.89	6.03	5.83	0.71	2.40	-	-	88.08	12.92
昭苏县	104.21	19.07	0.22	0.22	0.29	0.92	-	-	104.72	15.37
伊犁州直	546.32	80.16	103.25	15.15	30.26	4.44	1.74	0.25	681.57	100.00

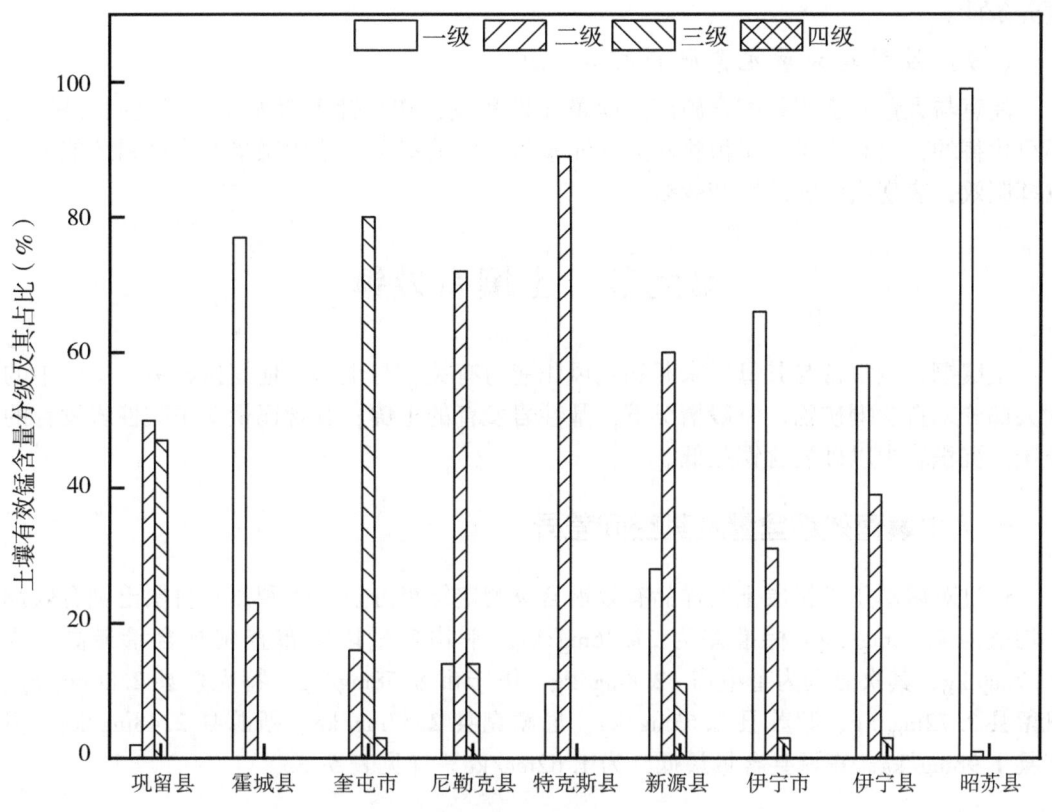

图 5-8 耕层有效锰含量在各县市的分布

（一）根据土壤锰丰缺情况和作物种类确定施用

一般情况下，在土壤锰有效含量低时易产生缺素症，所以应采取"缺什么补什么"的原则，才能达到理想的效果。不同的作物种类，对锰肥的敏感程度不同，其需要量也不一样，如对锰敏感的作物有豆科作物、小麦、马铃薯、洋葱、菠菜、苹果、草莓等，需求量大；其次是大麦、甜菜、三叶草、芹菜、萝卜、番茄、棉花等，需求量一般；对锰不敏感的作物有玉米、黑麦、牧草等，需求量则较小。

（二）注意施用量及浓度

只有在土壤严重缺乏锰元素时，才向土壤施用锰肥，因为一般作物对微量元素的需要量都很少，而且从适量到过量的范围很窄，因此要防止锰肥用量过大。土壤施用时必须施得均匀，否则会引起植物中毒，污染土壤与环境。锰肥可用作基肥和种肥。在播种前结合整地施入土中，或者与氮、磷、钾等化肥混合在一起均匀施入，施用量要根据作物和锰肥种类而定，一般不宜过大。土壤施用锰肥有后效，一般可每隔 3~4 年施用一次。

（三）注意改善土壤环境条件

微量元素锰的缺乏，往往不是因为土壤中锰含量低，而是其有效性低，通过调节土壤条件，如土壤酸碱度、土壤质地、全氮含量、土壤含水量等，可以有效改善土壤的锰营养条件。

（四）注意与大量元素肥料配合施用

注意与大量元素肥料配合施用。微量元素和氮、磷、钾等营养元素都是同等重要、不可代替的，只有在满足了植物对大量元素需要的前提下，施用微量元素肥料才能充分发挥肥效，表现出明显的增产效果。

第九节　土壤有效铜

土壤铜含量常常与其母质来源和抗风化能力有关，与土壤质地间接相关。土壤中的铜大部分来自含铜矿物。一般情况下，基性岩发育的土壤，其含铜量多于酸性岩发育的土壤，沉积岩中以砂岩含铜最低。

一、土壤有效铜含量及其空间差异

通过对伊犁州直耕层土壤样品有效铜含量测定结果分析，伊犁州直耕层土壤有效铜平均值为 7.32mg/kg，标准差为 21.26mg/kg。平均含量以察布查尔县含量最高，为 16.7mg/kg，其次分别为奎屯市 12.8mg/kg、伊宁市 8.58mg/kg、特克斯县 2.86mg/kg、巩留县 2.72mg/kg、昭苏县 2.63mg/kg、尼勒克县 2.57mg/kg、新源县 2.48mg/kg，伊宁县 1.98mg/kg，霍城县含量最低，为 1.62mg/kg。详见表 5-33。

表 5-33　伊犁州直土壤有效铜含量及其空间差异　　　　　　　　　　（mg/kg）

名称	平均值	标准差	变异系数（%）
察布查尔县	16.70	35.87	214.71
奎屯市	12.80	24.79	194.30
伊宁市	8.58	15.89	185.16
特克斯县	2.86	3.57	124.83
巩留县	2.72	2.44	89.61
昭苏县	2.63	3.33	126.46
尼勒克县	2.57	3.52	137.09
新源县	2.48	1.75	70.84
伊宁县	1.98	0.61	31.05
霍城县	1.62	1.12	69.56
伊犁州直	7.32	21.26	290.56

二、土壤有效铜的分级与分布

从伊犁州直耕层土壤有效铜分级面积统计数据看,伊犁州直耕地土壤有效铜多数在一、三级和四级。按等级分,一级占48.20%,二级占29.91%,三级占20.19%,四级占1.70%,五级为0,提升空间较大。详见表5-34和图5-9。

(一) 一级

伊犁州直一级地面积328.54千hm^2,占伊犁州直总耕地面积的48.20%。察布查尔县一级地面积最大,为115.47千hm^2,占一级地面积的35.15%,其次为昭苏县和巩留县,分别占14.19%和13.56%。

(二) 二级

伊犁州直二级地面积203.83千hm^2,占伊犁州直总耕地面积的29.91%。伊宁县二级地面积最大,为52.81千hm^2,占二级地面积的25.91%,其次为昭苏县和新源县,分别占21.70%和19.14%。

(三) 三级

伊犁州直三级地面积137.61千hm^2,占伊犁州直总耕地面积的20.19%。霍城县三级地面积最大,为78.38千hm^2,占三级地面积的56.96%,其次为昭苏县和奎屯市,分别占10.07%和9.68%。

(四) 四级

伊犁州直四级地面积11.59千hm^2,占伊犁州直总耕地面积1.70%。奎屯市四级地面积最大,为5.91千hm^2,占四级地面积的51.01%,其次为霍城县和巩留县,分别占31.39%和13.54%。

三、土壤有效铜调控

一般认为,土壤缺铜的临界含量为0.5mg/kg,土壤有效铜低于0.5mg/kg时,属于缺铜;低于0.2mg/kg时,属于严重缺铜。针对土壤缺铜的情况,一般通过施用铜肥进行调控。

(一) 铜的生理作用

铜参与植物的光合作用,以Cu^+的形式被植物吸收,它可以畅通无阻地催化植物的氧化还原反应,从而促进碳水化合物和蛋白质的代谢与合成,使植物抗寒、抗旱能力大为增强;铜还参与植物的呼吸作用,影响到作物对铁的利用,在叶绿体中含有较多的铜,因此铜与叶绿素形成有关;铜具有提高叶绿素稳定性的能力,避免叶绿素过早遭受破坏,这有利于叶片更好地进行光合作用。缺铜时,叶绿素减少,叶片出现失绿现象,幼叶的叶尖因缺绿而黄化并干枯,最后叶片脱落;还会使繁殖器官的发育受到破坏。植物需铜量很微,植物一般不会缺铜。

表 5-34 土壤有效铜不同等级在伊犁州直的分布

等级	一级		二级		三级		四级		合计	
含量	>2.00mg/kg		1.50~2.00mg/kg		1.00~1.50mg/kg		0.50~1.00mg/kg			
县市	面积(千hm²)	占比(%)	面积(千hm²)	占比(%)	面积(千hm²)	占比(%)	面积(千hm²)	占比(%)	面积(千hm²)	占比(%)
察布查尔县	115.47	35.15	4.24	2.08	-	-	-	-	119.71	17.56
巩留县	44.54	13.56	9.28	4.55	6.36	4.62	1.57	13.54	61.75	9.06
霍城县	1.59	0.49	10.66	5.23	78.38	56.96	3.64	31.39	94.27	13.83
奎屯市	10.86	3.31	1.52	0.74	13.32	9.68	5.91	51.01	31.61	4.64
尼勒克县	14.32	4.36	26.71	13.10	8.18	5.94	0.19	1.71	49.40	7.25
特克斯县	14.30	4.35	13.37	6.56	3.34	2.43	-	-	31.01	4.55
新源县	40.30	12.27	39.02	19.14	6.19	4.50	0.01	0.07	85.52	12.55
伊宁市	13.32	4.05	2.02	0.99	0.16	0.12	-	-	15.50	2.27
伊宁县	27.18	8.27	52.81	25.91	7.82	5.68	0.27	2.28	88.08	12.92
昭苏县	46.66	14.19	44.20	21.70	13.86	10.07	-	-	104.72	15.37
伊犁州直	328.54	48.20	203.83	29.91	137.61	20.19	11.59	1.70	681.57	100.00

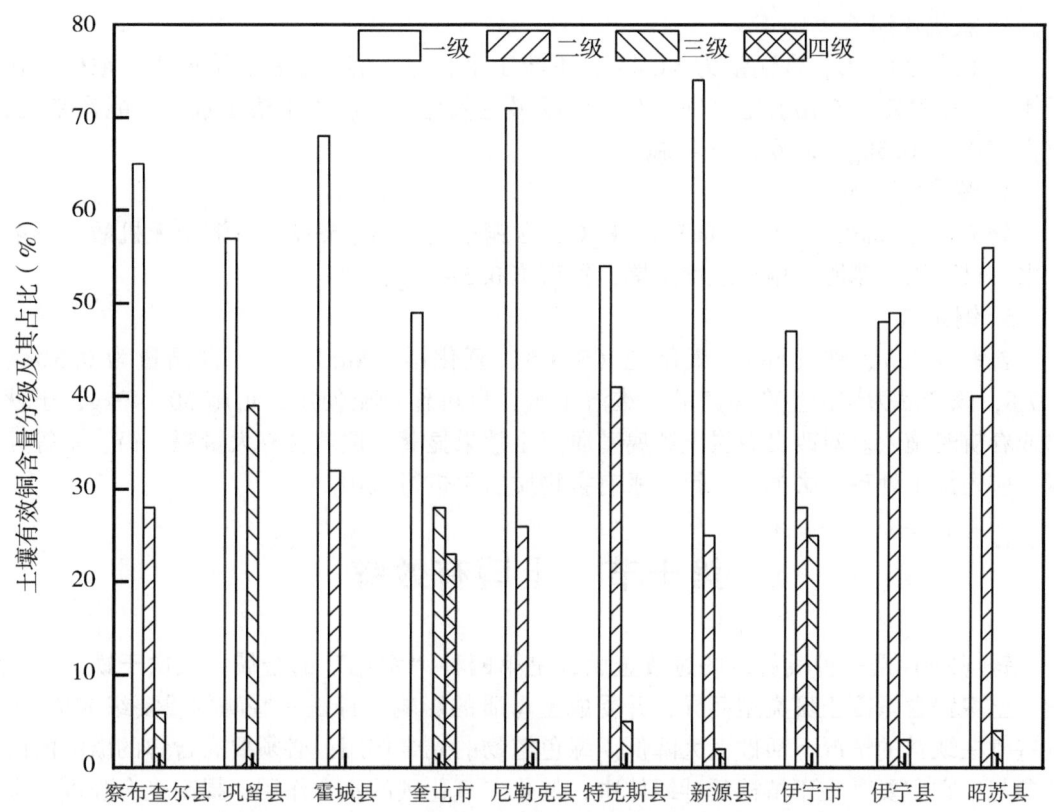

图 5-9 耕层有效铜含量在各县市的分布

（二）土壤铜的变化特性

不同作物种植区土壤铜含量变化不一。土壤中铜的形态包括水溶态铜、有机态铜、离子态铜。水溶态铜在土壤全铜中所占比例较低，土壤中水溶性铜占全铜的比例仅为 1.2%~2.8%，离子态铜占全铜及水溶态铜的比例分别为 0.000 3%~0.018% 和 0.01%~1.4%。使用有机肥会降低活性态铜含量，增加有机结合态铜含量，在铜缺乏土壤上应该避免过量使用有机肥。

（三）铜肥类型及合理施用技术

铜肥的主要品种有硫酸铜、氧化铜、氧化亚铜、碱式硫酸铜、铜矿渣等。

1. 硫酸铜

分子式为 $CuSO_4 \cdot 5H_2O$，含铜量为 25.5%，或失水成为 $CuSO_4 \cdot H_2O$，含铜量为 35%，能溶于水、醇、甘油及氨液，水溶液呈酸性。适用于各种施肥方法，但要注意在磷肥施用量较大的土壤上，最好采用种子处理或叶面喷施，以防止磷与铜结合成难溶的盐，降低铜的有效性。基施和拌种可促进玉米对铜的吸收，增产 6%~15%。

2. 氧化铜

分子式为 CuO，含铜量 78.3%，不溶于水和醇，但可在氨溶液中缓慢溶解。只能用作基肥，一般施入酸性土壤为好，每亩施用量为 0.4~0.6kg，每隔 3~5 年施用 1 次。

3. 氧化亚铜

分子式为 Cu_2O，含铜量为 84.4%，不溶于水、醇，溶于盐酸、浓氨水、浓碱。在干燥空气中稳定，在湿润空气中逐渐氧化成黑色氧化铜。由于难溶于水，只能作基肥，每亩施 0.3~0.5kg，每隔 3~5 年施 1 次。

4. 碱式硫酸铜

分子式为 $CuSO_4 \cdot 3Cu(OH)_2 \cdot H_2O$，含铜量为 13%~53%。只溶于无机酸，不溶于水，只适用于基肥，用于酸性土壤，每亩施 0.5~1kg。

5. 铜矿渣

含铜（Cu）、铁（Fe）、氧化硅（SiO_2）、氧化镁（MgO）等，含铜量为 0.3%~1.0%，该产品为矿山生产副产品，难溶于水，也可作铜肥使用，亩施 30~40kg，于秋耕或春耕时施入。对改良泥炭土和腐殖质湿土效果显著。但若含有大量镉、铅、汞等元素，应先加工处理，去掉镉、铅、汞有害物质后再进行施用。

第十节 土壤有效锌

锌（Zn）是一种浅灰色的过渡金属，是第四种"常见"的金属，仅次于铁、铝及铜。土壤锌含量因土壤类型而异，并受成土母质的影响。锌是一些酶的重要组成成分，这些酶在缺锌的情况下活性大大降低。绿色植物的光合作用，必须要有含锌的碳酸酐酶的参与，它主要存在于植株的叶绿体中，催化二氧化碳的水合作用，提高光合强度，促进碳水化合物的转化。锌能促进氮素代谢。缺锌植株体内的氮素代谢发生紊乱，造成氨的大量累积，抑制了蛋白质的合成。植株的失绿现象，在很大程度上与蛋白质的合成受阻有关。施锌促进植株生长发育的效应显著，并能增强抗病、抗寒能力，可防治玉米花叶白苗病、柑橘小叶病、减轻小麦条锈病、大麦和冬黑麦的坚黑穗病、冬黑麦的秆黑粉病、向日葵的白腐和灰腐病的危害，增强玉米植株的耐寒性。

锌作为作物生长必需的微量元素，其在土壤中的含量及变化状况直接影响作物产量和产品品质，影响农业的高产高效生产，因此进行微量元素锌的调查分析具有重要意义。

一、土壤有效锌含量及其空间差异

通过对伊犁州直耕层土壤样品有效锌含量测定结果分析，伊犁州直耕层土壤有效锌平均值为 9.62mg/kg，标准差为 26.08mg/kg。平均含量以察布查尔县含量最高，为 18.2mg/kg，其次分别为伊宁市 13.6mg/kg、昭苏县 7.64mg/kg、新源县 7.61mg/kg、奎屯市 6.65mg/kg、伊宁县 4.71mg/kg、巩留县 4.70mg/kg、尼勒克县 4.69mg/kg、霍城县 4.36mg/kg，特克斯县含量最低，为 1.88mg/kg。详见表 5-35。

表 5-35 伊犁州直土壤有效锌含量及其空间差异 （mg/kg）

名称	平均值	标准差	变异系数（%）
察布查尔县	18.20	44.73	246.11
伊宁市	13.60	20.73	152.50
昭苏县	7.64	9.50	124.35
新源县	7.61	9.12	119.77
奎屯市	6.65	11.05	166.08
伊宁县	4.71	3.16	67.23
巩留县	4.70	10.38	220.94
尼勒克县	4.69	5.22	111.33
霍城县	4.36	5.05	115.86
特克斯县	1.88	2.74	146.29
伊犁州直	9.62	26.08	271.00

二、土壤有效锌的分级与分布

从伊犁州直耕层土壤有效锌分级面积统计数据看，伊犁州直耕地土壤有效锌多数在一级。按等级分，一级占 74.36%，二级占 9.83%，三级占 10.19%，四级占 5.20%，五级占 0.42%。详见表 5-36 和图 5-10。

（一）一级

伊犁州直一级地面积 506.79 千 hm^2，占伊犁州直总耕地面积的 74.36%。察布查尔县一级地面积最大，为 103.1 千 hm^2，占一级地面积的 20.34%，其次为昭苏县和新源县，分别占 18.06% 和 15.06%。

（二）二级

伊犁州直二级地面积 66.98 千 hm^2，占伊犁州直总耕地面积的 9.83%。霍城县二级地面积最大，为 16.76 千 hm^2，占二级地面积的 25.03%，其次为巩留县和伊宁县，分别占 16.84% 和 10.71%。

（三）三级

伊犁州直三级地面积 69.43 千 hm^2，占伊犁州直总耕地面积的 10.19%。霍城县三级地面积最大，为 16.92 千 hm^2，占三级地面积的 24.37%，其次为巩留县和尼勒克县，分别占 19.53% 和 11.28%。

（四）四级

伊犁州直四级地面积 35.46 千 hm^2，占伊犁州直总耕地面积的 5.20%。特克斯县四级地面积最大，为 15.95 千 hm^2，占伊犁州直四级地面积的 45.00%，其次为巩留县和

表 5-36 土壤有效锌不同等级在伊犁州直的分布

等级 含量 县市	一级 >2.00mg/kg		二级 1.50~2.00mg/kg		三级 1.00~1.50mg/kg		四级 0.50~1.00mg/kg		五级 ≤0.50mg/kg		合计	
	面积 (千hm²)	占比 (%)	面积 (千hm²)	占比 (%)	面积 (千hm²)	占比 (%)	面积 (千hm²)	占比 (%)	面积 (千hm²)	占比 (%)	面积 (千hm²)	占比 (%)
察布查尔县	103.10	20.34	7.09	10.59	7.17	10.32	2.35	6.63	-	-	119.71	17.56
巩留县	29.62	5.84	11.28	16.84	13.55	19.53	6.91	19.48	0.39	13.28	61.75	9.06
霍城县	58.80	11.60	16.76	25.03	16.92	24.37	1.79	5.04	-	-	94.27	13.83
奎屯市	15.20	3.00	5.50	8.22	4.53	6.53	4.83	13.61	1.55	53.11	31.61	4.64
尼勒克县	36.39	7.18	3.30	4.93	7.83	11.28	1.88	5.30	-	-	49.40	7.25
特克斯县	5.21	1.03	2.77	4.14	6.11	8.77	15.95	45.00	0.97	33.61	31.01	4.55
新源县	76.30	15.06	6.57	9.81	2.43	3.50	0.22	0.63	-	-	85.52	12.55
伊宁市	14.99	2.96	0.39	0.58	0.12	0.17	-	-	-	-	15.50	2.27
伊宁县	75.66	14.93	7.17	10.71	4.46	6.42	0.79	2.23	-	-	88.08	12.92
昭苏县	91.52	18.06	6.15	9.15	6.31	9.11	0.74	2.08	-	-	104.72	15.37
伊犁州直	506.79	74.36	66.98	9.83	69.43	10.19	35.46	5.20	2.91	0.42	681.57	100.00

奎屯市，分别占19.48%和13.61%。

（五）五级

伊犁州直五级地面积2.91千hm²，占伊犁州直总耕地面积的0.42%。奎屯市五级地面积最大，为1.55千hm²，占伊犁州直五级地面积的53.11%，其次为特克斯县和巩留县，分别占33.61%和13.28%。

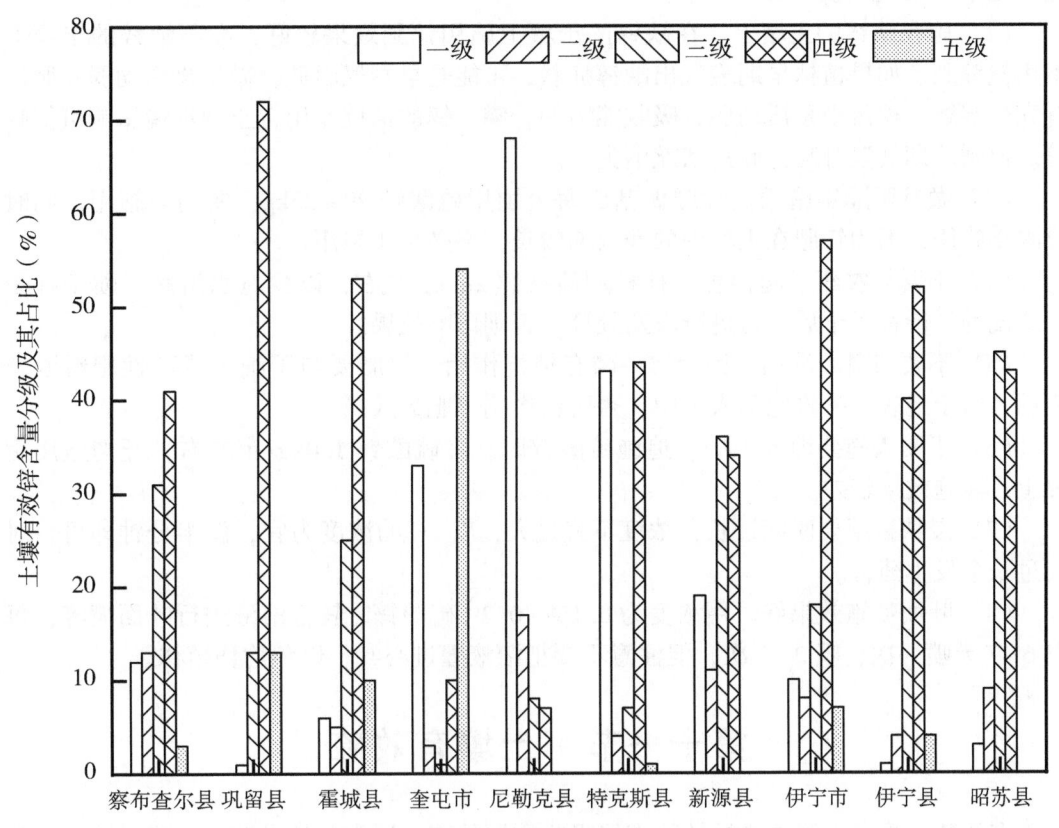

图5-10　耕层有效锌含量在各县市的分布

三、土壤有效锌调控

一般认为，土壤缺锌的临界含量为0.5mg/kg，有效锌含量低于0.5mg/kg时，属于缺锌；低于0.3mg/kg时，属于严重缺锌。针对土壤缺锌的情况，一般通过施用锌肥进行调控。

（一）锌肥类型

常见的锌肥包括硫酸锌、氯化锌、氧化锌等。硫酸锌（$ZnSO_4 \cdot 7H_2O$），含Zn量为23%~24%，白色或橘红色结晶，易溶于水。氯化锌（$ZnCl_2$），含Zn量为40%~48%，白色结晶，易溶于水。氧化锌（ZnO），含Zn量为70%~80%，白色粉末，难溶于水。

（二）施用方法

锌肥可以基施、追施、浸种、拌种、喷施，一般以叶面肥喷施效果最好。

（三）锌肥施用注意事项

（1）锌肥施用在对锌敏感作物上。如玉米、花生、大豆、甜菜、菜豆、果树、番茄等施用锌肥效果较好。

（2）施在缺锌的土壤上。在缺锌的土壤上施用锌肥效果较好，在不缺锌的土壤上不用施锌肥。如果植株早期表现出缺锌症状，可能是早春气温低，微生物活动弱，肥没有完全溶解，秧苗根系活动弱，吸收能力差；磷—锌的拮抗作用，土壤环境影响可能缺锌。但到后期气温升高，此症状就消失了。

（3）做基肥隔年施用。锌肥做基肥每公顷用硫酸锌 20~25kg，要均匀施用，同时要隔年施用，因为锌肥在土壤中的残效期较长，不必每年施用。

（4）不要与农药一起拌种。拌种用硫酸锌 2g/kg 左右，以少量水溶解，喷于种子上或浸种，待种子干后，再进行农药处理，否则影响效果。

（5）不要与磷肥混用。因为锌—磷有拮抗作用，锌肥要与干细土或酸性肥料混合施用，撒于地表，随耕地翻入土中，否则将影响锌肥的效果。

（6）不要表施要埋入土中。追施硫酸锌时，施硫酸锌 1.0kg/亩左右，开沟施用后覆土，表施效果较差。

（7）浸秧根不要时间过长，浓度不宜过大，以 1% 的浓度为宜，浸半分钟即可，时间过长会发生药害。

（8）叶面喷施效果好。用浓度为 0.1%~0.2% 硫酸锌、锌宝溶液进行叶面喷雾，每隔 6~7 天喷一次，喷 2~3 次，但注意不要把溶液灌进心叶，以免灼伤植株。

第十一节　土壤有效硫

有效硫，是指土壤中能被植物直接吸收利用的硫。通常包括易溶硫、吸附性硫和部分有机硫。有效硫主要是无机硫酸根，它以溶解状态存在于土壤溶液中，或被吸附在土壤胶体上，在浓度较大的土壤中则因过饱和而沉淀为硫酸盐固体，这些形态的硫酸盐大多是水溶性的、酸溶性的或交换性的，易于被植物吸收。

一、土壤有效硫含量及其空间差异

通过对伊犁州直耕层土壤样品有效硫含量测定结果分析，伊犁州直耕层土壤有效硫平均值 271.92mg/kg，标准差为 654.27mg/kg。平均含量以奎屯市含量最高，为 502.97mg/kg，其次分别为巩留县 470.12mg/kg、察布查尔县 426.94mg/kg、伊宁市 237.60mg/kg、伊宁县 218.42mg/kg、新源县 146.73mg/kg、特克斯县 88.72mg/kg、霍城县 78.29mg/kg、尼勒克县 40.55mg/kg，昭苏县含量最低，为 34.56mg/kg。详见表 5-37。

表 5-37 伊犁州直各县之间土壤有效硫含量及其空间差异　　　　　　　　　　（mg/kg）

名称	平均值	标准差	变异系数（%）
奎屯市	502.97	546.31	108.62
巩留县	470.12	676.43	143.88
察布查尔县	426.94	1 003.52	234.50
伊宁市	237.60	465.74	196.02
伊宁县	218.42	155.34	71.12
新源县	146.73	372.67	253.98
特克斯县	88.72	204.69	230.72
霍城县	78.29	70.98	90.66
尼勒克县	40.55	46.96	115.82
昭苏县	34.56	34.48	99.77
伊犁州直	271.92	654.27	240.97

二、土壤有效硫的分级与分布

从伊犁州直耕层土壤有效硫分级面积统计数据看，伊犁州直耕地土壤有效硫多数在一级、二级和三级。按等级分，一级占 60.30%，二级占 19.18%，三级占 18.56%，四级占 1.49%，五级占 0.38%。详见表 5-38 和图 5-11。

（一）一级

伊犁州直一级地面积 411.01 千 hm^2，占伊犁州直总耕地面积的 60.30%。察布查尔县一级地面积最大，为 117.2 千 hm^2，占一级地面积的 28.52%，其次为伊宁县和巩留县，分别占 20.97% 和 14.47%。

（二）二级

伊犁州直二级地面积 130.74 千 hm^2，占伊犁州直总耕地面积的 19.18%。新源县二级地面积最大，为 36.32 千 hm^2，占二级地面积的 27.78%，其次为霍城县和昭苏县，分别占 26.45% 和 21.87%。

（三）三级

伊犁州直三级地面积 127.14 千 hm^2，占伊犁州直总耕地面积的 18.65%。昭苏县三级地面积最大，为 57.32 千 hm^2，占三级地面积的 45.08%，其次为尼勒克县和新源县，分别占 21.52% 和 18.03%。

（四）四级

伊犁州直四级地面积 10.16 千 hm^2，占伊犁州直总耕地面积的 1.49%。昭苏县四级地面积最大，为 6.68 千 hm^2，占伊犁州直四级地面积的 65.67%，其次为特克斯县和尼

表 5-38　土壤有效硫不同等级在伊犁州直的分布

等级 含量 县市	一级 >250mg/kg		二级 150~250mg/kg		三级 100~150mg/kg		四级 50~100mg/kg		五级 ≤50mg/kg		合计	
	面积 (千hm²)	占比 (%)	面积 (千hm²)	占比 (%)	面积 (千hm²)	占比 (%)	面积 (千hm²)	占比 (%)	面积 (千hm²)	占比 (%)	面积 (千hm²)	占比 (%)
察布查尔县	117.20	28.52	1.95	1.49	0.50	0.40	0.06	0.57	-	-	119.71	17.56
巩留县	59.47	14.47	1.66	1.27	0.48	0.38	0.10	0.96	0.04	1.63	61.75	9.06
霍城县	55.32	13.46	34.58	26.45	4.13	3.25	0.23	2.31	0.01	0.31	94.27	13.83
奎屯市	31.61	7.69	-	-	-	-	-	-	-	-	31.61	4.64
尼勒克县	5.13	1.25	15.81	12.09	27.37	21.52	0.97	9.58	0.12	4.64	49.4	7.25
特克斯县	5.80	1.41	9.20	7.04	14.15	11.13	1.26	12.41	0.59	23.64	31.00	4.55
新源县	25.46	6.19	36.32	27.78	22.92	18.03	0.83	8.18	-	-	85.53	12.55
伊宁市	14.45	3.51	0.92	0.70	0.10	0.08	0.03	0.32	-	-	15.50	2.27
伊宁县	86.21	20.97	1.71	1.31	0.17	0.13	-	-	-	-	88.09	12.92
昭苏县	10.36	2.53	28.59	21.87	57.32	45.08	6.68	65.67	1.76	69.78	104.71	15.37
伊犁州直	411.01	60.30	130.74	19.18	127.14	18.65	10.16	1.49	2.52	0.38	681.57	100.00

勒克县，分别占 12.41% 和 9.58%。

（五）五级

伊犁州直五级地面积 2.52 千 hm²，占伊犁州直总耕地面积的 0.38%。昭苏县五级地面积最大，为 1.76 千 hm²，占伊犁州直五级地面积的 69.78%，其次为特克斯县和尼勒克县，分别占 23.64% 和 4.64%。

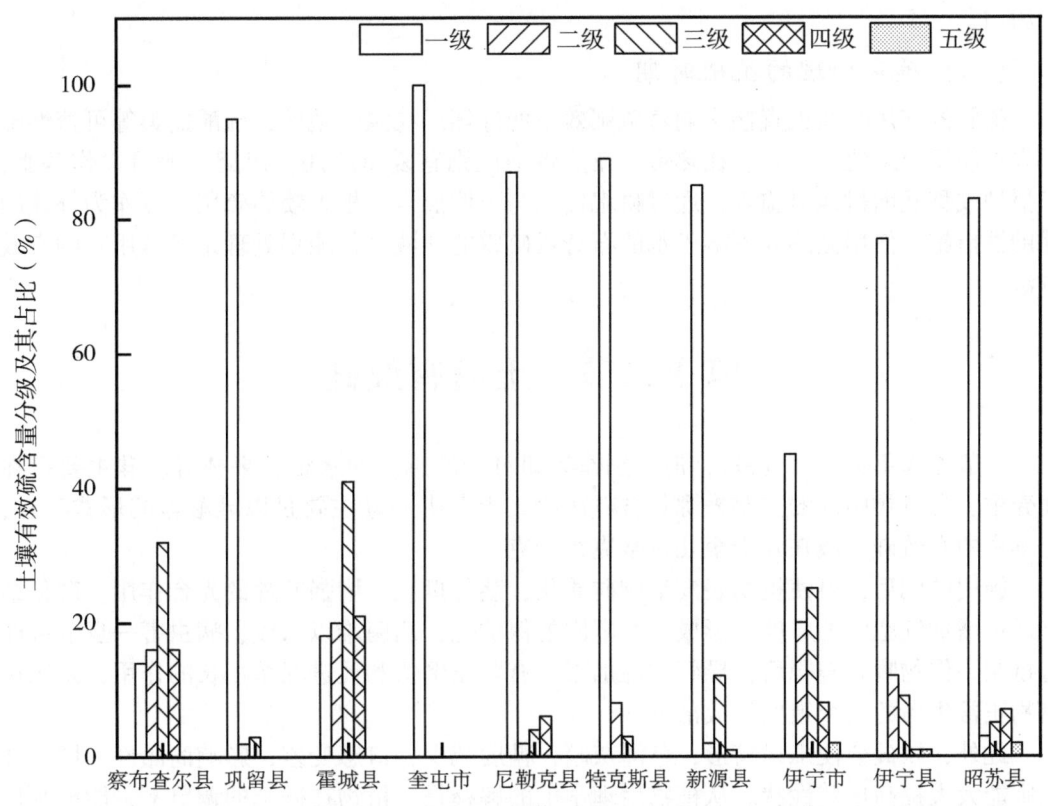

图 5-11 耕层有效硫含量在各县市的分布

三、土壤有效硫调控

（一）控制硫肥用量

小麦上适宜的施硫量为 60kg/hm²，水稻上为 80~190kg/hm²。具体用量视土壤有效硫水平高低而定。就一般作物而言，土壤有效硫低于 16mg/kg 时，施硫才会有增产效果，若有效硫大于 20mg/kg，除喜硫作物外，施硫一般无增产效果。在不缺硫的土壤上施用硫肥不仅不会增产，甚至会导致土壤酸化和减产。十字花科、豆科作物以及葱蒜、韭菜等都是需硫较多的作物，对施肥的反应敏感。而谷类作物则比较耐缺硫胁迫。硫肥用量的确定除了应考虑土壤、作物硫供需状况外，还要考虑到各元素间营养平衡问题，尤其是氮、硫的平衡。一些试验表明，只有在氮、硫比接近 7 时，氮、硫才能都得到有效的利用。当然,这一比值应随不同土壤氮、硫基础含量不同而作相应调整。

(二) 选择适宜的硫肥品种

硫酸铵、硫酸钾及金属微量元素的硫酸盐中的硫酸根都是易于被作物吸收利用的硫形态。普钙中的石膏肥效要慢些。施用硫酸盐肥料的同时不应忽视由此带入的其他元素的平衡问题。施用硫磺虽然元素单纯,但须经微生物转化后才能有效,其肥效与土壤环境条件及肥料本身的细度有密切关系,而且其后效也比硫酸盐肥料大得多,甚至可以隔年施用。

(三) 确定合理的施硫时期

硫肥的施用时间也直接影响着硫肥效果的好坏。在温带地区,硫酸盐类等可溶性硫肥春季使用效果比秋季好。在热带、亚热带地区则宜夏季施用。硫肥一般可以作基肥,于播种或移栽前耕地时施入,通过耕耙使之与土壤混合。根外喷施硫肥仅可作为补硫的辅助性措施。使用微溶或不溶于水的石膏或硫磺的悬液进行蘸根处理是经济用硫的有效方法。

第十二节 土壤有效硅

一般作物不会缺硅(Si),但个别作物却对硅敏感,如水稻、果树等。硅主要存在地壳中,自然界中硅的主要来源是含硅矿物。土壤中的硅主要是以硅酸盐的形式存在,土壤中的有效硅一般在几十至几百毫克每千克。

施用硅肥后,可使植物表皮细胞硅质化,茎秆挺立,增强叶片的光合作用。硅化细胞还可增加细胞壁的厚度,形成一个坚固的保护壳,病菌难以入侵;病虫害一旦危害即遭抵制。作物吸收硅肥后,导管刚性加强,有防止倒伏和促进根系生长的作用,是维持植物正常生命的一个重要组成部分。

此外,缺硅会使瓜果畸形,色泽灰暗,糖度减少,口感变差,影响商品性。增施硅肥则能大大提高这些性状。从植物生理学上的解释是:植物在硅肥的调节下,能抑制作物对氮肥的过量吸收,相应地促进了同化产物向多糖物质转化,所以,农业中既要保证高产,又要保证优质,这就要施用硅肥。但由于硅的性质稳定,会在土壤中以化合物的形态被固定,移动性差,所以,需要以施用硅肥的方法来补充,这在肥料应用日益减少的现在显得更为必要。

一、土壤有效硅含量及其空间差异

通过对伊犁州直耕层土壤样品有效硅含量测定结果分析,伊犁州直耕层土壤有效硅平均值为 151.57mg/kg,标准差为 176.76mg/kg。平均含量以昭苏县含量最高,为 185.68mg/kg,其次分别为伊宁市 176.23mg/kg、新源县 173.62mg/kg、察布查尔县 170.94mg/kg、奎屯市 168.10mg/kg、巩留县 146.28mg/kg、伊宁县 119.69mg/kg、特克斯县 114.35mg/kg、霍城县 109.16mg/kg,尼勒克县含量最低,为 102.50mg/kg。详见表 5-39。

表 5-39 伊犁州直土壤有效硅含量及其空间差异　　　　　　　　　　　　（mg/kg）

名称	平均值	标准差	变异系数（%）
昭苏县	185.68	126.27	68.01
伊宁市	176.23	233.33	132.41
新源县	173.62	124.65	71.80
察布查尔县	170.94	245.22	143.46
奎屯市	168.10	163.76	97.42
巩留县	146.28	127.13	86.91
伊宁县	119.69	40.32	33.69
特克斯县	114.35	148.02	129.44
霍城县	109.16	78.68	72.08
尼勒克县	102.50	84.41	82.35
伊犁州直	151.57	176.76	116.62

二、土壤有效硅的分级与分布

从伊犁州直耕层土壤有效硅分级面积统计数据看，伊犁州直耕地土壤有效硅多数在二级、三级和四级。按等级分，一级占 0.97%，二级占 20.31%，三级占 40.41%，四级占 36.12%，五级占 2.19%，提升空间较大。详见表 5-40 和图 5-12。

（一）一级

伊犁州直一级地面积 6.56 千 hm^2，占伊犁州直总耕地面积的 0.97%。昭苏县一级地面积最大，为 5.62 千 hm^2，占一级地面积的 85.65%，其次为巩留县，占 14.35%。

（二）二级

伊犁州直二级地面积 138.45 千 hm^2，占伊犁州直总耕地面积的 20.31%。昭苏县二级地面积最大，为 61.61 千 hm^2，占二级地面积的 44.50%，其次为新源县和巩留县，分别占 26.85% 和 10.67%。

（三）三级

伊犁州直三级地面积 275.42 千 hm^2，占伊犁州直总耕地面积的 40.41%。伊宁县三级地面积最大，为 67.76 千 hm^2，占三级地面积的 24.62%，其次为察布查尔县和新源县，分别占 17.38% 和 14.74%。

（四）四级

伊犁州直四级地面积 246.2 千 hm^2，占伊犁州直总耕地面积的 36.12%。霍城县四级地面积最大，为 74.15 千 hm^2，占伊犁州直四级地面积的 30.12%，其次为察布查尔县和特克斯县，分别占 24.81% 和 11.15%。

表5-40 土壤有效硅不同等级在伊犁州直的分布

等级	一级		二级		三级		四级		五级		合计	
含量	>250mg/kg		150~250mg/kg		100~150mg/kg		50~100mg/kg		≤50mg/kg			
县市	面积（千hm²）	占比（%）	面积（千hm²）	占比（%）	面积（千hm²）	占比（%）	面积（千hm²）	占比（%）	面积（千hm²）	占比（%）	面积（千hm²）	占比（%）
察布查尔县	—	—	8.03	5.80	47.88	17.38	61.06	24.81	2.74	18.33	119.71	17.56
巩留县	0.94	14.35	14.77	10.67	25.68	9.32	19.27	7.83	1.09	7.27	61.75	9.06
霍城县	—	—	1.03	0.75	18.31	6.65	74.15	30.12	0.78	5.24	94.27	13.83
奎屯市	—	—	12.12	8.75	13.54	4.92	5.62	2.28	0.33	2.21	31.61	4.64
尼勒克县	—	—	1.81	1.30	15.57	5.65	25.47	10.34	6.55	43.87	49.4	7.25
特克斯县	—	—	0.14	0.10	1.77	0.64	27.43	11.15	1.66	11.09	31.00	4.55
新源县	—	—	37.17	26.85	40.61	14.74	6.88	2.79	0.87	5.81	85.53	12.55
伊宁市	—	—	—	—	11.28	4.09	4.22	1.71	—	—	15.50	2.27
伊宁县	—	—	1.77	1.28	67.76	24.62	18.22	7.39	0.34	2.26	88.09	12.92
昭苏县	5.62	85.65	61.61	44.50	33.02	11.99	3.88	1.58	0.58	3.92	104.71	15.37
伊犁州直	6.56	0.97	138.45	20.31	275.42	40.41	246.20	36.12	14.94	2.19	681.57	100.00

（五）五级

伊犁州直五级地面积 14.94 千 hm², 占伊犁州直总耕地面积的 2.19%。尼勒克县五级地面积最大，为 6.55 千 hm²，占伊犁州直五级地面积的 43.87%，其次为察布查尔县和特克斯县，分别占 18.33% 和 11.09%。

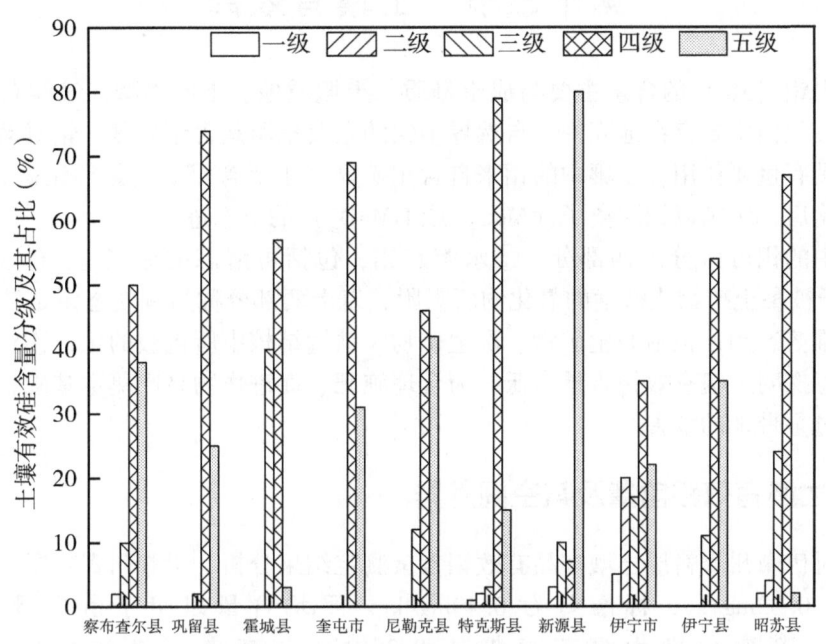

图 5-12 耕层有效硅含量在各县市的分布

三、土壤有效硅调控

缺硅与作物种类密切相关，以水稻为敏感，此外对果树、蔬菜也有一定效果。作物施用硅肥可以有效提高作物的抗病虫害能力，特别是对病虫害的抗性加强，针对土壤缺硅的不同类型及作物对硅肥的需求不同，通过合理施用硅肥进行调控。

（一）根据作物种类

各种作物需硅的情况不一样，对硅肥也有不同的反应。在各种作物中，以水稻对硅肥的反应最好，其次为水果、蔬菜。

（二）根据肥料种类

硅肥主要有硅酸铵、硅酸钠、三氧化硅和含硅矿渣，可作基肥、种肥和追肥施用。

目前，硅肥的品种主要有枸溶性硅肥、水溶性硅肥两大类，枸溶性硅肥是指不溶于水而溶于酸后可以被植物吸收的硅肥；水溶性硅肥是指溶于水可以被植物直接吸收的硅肥，农作物对其吸收利用率较高，为高温化学合成，生产工艺较复杂，成本较高，但施用量较小，一般常用作叶面喷施、冲施和滴灌，也可进行基施和追施，具体用量可根据作物品种喜硅情况、当地土壤的缺硅情况以及硅肥的具体含量而定。

（三）根据土壤情况

硅是第四大矿物元素，理想的土壤调理剂，硅肥缓释长效，保证作物对硅元素的吸收达到最优水平，根据其原料生产产品养分全面、含量高、活性强、吸收利用率高。

第十三节　土壤有效钼

土壤中钼（Mo）的含量主要与成土母质、土壤质地、土壤类型、气候条件及全氮含量等有关。钼主要存在地壳中，自然界中钼的主要来源是含钼矿藏。钼对动植物的营养及代谢具有重要作用，土壤中的钼来自含钼矿物（主要含钼矿物是辉钼矿）。含钼矿物经过风化后，钼则以钼酸离子（MoO_4^{2-} 或 $HMoO_4^-$）的形态进入溶液。

土壤中的钼可区分成四部分。①水溶态钼，包括可溶态的钼酸盐；②交换态钼，MoO_4^{2-} 离子被黏土矿物或铁锰的氧化物所吸附；以上两部分称为有效态钼是植物能够吸收的。③难溶态钼，包括原生矿物、次生矿物、铁锰结核中所包被的钼；④有机结合态钼。需注意探明土壤有效钼含量高低，为合理施肥、促进作物高产奠定基础。同时，也要防止钼过量带来的危害。

一、土壤有效钼含量及其空间差异

通过对伊犁州直耕层土壤样品有效钼含量测定结果分析，伊犁州直耕层土壤有效钼平均值为 0.33mg/kg，标准差为 0.49mg/kg。平均含量以伊宁市含量最高，为 0.53mg/kg，其次分别为察布查尔县 0.38mg/kg、奎屯市 0.35mg/kg、巩留县 0.33mg/kg、伊宁县 0.33mg/kg、新源县 0.30mg/kg、昭苏县 0.27mg/kg、霍城县 0.25mg/kg、尼勒克县 0.18mg/kg、特克斯县 0.18mg/kg。详见表5-41。

表5-41　伊犁州直土壤有效钼含量及其空间差异　　　　　　　　　　　　（mg/kg）

名称	平均值	标准差	变异系数（%）
伊宁市	0.53	0.82	155.41
察布查尔县	0.38	0.63	165.73
奎屯市	0.35	0.33	94.11
巩留县	0.33	0.41	124.62
伊宁县	0.33	0.31	92.78
新源县	0.30	0.35	115.13
昭苏县	0.27	0.20	72.37
霍城县	0.25	0.19	76.13
尼勒克县	0.18	0.16	87.59
特克斯县	0.18	0.20	112.21
伊犁州直	0.33	0.49	148.99

二、土壤有效钼的分级与分布

从伊犁州直耕层土壤有效钼分级面积统计数据看,伊犁州直耕地土壤有效钼多数在一、二和三级。按等级分,一级占 54.11%,二级占 20.85%,三级占 17.29%,四级占 6.91%,五级占 0.84%,提升空间较大。详见表 5-42 和图 5-13。

(一) 一级

伊犁州直一级地面积 368.83 千 hm^2,占伊犁州直总耕地面积的 54.11%。察布查尔县一级地面积最大,为 68.02 千 hm^2,占一级地面积的 18.44%,其次为昭苏县和伊宁县,分别占 17.90% 和 17.71%。

(二) 二级

伊犁州直二级地面积 142.04 千 hm^2,占伊犁州直总耕地面积的 20.85%。霍城县二级地面积最大,为 31.39 千 hm^2,占二级地面积的 22.11%,其次为察布查尔县和昭苏县,分别占 21.71% 和 15.11%。

(三) 三级

伊犁州直三级地面积 117.87 千 hm^2,占伊犁州直总耕地面积的 17.29%。尼勒克县三级地面积最大,为 22.47 千 hm^2,占三级地面积的 19.07%,其次为霍城县和新源县,分别占 17.06% 和 15.91%。

(四) 四级

伊犁州直四级地面积 47.08 千 hm^2,占伊犁州直总耕地面积的 6.91%。新源县四级地面积最大,为 15.48 千 hm^2,占伊犁州直四级地面积的 32.87%,其次为特克斯县和尼勒克县,分别占 15.34% 和 15.20%。

(五) 五级

伊犁州直五级地面积 5.75 千 hm^2,占伊犁州直总耕地面积的 0.84%。特克斯县五级地面积最大,为 2.79 千 hm^2,占伊犁州直五级地面积的 48.56%,其次为尼勒克县和巩留县,分别占 17.58% 和 11.38%。

三、土壤有效钼调控

缺钼与作物种类密切相关,以豆科作物为敏感,如紫云英、苕子、苜蓿、大豆、花生等。高含量钼对植物有不良影响。针对土壤缺钼的不同类型,通过合理施用钼肥进行调控。

(一) 根据作物种类

各种作物需钼的情况不一样,对钼肥也有不同的反应。在各种作物中,豆科和十字花科作物对钼肥的反应最好。由于钼与固氮作用有密切关系,豆科作物对钼肥有特殊的需要,所以钼肥应当首先集中施用在豆科作物上。

表 5-42 土壤有效钼不同等级在伊犁州直的分布

等级	一级		二级		三级		四级		五级		合计	
含量	>0.20mg/kg		0.15~0.20mg/kg		0.10~0.15mg/kg		0.05~0.10mg/kg		≤0.05mg/kg			
县市	面积(千hm²)	占比(%)	面积(千hm²)	占比(%)	面积(千hm²)	占比(%)	面积(千hm²)	占比(%)	面积(千hm²)	占比(%)	面积(千hm²)	占比(%)
察布查尔县	68.02	18.44	30.83	21.71	15.93	13.52	4.41	9.36	0.52	9.09	119.71	17.56
巩留县	41.08	11.14	11.13	7.84	6.43	5.45	2.46	5.22	0.65	11.38	61.75	9.06
霍城县	38.10	10.33	31.39	22.11	20.11	17.06	4.60	9.76	0.07	1.17	94.27	13.83
奎屯市	26.45	7.17	3.34	2.35	0.64	0.55	1.18	2.51	—	—	31.61	4.64
尼勒克县	9.83	2.67	8.93	6.28	22.47	19.07	7.16	15.20	1.01	17.58	49.40	7.25
特克斯县	3.37	0.91	5.34	3.76	12.28	10.42	7.22	15.34	2.79	48.56	31.00	4.55
新源县	37.70	10.22	13.60	9.57	18.75	15.91	15.48	32.87	—	—	85.53	12.55
伊宁市	12.95	3.51	1.78	1.26	0.67	0.56	0.10	0.21	—	—	15.50	2.27
伊宁县	65.31	17.71	14.23	10.01	5.97	5.07	1.94	4.13	0.64	11.09	88.09	12.92
昭苏县	66.02	17.90	21.47	15.11	14.62	12.39	2.53	5.40	0.07	1.13	104.71	15.37
伊犁州直	368.83	54.11	142.04	20.85	117.87	17.29	47.08	6.91	5.75	0.84	681.57	100.00

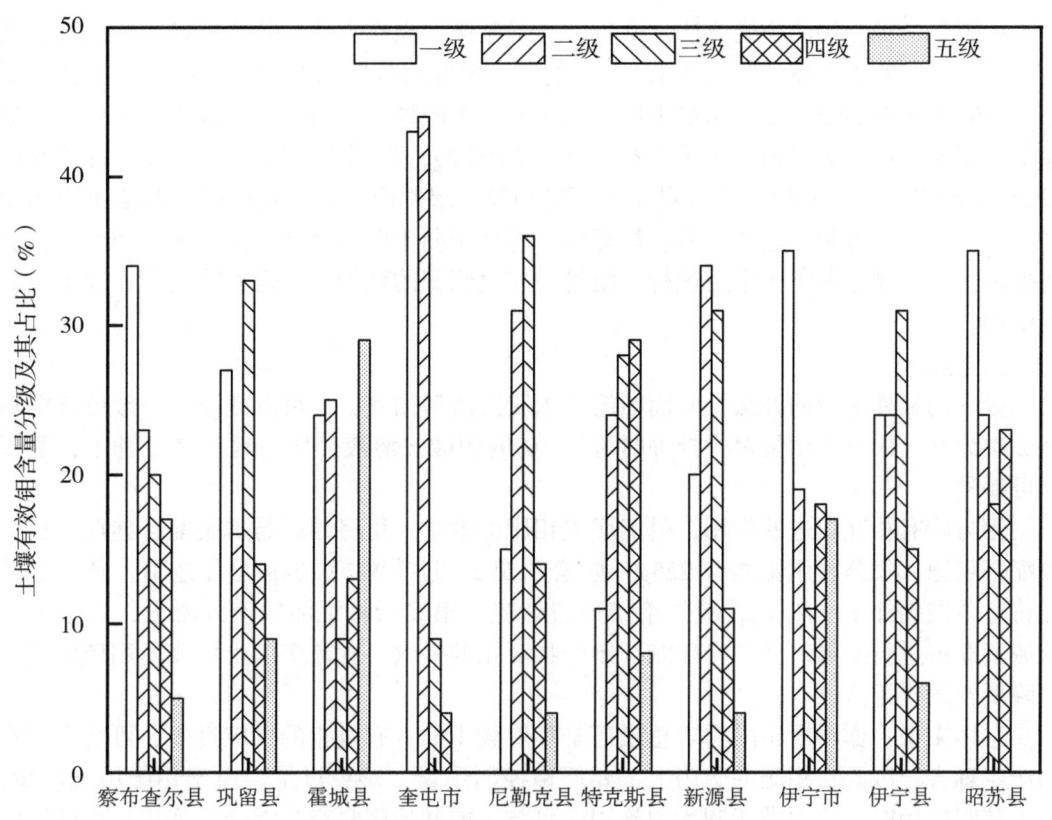

图 5-13 耕层有效钼含量在各县市的分布

1. 大豆

大豆使用钼肥使苗壮早发，根系发达，根瘤多而大，色泽鲜艳，株高、叶宽、总节数、分枝数、荚数、三粒荚数、蛋白质含量等都增加，因而能提高产量。

2. 花生

施用钼肥能使花生的单株荚果数、百果重和百仁重提高，空秕率降低，产量提高。

3. 其他

玉米施用钼肥拌种，平均增产 8.7%。小麦施用钼肥，平均增产 13%~16%，谷子施用钼肥，增产 4.5%~18%。

（二）根据肥料种类

钼肥主要有钼酸铵、钼酸钠、三氧化钼和含钼矿渣，可作基肥、种肥和追肥施用。

1. 基肥

含钼矿渣难溶解，以作基肥施用为好。钼肥可以单独施用，也可和其他常用化肥或有机肥混合施用，如单独施用，用量少，不易施匀，可拌干细土 5kg，搅拌均匀后施用。施用时可以撒施后犁入土中或耙入耕层内。钼肥的价格高，为节约用肥，可采取沟施、穴施的办法。

2. 种肥

种肥是一种常用的施肥方法，既省工，又省肥，操作方便，效果很好。①浸种，用0.05%~0.1%的钼酸铵溶液浸种12小时左右，肥液用量要淹没种子。用浸种方法，要考虑当时的土壤墒情，如果墒情不好，浸种处理过的种子中的水分反被土壤吸走，造成芽干而不能出苗。②拌种，每千克种子用钼酸铵2g，先用少量的热水溶解，再兑水配成2%~3%的溶液，用喷雾器在种子上薄薄地喷一层肥液，边喷边搅拌，溶液不要用得过多，以免种皮起皱，造成烂种。拌好后，将种子阴干即可播种。如果种子还要进行农药处理，一定要等种子阴干后进行。浸过或拌过钼肥的种子，人畜不能食用，以免引起钼中毒。

3. 追肥

多采用根外追肥的办法。叶面喷施要求肥液溶解彻底，不可有残渣。一般要连续喷施2次为好，大豆需钼量多，拌种时可用3%的钼酸铵溶液，均匀地喷在豆种上，阴干即可播种。

钼与磷有相互促进的作用，磷能增强钼肥的效果。可将钼肥与磷肥配合施用，也可再配合氮肥。每公顷用钼酸铵225g、尿素7.5kg、过磷酸钙15kg配合施用。其方法是先将过磷酸钙加水1 125kg，搅拌溶解放置过夜，第二天将沉淀的渣滓滤去，加入钼肥及尿素即可进行喷雾。另外，硫能抑制作物对钼的吸收，含硫多的土壤或施用硫肥过量会降低钼肥作用。

总体来说，作物对钼的需求总量还是相对较少的；有效钼的供应过多，可能会对作物产生毒害，因此在钼肥的施用上，要严格控制用量，避免过量。由于钼肥用量较少，作为基肥施用时，要力求达到均匀施用，可与土或其他肥料充分混合后施用；根外追肥也要浓度适宜，不可随意增加用量或浓度，避免局部浓度过高。

第十四节　土壤有效硼

硼（B）是作物生长必需的营养元素之一，虽然需求总量不高，但硼所起的作用不可忽视。土壤中的硼大部分存在于土壤矿物中，小部分存在于有机物中。受成土母质、土壤质地、土壤pH值、土壤类型、气候条件等因素的影响，草甸盐土全硼含量通常高于其他土壤。

土壤中的硼通常分为酸不溶态、酸溶态和水溶态三种形式，其中水溶性硼对作物是有效的，属有效硼。土壤有效硼含量与盐渍化程度密切相关，盐化土壤和草甸盐土有效硼含量高，盐渍化程度越高，有效硼含量也越高，碱土和碱化土则低。影响土壤硼有效性的因素有气候条件、土壤全氮含量、土壤质地、pH值等。降水量影响有效硼的含量，硼是一种比较容易淋失的元素，降水量大，有效硼淋失多。在降水量小的情况下，全氮的分解受到影响，硼的供应减少；同时由于土壤干旱增加硼的固定，硼的有效性降低。所以，降水过多或过少都降低硼的有效性。有效硼含量与全氮含量呈正相关，一般土壤中的硼含量随全氮含量的增加有增加的趋势。土壤全氮含量高，有效硼含量也高。这是因为土壤全氮与硼结合，防止了硼的淋失；在全氮被矿化后，其中的硼即被释放出来。

由于种植结构、施肥习惯的不同，各地土壤硼含量差异很大。

一、土壤有效硼含量及其空间差异

通过对伊犁州直耕层土壤样品有效硼含量测定结果分析，伊犁州直耕层土壤有效硼平均值为 1.9mg/kg，标准差为 3.42mg/kg。平均含量以奎屯市含量最高，为 2.9mg/kg，其次分别为新源县 2.6mg/kg、察布查尔县 2.3mg/kg、巩留县 2.0mg/kg、伊宁市 1.9mg/kg、尼勒克县 1.6mg/kg、昭苏县 1.6mg/kg、特克斯县 1.5mg/kg、伊宁县 1.1mg/kg，霍城县含量最低，为 1.1mg/kg。详见表 5-43。

表 5-43 伊犁州直土壤有效硼含量及其空间差异 （mg/kg）

名称	平均值	标准差	变异系数（%）
奎屯市	2.9	3.33	113.56
新源县	2.6	3.29	126.25
察布查尔县	2.3	5.37	238.49
巩留县	2.0	2.08	105.21
伊宁市	1.9	2.76	148.14
尼勒克县	1.6	1.46	89.26
昭苏县	1.6	1.00	62.30
特克斯县	1.5	1.81	123.98
伊宁县	1.1	1.03	91.16
霍城县	1.1	0.79	74.30
伊犁州直	1.9	3.42	177.53

二、土壤有效硼的分级与分布

从伊犁州直耕层土壤有效硼分级面积统计数据看，伊犁州直耕地土壤有效硼多数在三级和四级。按等级分，一级占 15.09%，二级占 13.45%，三级占 33.70%，四级占 36.59%，五级占 1.17%。提升空间较大。详见表 5-44 和图 5-14。

（一）一级

伊犁州直一级地面积 102.85 千 hm^2，占伊犁州直总耕地面积的 15.09%。新源县一级地面积最大，为 28.77 千 hm^2，占一级地面积的 27.98%，其次为奎屯市和巩留县，分别占 18.80% 和 16.89%。

（二）二级

伊犁州直二级地面积 91.68 千 hm^2，占伊犁州直总耕地面积的 13.45%。昭苏县二级地面积最大，为 30.78 千 hm^2，占二级地面积的 33.56%，其次为新源县和巩留县，

表 5-44 土壤有效硼不同等级在伊犁州直的分布

等级 含量 县市	一级 >2.00mg/kg		二级 1.50~2.00mg/kg		三级 1.00~1.50mg/kg		四级 0.50~1.00mg/kg		五级 ≤0.50mg/kg		合计	
	面积 (千hm²)	占比 (%)	面积 (千hm²)	占比 (%)	面积 (千hm²)	占比 (%)	面积 (千hm²)	占比 (%)	面积 (千hm²)	占比 (%)	面积 (千hm²)	占比 (%)
察布查尔县	5.33	5.18	11.35	12.38	61.73	26.87	40.72	16.33	0.58	7.26	119.71	17.56
巩留县	17.37	16.89	12.62	13.76	18.52	8.06	12.62	5.06	0.62	7.80	61.75	9.06
霍城县	2.38	2.31	1.94	2.12	8.05	3.51	80.87	32.43	1.03	12.92	94.27	13.83
奎屯市	19.34	18.80	1.34	1.46	7.89	3.43	3.04	1.22	-	-	31.61	4.64
尼勒克县	8.93	8.69	8.21	8.95	14.64	6.37	17.58	7.05	0.04	0.54	49.40	7.25
特克斯县	-	-	1.51	1.65	12.43	5.41	15.59	6.26	1.47	18.49	31.00	4.55
新源县	28.77	27.98	15.47	16.87	32.64	14.21	8.65	3.47	-	-	85.53	12.55
伊宁市	0.45	0.44	0.81	0.89	8.57	3.73	5.66	2.26	0.01	0.15	15.50	2.27
伊宁县	3.09	3.00	7.65	8.36	19.46	8.47	53.82	21.57	4.07	51.35	88.09	12.92
昭苏县	17.19	16.71	30.78	33.56	45.79	19.94	10.83	4.35	0.12	1.49	104.71	15.37
伊犁州直	102.85	15.09	91.68	13.45	229.72	33.70	249.38	36.59	7.94	1.17	681.57	100.00

分别占 16.87% 和 13.76%。

(三) 三级

伊犁州直三级地面积 229.72 千 hm^2，占伊犁州直总耕地面积的 33.70%。察布查尔县三级地面积最大，为 61.73 千 hm^2，占三级地面积的 26.87%，其次为昭苏县和新源县，分别占 19.94% 和 14.21%。

(四) 四级

伊犁州直四级地面积 249.38 千 hm^2，占伊犁州直总耕地面积的 36.59%。霍城县四级地面积最大，为 80.87 千 hm^2，占伊犁州直四级地面积的 32.43%，其次为伊宁县和察布查尔县，分别占 21.57% 和 16.33%。

(五) 五级

伊犁州直五级地面积 7.94 千 hm^2，占伊犁州直总耕地面积的 1.17%。伊宁县五级地面积最大，为 4.07 千 hm^2，占伊犁州直五级地面积的 51.35%，其次为特克斯县和霍城县，分别占 18.49% 和 12.92%。

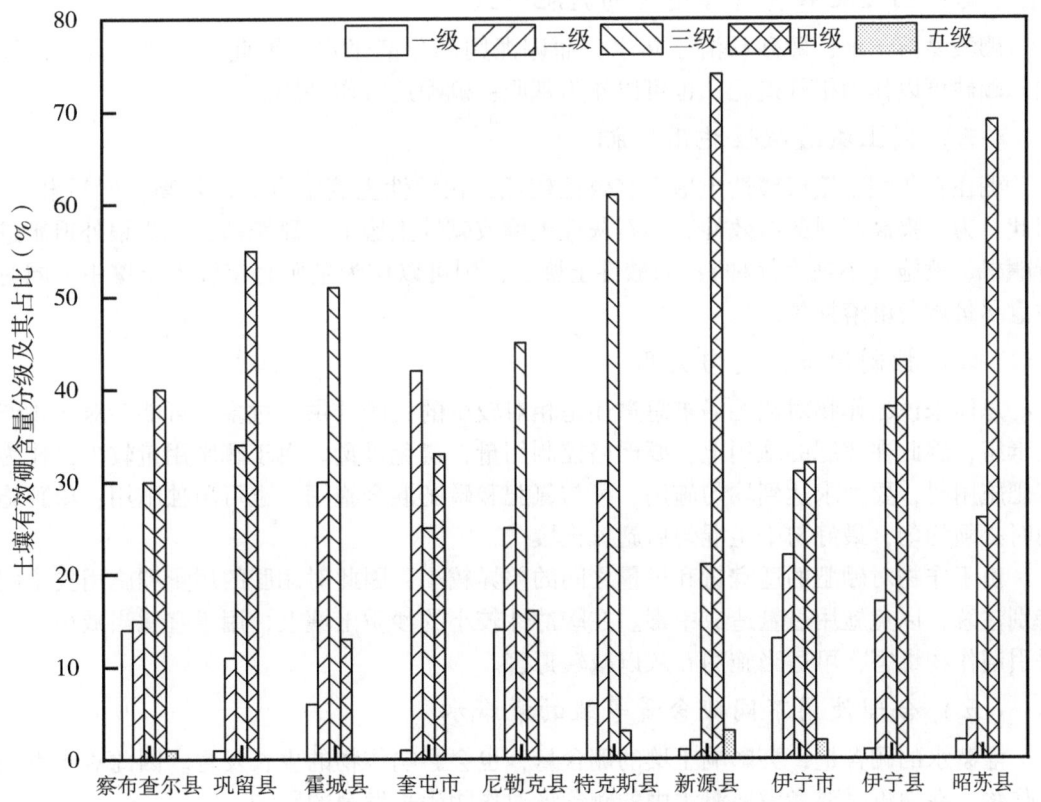

图 5-14 耕层有效硼含量在各县市的分布

三、土壤有效硼调控

一般认为，土壤缺硼的临界含量为 0.5mg/kg，水溶性硼低于 0.5mg/kg 时，属于缺硼；低于 0.25mg/kg 时，属于严重缺硼。针对土壤缺硼的情况，一般通过施用硼肥进行调控。在硼含量较高的地区，可以采取适当施用石灰的方法，防止硼的毒害。硼肥在棉花、苹果、花生、蔬菜等作物上已经得到大面积的推广应用。硼肥对于防止苹果、梨、山楂、桃等果树的落花落果和花而不实，效果显著，还能增加产量，改善果品品质。

（一）针对土壤和作物情况施用硼肥

土壤缺硼时，施硼肥能明显增产。不同土壤和作物，临界指标也有所差别。一般来说，双子叶植物的需硼量比单子叶植物高，多年生植物需硼量比一年生植物高，谷类作物一般需硼较少。甜菜是敏感性最强的作物之一；各种十字花科作物，如萝卜、油菜、甘蓝、花椰菜等需硼量高，对缺硼敏感；果树中的苹果对缺硼也特别敏感。硼肥的施用要因土壤、因作物而异，根据土壤硼含量和作物种类确定是否施用硼肥以及施用量。

（二）因硼肥种类选择适宜的施肥方式

硼酸易溶于水，硼砂易溶于热水，而硼泥则部分溶于水。因此，硼酸适宜根外追肥；硼砂可以作为根外追肥，也可以作为基肥；硼泥适宜作基肥。

（三）因土壤酸碱性施用硼肥

硼在石灰性土壤或碱性土壤上有效性较低，在酸性土壤中有效性较高，但易淋失。因此，为了提高肥料的有效性，在石灰性土壤或碱性土壤上，硼肥适宜作为根外追肥进行蘸根、喷施（不适宜拌种）；而酸性土壤上，则可以作为基肥直接施入土壤中，同时注意尽量避免淋溶损失。

（四）控制用量，均匀施用

总体来说，作物对硼的需求总量还是相对较少的；硼的供应过多，可能会对作物产生毒害，因此在硼肥的施用上，要严格控制用量，避免过量。由于硼肥用量较少，作为基肥施用时，要力求达到均匀施用，可与氮肥和磷肥混合施用，也可单独施用；单独施用时必须均匀，最好与干土混匀后施入土壤。

由于作物对硼肥的适宜量和过量之间的差异较小，因此对硼肥的用量和施用技术应特别注意，以免施用过量造成中毒。在缓冲性较小的沙质土壤上，用量宜适当减小。如果引起作物毒害，可适当施用石灰以减轻毒害。

（五）合理使用不同硼含量等级的灌溉水

灌溉水的硼含量，会影响土壤的硼含量，也会影响作物的生长发育。因此对于不同的作物，在灌溉时要考虑灌溉水中的硼含量对作物生长发育的影响。

第六章 其他指标

第一节 土壤 pH 值

土壤酸碱性是土壤的重要性质，是土壤一系列化学性状，特别是盐基状况的综合反映，对土壤微生物的活性、元素的溶解性及其存在形态等均具有显著影响，制约着土壤矿质元素的释放、固定、迁移及其有效性等，对土壤肥力、植物吸收养分及其生长发育均具有显著影响。

一、土壤分布情况

（一）土壤 pH 值的空间分布

伊犁州直不同县市耕地土壤 pH 值统计分析如表 6-1 所示。在各县市中，以察布查尔县的土壤 pH 值平均值最高，为 8.40，其次为霍城县 8.36；以奎屯市的土壤 pH 值平均值最低，为 7.72，其次为巩留县为 8.03。从 pH 值分级情况来看，伊犁州直不同县市耕地土壤 pH 平均值处于碱性水平（7.5~8.5）。

从土壤 pH 值空间差异性来看，各县市变异系数均小于 20%，属于中等变异性，这说明伊犁州直不同县市耕地土壤 pH 值空间差异均不显著。其中伊宁市土壤 pH 值变异系数最小，为 1.53%，巩留县土壤 pH 值变异系数最大，为 16.33%。

表 6-1 伊犁州直不同县市土壤 pH 值统计及空间分布

县市	样点数（个）	平均值	标准差	变异系数（%）
察布查尔县	146	8.40	0.17	1.99
巩留县	81	8.03	1.31	16.33
霍城县	145	8.36	0.20	2.39
奎屯市	23	7.72	1.06	13.67
尼勒克县	76	8.18	0.24	2.96
特克斯县	46	8.35	0.14	1.67
新源县	118	8.26	0.25	3.07

(续表)

县市	样点数（个）	平均值	标准差	变异系数（%）
伊宁市	27	8.35	0.13	1.53
伊宁县	133	8.12	0.18	2.27
昭苏县	152	8.17	0.96	11.75
伊犁州直	947	8.23	0.61	7.37

（二）不同土壤类型土壤pH值分布

如表6-2，伊犁州直不同土壤类型pH平均值大小顺序为：沼泽土＞潮土＞灰钙土＞栗钙土＞黑钙土＞草甸土＞灰漠土。其中沼泽土、潮土、灰钙土和栗钙土大于伊犁州直pH平均值8.23。

不同土壤类型pH值变异系数大小顺序为：草甸土＞灰漠土＞黑钙土＞灰钙土＞栗钙土＞潮土，6个不同土壤类型pH值空间变异性均不明显，其中草甸土、灰漠土和黑钙土大于伊犁州直pH值变异系数7.37%。

表6-2 伊犁州直不同土壤类型pH值统计

土壤类型	样点数（个）	平均值	标准差	变异系数（%）
草甸土	32	7.81	2.06	26.33
潮土	27	8.31	0.17	2.00
黑钙土	119	8.09	1.09	13.42
灰钙土	467	8.29	0.23	2.74
灰漠土	23	7.72	1.06	13.67
栗钙土	278	8.27	0.21	2.55
沼泽土	1	8.32	—	—
伊犁州直	947	8.23	0.61	7.37

二、土壤pH值分级与变化

（一）不同县市土壤pH值分级的空间分布

伊犁州直土壤pH呈酸性（＜6.5）的耕地面积共1.2千hm^2，占伊犁州直耕地面积的0.18%。其中，察布查尔县0.38千hm^2，占该评价区耕地面积的31.87%；巩留县0.32千hm^2，占该评价区耕地面积的26.36%；奎屯市0.28千hm^2，占该评价区耕地面积的23.06%；尼勒克县0.03千hm^2，占该评价区耕地面积的2.53%；特克斯县0.08千hm^2，占该评价区耕地面积的6.97%；新源县0.03千hm^2，占该评价区耕地面积的2.52%；伊宁市0.08千hm^2，占该评价区耕地面积的6.69%。详见表6-3。

伊犁州直土壤 pH 呈中性（6.5~7.5）的耕地面积共 1.86 千 hm^2，占伊犁州直耕地面积的 0.27%，在各县市均有分布。其中，察布查尔县 0.17 千 hm^2，占该评价区耕地面积的 8.91%；巩留县 0.24 千 hm^2，占该评价区耕地面积的 12.74%；霍城县 0.63 千 hm^2，占该评价区耕地面积的 34.11%；奎屯市 0.05 千 hm^2，占该评价区耕地面积的 2.55%；尼勒克县 0.35 千 hm^2，占该评价区耕地面积的 18.76%；特克斯县 0.25 千 hm^2，占该评价区耕地面积的 13.30%；新源县 0.004 7 千 hm^2，占该评价区耕地面积的 0.19%；伊宁市 0.10 千 hm^2，占该评价区耕地面积的 5.56%；伊宁县 0.01 千 hm^2，占该评价区耕地面积的 0.75%；昭苏县 0.06 千 hm^2，占该评价区耕地面积的 3.13%。详见表 6-3。

伊犁州直土壤 pH 呈微碱性（7.5~8.5）的耕地面积共 641.02 千 hm^2，占伊犁州直耕地面积的 94.05%，在各县市均有分布。其中，察布查尔县 113.74 千 hm^2，占该评价区耕地面积的 17.74%；巩留县 56.67 千 hm^2，占该评价区耕地面积的 8.84%；霍城县 92.13 千 hm^2，占该评价区耕地面积的 14.36%；奎屯市 30.43 千 hm^2，占该评价区耕地面积的 4.75%；尼勒克县 48.12 千 hm^2，占该评价区耕地面积的 7.51%；特克斯县 30.52 千 hm^2，占该评价区耕地面积的 4.76%；新源县 64.36 千 hm^2，占该评价区耕地面积的 10.04%；伊宁市 14.73 千 hm^2，占该评价区耕地面积的 2.30%；伊宁县 85.87 千 hm^2，占该评价区耕地面积的 13.40%；昭苏县 104.45 千 hm^2，占该评价区耕地面积的 16.30%。详见表 6-3。

伊犁州直土壤 pH 呈碱性（8.5~9.0）的耕地面积共 37.37 千 hm^2，占伊犁州直耕地面积的 5.48%，在各县市均有分布。其中，察布查尔县 5.39 千 hm^2，占该评价区耕地面积的 14.43%；巩留县 4.43 千 hm^2，占该评价区耕地面积的 11.86%；霍城县 1.51 千 hm^2，占该评价区耕地面积的 4.05%；奎屯市 0.85 千 hm^2，占该评价区耕地面积的 2.28%；尼勒克县 0.90 千 hm^2，占该评价区耕地面积的 2.43%；特克斯县 0.16 千 hm^2，占该评价区耕地面积的 0.42%；新源县 21.14 千 hm^2，占该评价区耕地面积的 56.55%；伊宁市 0.59 千 hm^2，占该评价区耕地面积的 1.56%；伊宁县 2.20 千 hm^2，占该评价区耕地面积的 5.90%；昭苏县 0.20 千 hm^2，占该评价区耕地面积的 0.53%。详见表 6-3。

伊犁州直土壤 pH 呈强碱性（>9.0）的耕地面积共 0.12 千 hm^2，占伊犁州直耕地面积的 0.02%，分别分布在察布查尔县和巩留县。其中，察布查尔县 0.03 千 hm^2，占该评价区耕地面积的 24.41%；巩留县 0.09 千 hm^2，占该评价区耕地面积的 75.59%。详见表 6-3。

表 6-3 伊犁州直不同县市土壤 pH 值分级面积统计

pH 值分级	<6.5 酸性		6.5~7.5 中性		7.5~8.5 微碱性		8.5~9.0 碱性		>9.0 强碱性	
县名称	面积（千 hm^2）	比例（%）	面积（千 hm^2）	比例（%）	面积（千 hm^2）	比例（%）	面积（千 hm^2）	比例（%）	面积（千 hm^2）	比例（%）
察布查尔县	0.38	31.87	0.17	8.91	113.74	17.74	5.39	14.43	0.03	24.41
巩留县	0.32	26.36	0.24	12.74	56.67	8.84	4.43	11.86	0.09	75.59

(续表)

pH值分级	<6.5酸性		6.5~7.5中性		7.5~8.5微碱性		8.5~9.0碱性		>9.0强碱性	
县名称	面积(千hm²)	比例(%)	面积(千hm²)	比例(%)	面积(千hm²)	比例(%)	面积(千hm²)	比例(%)	面积(千hm²)	比例(%)
霍城县	-	-	0.63	34.11	92.13	14.36	1.51	4.05	-	-
奎屯市	0.28	23.06	0.05	2.55	30.43	4.75	0.85	2.28	-	-
尼勒克县	0.03	2.53	0.35	18.76	48.12	7.51	0.90	2.43	-	-
特克斯县	0.08	6.97	0.25	13.30	30.52	4.76	0.16	0.42	-	-
新源县	0.03	2.52	0.0047	0.19	64.36	10.04	21.14	56.55	-	-
伊宁市	0.08	6.69	0.10	5.56	14.73	2.30	0.59	1.56	-	-
伊宁县	-	-	0.01	0.75	85.87	13.40	2.20	5.90	-	-
昭苏县	-	-	0.06	3.13	104.45	16.30	0.20	0.53	-	-
伊犁州直	1.20	0.18	1.86	0.27	641.02	94.05	37.37	5.48	0.12	0.02

（二）不同土壤类型pH值分级的空间分布

如表6-4所示，伊犁州直耕地土壤类型以灰钙土、栗钙土和黑钙土为主。其中，灰钙土pH分级值以微碱性（7.5~8.5）水平为主，合计面积250.39千hm²，占伊犁州直灰钙土面积的39.06%。第二大面积分布的土壤类型是栗钙土，其pH值分级值以微碱性（7.5~8.5）水平为主，合计面积116.47千hm²，占伊犁州直栗钙土面积的18.17%。黑钙土为第三大面积分布的土壤类型，其pH值分级值以微碱性（7.5~8.5）水平为主，面积为97.75千hm²，占伊犁州直黑钙土面积的15.25%。

从pH值分级情况来看，pH呈酸性（<6.5）的耕地土壤类型主要有灰钙土、草甸土和潮土，合计面积0.97千hm²，占酸性耕地土壤面积的80.83%。pH呈中性（6.5~7.5）的耕地土壤类型主要有灰钙土、栗钙土和潮土，合计面积1.57千hm²，占中性耕地土壤面积的84.41%。pH呈微碱性（7.5~8.5）耕地土壤类型主要有灰钙土、栗钙土和黑钙土，面积为464.61千hm²，占微碱性耕地土壤面积的72.45%。pH呈碱性（8.5~9.0）的耕地土壤类型主要有灰钙土、栗钙土和潮土，合计面积30.89千hm²，占碱性耕地土壤面积的82.68%。pH呈强碱性（>9.0）的耕地土壤类型主要有灰钙土、草甸土和潮土，合计面积0.12千hm²，占强碱性耕地土壤面积的100.00%。

表6-4 伊犁州直主要土壤类型pH值分级面积统计

pH分级	<6.5酸性		6.5~7.5中性		7.5~8.5微碱性		8.5~9.0碱性		>9.0强碱性	
土类	面积(千hm²)	比例(%)	面积(千hm²)	比例(%)	面积(千hm²)	比例(%)	面积(千hm²)	比例(%)	面积(千hm²)	比例(%)
草甸土	0.35	29.14	0.22	11.96	64.78	10.11	2.62	7.02	0.03	28.14
潮土	0.16	13.70	0.33	17.17	66.55	10.38	6.33	16.95	0.01	7.50

(续表)

pH 分级	<6.5 酸性		6.5~7.5 中性		7.5~8.5 微碱性		8.5~9.0 碱性		>9.0 强碱性	
土类	面积(千hm²)	比例(%)	面积(千hm²)	比例(%)	面积(千hm²)	比例(%)	面积(千hm²)	比例(%)	面积(千hm²)	比例(%)
风沙土	-	-	-	-	2.72	0.42	0.01	0.04	-	-
灌漠土	0.06	4.95	0.01	0.50	2.05	0.32	0.22	0.60	-	-
黑钙土	-	-	0.06	3.13	97.75	15.25	1.79	4.80	-	-
灰钙土	0.46	37.77	0.73	39.32	250.39	39.06	12.32	32.98	0.08	64.36
灰褐土	-	-	-	-	0.77	0.12	-	-	-	-
灰漠土	-	-	-	-	16.07	2.51	0.14	0.38	-	-
栗钙土	0.12	9.94	0.51	27.73	116.47	18.17	12.24	32.73	-	-
林灌草甸土	-	-	-	-	4.88	0.76	0.42	1.12	-	-
新积土	-	-	-	-	0.25	0.04	0.08	0.20	-	-
草甸盐土	-	-	-	-	1.84	0.29	0.63	1.67	-	-
沼泽土	0.05	4.50	0.003 5	0.19	16.51	2.57	0.56	1.51	-	-
伊犁州直	1.20	0.18	1.86	0.27	641.03	94.05	37.36	5.48	0.12	0.02

(三) 土壤 pH 值与耕地质量等级

如表 6-5 所示，伊犁州直高产（一、二、三等地为高产耕地，下文同）耕地合计面积 193.81 千 hm²，占伊犁州直耕地面积的 28.44%，其 pH 值分级值以微碱性（7.5~8.5）水平为主，合计面积 178.38 千 hm²，占伊犁州直高产耕地面积的 92.04%。伊犁州直中产（四、五、六等地为中产耕地，下文同）耕地合计面积 269.88 千 hm²，占伊犁州直耕地面积的 39.60%，其 pH 值分级值以微碱性（7.5~8.5）水平为主，合计面积 251.62 千 hm²，占伊犁州直中产耕地面积的 93.23%。伊犁州直低产（七、八、九、十等地为低产耕地，下文同）耕地合计面积 217.88 千 hm²，占伊犁州直耕地面积的 31.97%，其 pH 值分级值以微碱性（7.5~8.5）水平为主，合计面积 211.03 千 hm²，占伊犁州直低产耕地面积的 96.86%。

从十个等级的耕地 pH 值分级值面积分布情况来看，伊犁州直一等耕地 pH 值分级值以微碱性（7.5~8.5）水平为主，面积 62.24 千 hm²，占伊犁州直一等耕地面积的 91.35%，pH 值分级值呈酸性（<6.5）、中性（6.5~7.5）和碱性（8.5~9.0）的一等耕地占伊犁州直一等耕地面积比例分别为 0.19%、0.13% 和 8.32%；伊犁州直二等耕地 pH 值分级值以微碱性（7.5~8.5）水平为主，面积 66.42 千 hm²，占伊犁州直二等耕地面积的 94.33%，pH 分级值呈酸性（<6.5）、中性（6.5~7.5）、碱性（8.5~9.0）和强碱性（>9.0）的二等耕地占伊犁州直二等耕地面积比例分别为 0.26%、0.27%、5.04% 和 0.10%；伊犁州直三等耕地 pH 值分级值以微碱性（7.5~8.5）水平为主，面积 49.72 千 hm²，占伊犁州直三等耕地面积的 89.96%，pH 值分级值呈酸性（<6.5）、中性（6.5~7.5）和碱性（8.5~9.0）的三等耕地占伊犁州直三等耕地面积比例分别为 0.24%、0.38% 和 9.43%；伊犁州直四等耕地 pH 值分级值以微碱性（7.5~

8.5）水平为主，面积 67.87 千 hm^2，占伊犁州直四等耕地面积的 89.13%，pH 值分级值呈酸性（<6.5）、中性（6.5~7.5）、碱性（8.5~9.0）和强碱性（>9.0）的四等耕地占伊犁州直四等耕地面积比例分别为 0.21%、0.42%、10.22% 和 0.026%；伊犁州直五等耕地 pH 值分级值以微碱性（7.5~8.5）水平为主，面积 124.38 千 hm^2，占伊犁州直五等耕地面积的 94.43%，pH 值分级值呈酸性（<6.5）、中性（6.5~7.5）和碱性（8.5~9.0）的五等耕地占伊犁州直五等耕地面积比例分别为 0.16%、0.43% 和 4.98%；伊犁州直六等耕地 pH 值分级值以微碱性（7.5~8.5）水平为主，面积 59.37 千 hm^2，占伊犁州直六等耕地面积的 95.74%，pH 值分级值呈酸性（<6.5）、中性（6.5~7.5）和碱性（8.5~9.0）的六等耕地占伊犁州直六等耕地面积比例分别为 0.10%、0.10% 和 4.6%；伊犁州直七等耕地 pH 值分级值以微碱性（7.5~8.5）水平为主，面积 102.56 千 hm^2，占伊犁州直七等耕地面积的 97.14%，pH 值分级值呈酸性（<6.5）、中性（6.5~7.5）和碱性（8.5~9.0）的七等耕地占伊犁州直七等耕地面积比例分别为 0.14%、0.37% 和 2.35%；伊犁州直八等耕地 pH 值分级值以微碱性（7.5~8.5）水平为主，面积 67.80 千 hm^2，占伊犁州直八等耕地面积的 97.22%，pH 值分级值呈酸性（<6.5）、碱性（8.5~9.0）和强碱性（>9.0）的八等耕地占伊犁州直八等耕地面积比例分别为 0.14%、2.60% 和 0.04%；伊犁州直九等耕地 pH 分级值以微碱性（7.5~8.5）水平为主，面积 21.71 千 hm^2，占伊犁州直九等耕地面积的 96.40%，pH 值分级值呈酸性（<6.5）和碱性（8.5~9.0）的九等耕地占伊犁州直九等耕地面积比例分别为 0.22% 和 3.37%；伊犁州直十等耕地 pH 值分级值以微碱性（7.5~8.5）水平为主，面积 18.96 千 hm^2，占伊犁州直十等耕地面积的 94.66%，pH 分级值呈酸性（<6.5）、中性（6.5~7.5）和碱性（8.5~9.0）的十等耕地占伊犁州直十等耕地面积比例分别为 0.15%、0.10% 和 5.09%。

根据表 6-5，伊犁州直 pH 分级值呈酸性（<6.5）的耕地集中在二等和五等之间，最大面积是中性五等耕地，面积为 0.21 千 hm^2，占伊犁州直酸性（<6.5）耕地面积的 17.47%。pH 分级值呈中性（6.5~7.5）的耕地集中在五等和七等之间，最大面积是中性五等耕地，面积为 0.57 千 hm^2，占伊犁州直中性（6.5~7.5）耕地面积的 30.69%。pH 值分级值呈微碱性（7.5~8.5）的耕地集中在五等和七等之间，面积最大的是五等耕地，面积为 124.38 千 hm^2，占伊犁州直微碱性（7.5~8.5）耕地面积的 19.39%。pH 值分级值呈碱性（8.5~9.0）的耕地集中在四等至五等之间，面积最大的是四等耕地，面积为 7.78 千 hm^2，占伊犁州直碱性（8.5~9.0）耕地面积的 20.82%。pH 值分级值呈强碱性（>9.0）的耕地集中在二等和八等之间，面积最大的是二等耕地，面积为 0.07 千 hm^2，占伊犁州直强碱性（>9.0）耕地面积的 58.33%。

表 6-5　伊犁州直不同耕地质量等级 pH 值分级面积统计

pH 值分级	<6.5 酸性		6.5~7.5 中性		7.5~8.5 微碱性		8.5~9.0 碱性		>9.0 强碱性	
质量等级	面积（千 hm^2）	比例（%）	面积（千 hm^2）	比例（%）	面积（千 hm^2）	比例（%）	面积（千 hm^2）	比例（%）	面积（千 hm^2）	比例（%）
一等地	0.13	10.84	0.09	4.85	62.24	9.71	5.67	15.18	-	-

（续表）

pH值分级	<6.5 酸性		6.5~7.5 中性		7.5~8.5 微碱性		8.5~9.0 碱性		>9.0 强碱性	
质量等级	面积(千hm²)	比例(%)	面积(千hm²)	比例(%)	面积(千hm²)	比例(%)	面积(千hm²)	比例(%)	面积(千hm²)	比例(%)
二等地	0.18	15.00	0.19	10.23	66.42	10.36	3.55	9.50	0.07	58.33
三等地	0.13	10.83	0.21	11.31	49.72	7.76	5.21	13.95	-	-
四等地	0.16	13.33	0.32	17.23	67.87	10.59	7.78	20.82	0.02	16.67
五等地	0.21	17.5	0.57	30.69	124.38	19.40	6.56	17.56	-	-
六等地	0.06	5.00	0.06	3.23	59.37	9.26	2.52	6.75	-	-
七等地	0.15	12.5	0.39	21.00	102.56	16.00	2.48	6.64	-	-
八等地	0.10	8.33	0.003	0.16	67.80	10.58	1.81	4.84	0.03	25
九等地	0.05	4.17	0.004	0.22	21.71	3.39	0.76	2.03	-	-
十等地	0.03	2.50	0.02	1.08	18.96	2.96	1.02	2.73	-	-

第二节 灌排能力

灌排能力包括灌溉能力和排涝能力，涉及灌排设施、灌排技术和灌排方式等。新疆是绿洲灌溉农业，降水量少，灌溉保证率与水源条件、灌溉方式有关。排水能力是排出农田多余的地表水和地下水的能力，排水能力是控制地表径流以消除内涝，压盐、洗盐、治理盐碱，控制地下水以防治土壤次生盐渍化，排水能力在盐碱化区域非常重要，排水能力的强弱直接影响着土壤盐渍化程度。

一、灌排能力分布情况

伊犁州直灌溉能力和排水能力充分满足的耕地面积分别为 112.86 千 hm² 和 41.18 千 hm²，满足的耕地面积分别为 121.98 千 hm² 和 245.40 千 hm²，基本满足的耕地面积分别为 208.30 千 hm² 和 253.80 千 hm²，不满足的耕地面积分别为 238.43 千 hm² 和 141.19 千 hm²。

（一）不同县市灌溉能力

如表 6-6 所示，伊犁州直灌溉能力充分满足的耕地面积共 112.86 千 hm²，占伊犁州直耕地面积的 16.56%，主要分布在巩留县，面积 31.92 千 hm²，占伊犁州直灌溉能力充分满足耕地面积的 28.28%。察布查尔县灌溉能力充分满足耕地面积共计 13.08 千 hm²，占该评价区耕地面积的 10.93%；霍城县灌溉能力充分满足耕地面积共计 16.65 千 hm²，占该评价区耕地面积的 17.66%；奎屯市灌溉能力充分满足耕地面积共计 0.64 千 hm²，占该评价区耕地面积的 2.02%；尼勒克县灌溉能力充分满足耕地面积共计 4.66

千 hm^2，占该评价区耕地面积的 9.43%；特克斯县灌溉能力充分满足耕地面积共计 5.09 千 hm^2，占该评价区耕地面积的 16.42%。新源县灌溉能力充分满足耕地面积共计 15.88 千 hm^2，占该评价区耕地面积的 18.57%；伊宁市灌溉能力充分满足耕地面积共计 0.73 千 hm^2，占该评价区耕地面积的 4.71%。伊宁县灌溉能力充分满足耕地面积共计 24.20 千 hm^2，占该评价区耕地面积的 27.47%。

如表 6-6 所示，伊犁州直灌溉能力满足的耕地面积共 121.98 千 hm^2，占伊犁州直耕地面积的 17.90%，主要分布在新源县，面积 30.75 千 hm^2，占伊犁州直灌溉能力满足耕地面积的 25.21%。察布查尔县灌溉能力满足耕地面积共计 28.84 千 hm^2，占该评价区耕地面积的 24.09%；巩留县灌溉能力满足耕地面积共计 5.30 千 hm^2，占该评价区耕地面积的 8.58%；霍城县灌溉能力满足耕地面积共计 12.56 千 hm^2，占该评价区耕地面积的 13.32%；奎屯市灌溉能力满足耕地面积共计 7.69 千 hm^2，占该评价区耕地面积的 24.32%；尼勒克县灌溉能力满足耕地面积共计 21.46 千 hm^2，占该评价区耕地面积的 43.44%；特克斯县灌溉能力满足耕地面积共计 5.82 千 hm^2，占该评价区耕地面积的 18.77%；伊宁市灌溉能力满足耕地面积共计 1.77 千 hm^2，占该评价区耕地面积的 11.43%；伊宁县灌溉能力满足耕地面积共计 4.06 千 hm^2，占该评价区耕地面积的 4.61%；昭苏县灌溉能力满足耕地面积共计 3.73 千 hm^2，占该评价区耕地面积的 3.56%。

如表 6-6 所示，伊犁州直灌溉能力基本满足的耕地面积共 208.3 千 hm^2，占伊犁州直耕地面积的 30.56%，主要分布在察布查尔县，面积 60.57 千 hm^2，占伊犁州直灌溉能力基本满足耕地面积的 29.08%。巩留县灌溉能力基本满足耕地面积共计 14.38 千 hm^2，占该评价区耕地面积的 23.29%；霍城县灌溉能力基本满足耕地面积共计 39.00 千 hm^2，占该评价区耕地面积的 41.37%；奎屯市灌溉能力基本满足耕地面积共计 2.4 千 hm^2，占该评价区耕地面积的 7.59%；尼勒克县灌溉能力基本满足耕地面积共计 2.21 千 hm^2，占该评价区耕地面积的 4.47%；特克斯县灌溉能力基本满足耕地面积共计 17.41 千 hm^2，占该评价区耕地面积的 56.16%；新源县灌溉能力基本满足耕地面积共计 37.82 千 hm^2，占该评价区耕地面积的 44.22%；伊宁市灌溉能力基本满足耕地面积共计 4.57 千 hm^2，占该评价区耕地面积的 29.50%；伊宁县灌溉能力基本满足耕地面积共计 8.92 千 hm^2，占该评价区耕地面积的 10.13%；昭苏县灌溉能力基本满足耕地面积共计 21.02 千 hm^2，占该评价区耕地面积的 20.07%。

如表 6-6 所示，伊犁州直灌溉能力不满足的耕地面积共 238.43 千 hm^2，占伊犁州直耕地面积的 34.98%，主要分布在昭苏县，面积 79.97 千 hm^2，占伊犁州直灌溉能力不满足耕地面积的 33.54%。察布查尔县灌溉能力不满足耕地面积共计 17.22 千 hm^2，占该评价区耕地面积的 14.38%；巩留县灌溉能力不满足耕地面积共计 10.15 千 hm^2，占该评价区耕地面积的 16.44%；霍城县灌溉能力不满足耕地面积共计 26.05 千 hm^2，占该评价区耕地面积的 27.64%；奎屯市灌溉能力不满足耕地面积共计 20.89 千 hm^2，占该评价区耕地面积的 66.07%；尼勒克县灌溉能力不满足耕地面积共计 21.07 千 hm^2，占该评价区耕地面积的 42.65%；特克斯县灌溉能力不满足耕地面积共计 2.68 千 hm^2，占该评价区耕地面积的 8.65%；新源县灌溉能力不满足耕地面积共计 1.07 千 hm^2，占该评价区耕地面积的1.25%；伊宁市灌溉能力不满足耕地面积共计8.42千hm²，占该评价区耕地面积的54.36%；伊宁县灌溉能力不满足耕地面积共计50.91千hm²，占该评价区耕地面积的57.79%。

（二）不同县市排水能力

如表6-6所示，伊犁州直排水能力充分满足的耕地面积共41.18千hm²，占伊犁州直耕地面积的6.04%，主要分布在新源县，面积16.85千hm²，占伊犁州直排水能力充分满足耕地面积的40.92%。察布查尔县排水能力充分满足耕地面积共计2.09千hm²，占该评价区耕地面积的1.75%；巩留县排水能力充分满足耕地面积共计0.05千hm²，占该评价区耕地面积的0.08%；霍城县排水能力充分满足耕地面积共计1.36千hm²，占该评价区耕地面积的1.44%；奎屯市排水能力充分满足耕地面积共计0.80千hm²，占该评价区耕地面积的2.53%；尼勒克县排水能力充分满足耕地面积共计5.84千hm²，占该评价区耕地面积的11.82%；特克斯县排水能力充分满足耕地面积共计13.93千hm²，占该评价区耕地面积的44.94%；伊宁市排水能力充分满足耕地面积共计0.26千hm²，占该评价区耕地面积的1.68%。

如表6-6所示，伊犁州直排水能力满足的耕地面积共245.40千hm²，占伊犁州直耕地面积的36.01%，主要分布在察布查尔县，面积共计65.04千hm²，占伊犁州直排水能力满足耕地面积的26.50%。巩留县排水能力满足耕地面积共计35.67千hm²，占该评价区耕地面积的57.78%；霍城县排水能力满足耕地面积共计23.95千hm²，占该评价区耕地面积的25.41%；奎屯市排水能力满足耕地面积共计7.09千hm²，占该评价区耕地面积的22.42%；尼勒克县排水能力满足耕地面积共计41.26千hm²，占该评价区耕地面积的83.52%；特克斯县排水能力满足耕地面积共计5.00千hm²，占该评价区耕地面积的16.13%；新源县排水能力满足耕地面积共计30.96千hm²，占该评价区耕地面积的36.20%；伊宁市排水能力满足耕地面积共计2.79千hm²，占该评价区耕地面积的18.01%；伊宁县排水能力满足耕地面积共计29.91千hm²，占该评价区耕地面积的33.95%；昭苏县排水能力满足耕地面积共计3.73千hm²，占该评价区耕地面积的3.56%。

如表6-6所示，伊犁州直排水能力基本满足的耕地面积共253.80千hm²，占伊犁州直耕地面积的37.24%，主要分布在霍城县，面积53.56千hm²，占伊犁州直排水能力基本满足耕地面积的21.10%。察布查尔县排水能力基本满足耕地面积共计42.49千hm²，占该评价区耕地面积的35.49%；巩留县排水能力基本满足耕地面积共计24.53千hm²，占该评价区耕地面积的39.72%；奎屯市排水能力基本满足耕地面积共计23.55千hm²，占该评价区耕地面积的74.48%；尼勒克县排水能力基本满足耕地面积共计2.29千hm²，占该评价区耕地面积的4.64%；特克斯县排水能力基本满足耕地面积共计11.82千hm²，占该评价区耕地面积的38.13%；新源县排水能力基本满足耕地面积共计37.04千hm²，占该评价区耕地面积的43.31%；伊宁市排水能力基本满足耕地面积共计10.09千hm²，占该评价区耕地面积的65.14%；伊宁县排水能力基本满足耕地面积共计37.16千hm²，占该评价区耕地面积的42.18%；昭苏县排水能力基本满足耕地面积共计 11.27 千 hm^2，占该评价区耕地面积的 10.76%。

如表 6-6 所示，伊犁州直排水能力不满足的耕地面积共 141.19 千 hm^2，占伊犁州直耕地面积的 20.71%，主要分布在昭苏县，面积 89.71 千 hm^2，占伊犁州直排水能力不满足耕地面积的 63.54%。察布查尔县排水能力不满足耕地面积共计 10.10 千 hm^2，占该评价区耕地面积的 8.44%；巩留县排水能力不满足耕地面积共计 1.49 千 hm^2，占该评价区耕地面积的 2.41%；霍城县排水能力不满足耕地面积共计 15.42 千 hm^2，占该评价区耕地面积的 16.36%；奎屯市排水能力不满足耕地面积共计 0.17 千 hm^2，占该评价区耕地面积的 5.38%；特克斯县排水能力不满足耕地面积共计 0.26 千 hm^2，占该评价区耕地面积的 8.39%；新源县排水能力不满足耕地面积共计 0.68 千 hm^2，占该评价区耕地面积的 7.95%；伊宁市排水能力不满足耕地面积共计 2.35 千 hm^2，占该评价区耕地面积的 15.17%；伊宁县排水能力不满足耕地面积共计 21.01 千 hm^2，占该评价区耕地面积的 23.85%。

表 6-6　伊犁州直不同县耕地灌排能力面积分布　　　　　　　　　　（千 hm^2）

县市	不同灌溉能力面积				不同排水能力面积			
	充分满足	满足	基本满足	不满足	充分满足	满足	基本满足	不满足
察布查尔县	13.08	28.84	60.57	17.22	2.09	65.04	42.49	10.10
巩留县	31.92	5.30	14.38	10.15	0.05	35.67	24.53	1.49
霍城县	16.65	12.56	39.00	26.05	1.36	23.95	53.56	15.42
奎屯市	0.64	7.69	2.40	20.89	0.80	7.09	23.55	0.17
尼勒克县	4.66	21.46	2.21	21.07	5.84	41.26	2.29	-
特克斯县	5.09	5.82	17.41	2.68	13.93	5.00	11.82	0.26
新源县	15.88	30.75	37.82	1.07	16.85	30.96	37.04	0.68
伊宁市	0.73	1.77	4.57	8.42	0.26	2.79	10.09	2.35
伊宁县	24.20	4.06	8.92	50.91	-	29.91	37.16	21.01
昭苏县	-	3.73	21.02	79.97	-	3.73	11.27	89.71
伊犁州直	112.86	121.98	208.30	238.43	41.18	245.40	253.80	141.19

二、耕地主要土壤类型灌排能力

根据表 6-7 可以得到，伊犁州直灌溉能力处于充分满足水平的耕地面积最大为灰钙土，面积为 53.06 千 hm^2，占灰钙土面积的 20.10%；另外还有部分土类灌溉能力处于充分满足水平，如草甸土、潮土、风沙土、灌漠土、黑钙土、灰褐土、栗钙土、林灌草甸土、新积土、草甸盐土、沼泽土等，分别占各自土类面积的 23.12%、20.06%、1.10%、5.98%、2.62%、1.30%、15.24%、32.64%、33.33%、5.28% 和 28.56%。灌溉能力处于满足水平的耕地面积最大为灰钙土，面积为37.52千hm^2，占灰钙土面积的14.21%；另外还有部分土类灌溉能力处于满足水平，草甸土、潮土、风沙土、灌漠土、黑钙土、栗钙土、林灌草甸土、新积土、草甸盐土、沼泽土等，分别占各自土类面积的21.41%、19.86%、6.23%、30.77%、11.01%、94.81%、28.32%、40.38%、12.12%、54.47%和15.07%。灌溉能力处于基本满足水平的耕地面积最大为灰钙土，面积为85.34千hm^2，占灰钙土面积的32.33%；另外还有部分土类灌溉能力处于基本满足水平，如草甸土、潮土、风沙土、灌漠土、黑钙土、灰褐土、栗钙土、林灌草甸土、新积土、草甸盐土、沼泽土等，分别占各自土类面积的35.03%、39.37%、49.82%、57.69%、24.28%、3.90%、28.23%、25.28%、30.30%、40.24%和25.53%。灌溉能力处于不满足水平的耕地面积最大为灰钙土，面积为88.05千hm^2，占灰钙土面积的33.36%；另外还有部分土类灌溉能力处于不满足水平，如草甸土、潮土、风沙土、灌漠土、黑钙土、灰漠土、栗钙土、林灌草甸土、新积土、沼泽土等，分别占各自土类面积的20.44%、20.71%、42.86%、5.56%、62.09%、100.00%、28.21%、1.70%、24.24%和30.84%。

伊犁州直排水能力处于充分满足水平的耕地面积最大为栗钙土，面积为24.11千hm^2，占栗钙土面积的18.64%；另外还有部分土类排水能力处于充分满足水平，如草甸土、潮土、风沙土、灌漠土、黑钙土、灰钙土、灰褐土、林灌草甸土、新积土、草甸盐土、沼泽土等，分别占各自土类面积的2.74%、6.16%、0.37%、5.98%、4.07%、1.25%、1.30%、37.17%、21.21%、5.28%和6.02%。排水能力处于满足水平的耕地面积最大为灰钙土，面积为108.54千hm^2，占灰钙土面积的41.12%；另外还有部分土类排水能力处于满足水平，如草甸土、潮土、风沙土、灌漠土、黑钙土、灰褐土、栗钙土、林灌草甸土、新积土、草甸盐土、沼泽土等，分别占各自土类面积的49.50%、38.16%、2.56%、25.64%、11.87%、94.81%、40.28%、27.92%、24.24%、54.47%和40.83%。排水能力处于基本满足水平的耕地面积最大为灰钙土，面积为117.34千hm^2，占灰钙土面积的44.45%；另外还有部分土类排水能力处于基本满足水平，如草甸土、潮土、风沙土、灌漠土、黑钙土、灰褐土、灰漠土、栗钙土、林灌草甸土、新积土、草甸盐土、沼泽土等，分别占各自土类面积的37.88%、47.41%、68.50%、64.53%、18.22%、3.90%、100.00%、24.57%、29.81%、30.30%、40.24%和21.67%。排水能力处于不满足水平的耕地面积最大为黑钙土，面积为65.58千hm^2，占黑钙土面积的65.84%；另外还有部分土类排水能力处于不满足水平，如草甸土、潮土、风沙土、灌漠土、灰钙土、栗钙土、林灌草甸土、新积土、沼泽土等，分别占各自土类面积的9.90%、8.27%、28.94%、4.27%、13.18%、16.52%、5.09%、24.24%和31.60%。

表6-7 伊犁州直耕地主要土壤类型灌排能力面积分布 （千hm^2）

土类	不同灌溉能力面积				不同排水能力面积			
	充分满足	满足	基本满足	不满足	充分满足	满足	基本满足	不满足
草甸土	15.72	14.56	23.82	13.90	1.86	33.66	25.76	6.73

（续表）

土类	不同灌溉能力面积				不同排水能力面积			
	充分满足	满足	基本满足	不满足	充分满足	满足	基本满足	不满足
潮土	14.72	14.57	28.89	15.20	4.52	28.00	34.79	6.07
风沙土	0.03	0.17	1.36	1.17	0.01	0.07	1.87	0.79
灌漠土	0.14	0.72	1.35	0.13	0.14	0.60	1.51	0.10
黑钙土	2.61	10.98	24.19	61.84	4.05	11.82	18.15	65.58
灰钙土	53.06	37.52	85.34	88.05	3.28	108.54	117.34	34.79
灰褐土	0.01	0.73	0.03	-	0.01	0.73	0.03	-
灰漠土	-	-	-	16.21	-	-	16.21	-
栗钙土	19.71	36.63	36.52	36.48	24.11	52.09	31.76	21.37
林灌草甸土	1.73	2.14	1.34	0.09	1.97	1.48	1.58	0.27
新积土	0.11	0.04	0.10	0.08	0.07	0.08	0.10	0.08
草甸盐土	0.13	1.34	0.99	-	0.13	1.34	0.99	-
沼泽土	4.89	2.58	4.37	5.28	1.03	6.99	3.71	5.41
伊犁州直	112.86	121.98	208.30	238.43	41.18	245.40	253.80	141.19

第三节 有效土层厚度

一、土壤有效土层厚度分布情况

伊犁州直平均有效土层厚度为 97.46cm，不同县市看，尼勒克县耕地有效土层厚度最厚，平均达 113.55cm；其下依次是新源县、昭苏县、巩留县、伊宁市、伊宁县、霍城县，均在 100cm 左右，奎屯市和察布查尔县在 90cm 左右，特克斯县平均有效土层厚度最小，为 75cm。详见图 6-1。

二、土壤有效土层厚度分级

如表 6-8 所示，伊犁州直有效土层厚度大于 100cm 的耕地面积共 459.25 千 hm^2，占伊犁州直耕地面积的 67.38%，在各县市均有分布。其中，察布查尔县评价区 69.40 千 hm^2，占该评价区耕地面积的 57.98%；昭苏县评价区 67.95 千 hm^2，占该评价区耕地面积的 64.89%；伊宁县评价区 65.03 千 hm^2，占该评价区耕地面积的 73.82%；伊宁市评价区 11.20hm^2，占该评价区耕地面积的 72.30%；新源县评价区 49.53 千 hm^2，占该评价区耕地面积的 57.92%；特克斯县评价区 4.06 千 hm^2，占该评价区耕地面积的

第六章 其他指标

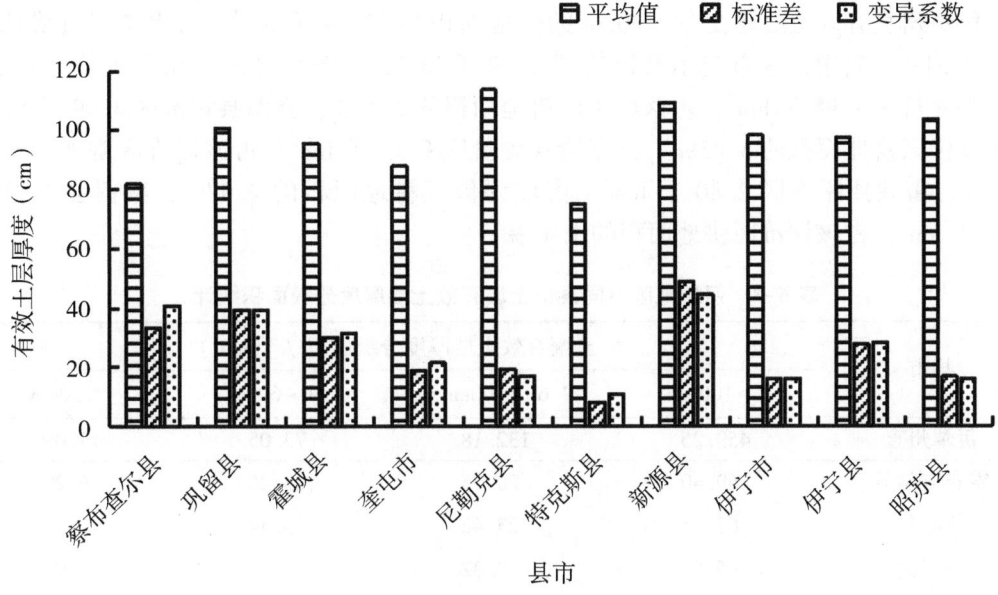

图 6-1 不同县市土壤有效土层分布

13.09%；尼勒克县评价区 44.21 千 hm², 占该评价区耕地面积的 89.49%；霍城县评价区 64.92 千 hm², 占该评价区耕地面积的 68.87%；巩留县评价区 56.31 千 hm², 占该评价区耕地面积的 91.19%；奎屯市评价区 26.64 千 hm², 占该评价区耕地面积的 84.28%。

伊犁州直有效土层厚度在 60~100cm 的耕地面积共 132.18 千 hm², 占伊犁州直耕地面积的 19.39%。其中, 察布查尔县评价区 20.75 千 hm², 占该评价区耕地面积的 17.34%；昭苏县评价区 27.42 千 hm², 占该评价区耕地面积的 26.19%；伊宁县评价区 13.32 千 hm², 占该评价区耕地面积的 16.30%；伊宁市评价区 2.66hm², 占该评价区耕地面积的 17.17%；新源县评价区 13.95 千 hm², 占该评价区耕地面积的 16.30%；特克斯县评价区 25.93 千 hm², 占该评价区耕地面积的 83.62%；尼勒克县评价区 3.18 千 hm², 占该评价区耕地面积的 6.44%；霍城县评价区 19.31 千 hm², 占该评价区耕地面积的 20.48%；巩留县评价区 1.64 千 hm², 占该评价区耕地面积的 2.66%；奎屯市评价区 4.02 千 hm², 占该评价区耕地面积的 12.72%。

伊犁州直有效土层厚度在 30~60cm 的耕地面积共 73.05 千 hm², 占伊犁州直耕地面积的 10.72%。其中, 察布查尔县评价区 23.26 千 hm², 占该评价区耕地面积的 19.43%；昭苏县评价区 9.34 千 hm², 占该评价区耕地面积的 8.92%；伊宁县评价区 7.76 千 hm², 占该评价区耕地面积的 8.81%；伊宁市评价区 1.63hm², 占该评价区耕地面积的 10.52%；新源县评价区 17.06 千 hm², 占该评价区耕地面积的 19.95%；特克斯县评价区 0.9 千 hm², 占该评价区耕地面积的 2.90%；尼勒克县评价区 2.01 千 hm², 占该评价区耕地面积的 4.07%；霍城县评价区 7.25 千 hm², 占该评价区耕地面积的 7.68%；巩留县评价区 2.89 千 hm², 占该评价区耕地面积的 4.68%；奎屯市评价区

0.95 千 hm²，占该评价区耕地面积的 3.01%。

伊犁州直有效土层厚度在＜30cm 的耕地面积共 17.09 千 hm²，占伊犁州直耕地面积的 2.51%。其中，察布查尔县评价区 6.29 千 hm²，占该评价区耕地面积的 5.25%；伊宁县评价区 1.98 千 hm²，占该评价区耕地面积的 2.25%；新源县评价区 4.99 千 hm²，占该评价区耕地面积的 5.83%；特克斯县评价区 0.12 千 hm²，占该评价区耕地面积的 0.39%；霍城县评价区 2.80 千 hm²，占该评价区耕地面积的 2.97%；巩留县评价区 0.91 千 hm²，占该评价区耕地面积的 1.47%。

表 6-8 伊犁地区不同县市土壤有效土层厚度分级面积统计

县市	土壤有效土层厚度分级面积（千 hm²）			
	＞100cm	60~100cm	30~60cm	＜30cm
伊犁州直	459.25	132.18	73.05	17.09
察布查尔县	69.40	20.75	23.26	6.29
昭苏县	67.95	27.42	9.34	-
伊宁县	65.03	13.32	7.76	1.98
伊宁市	11.20	2.66	1.63	-
新源县	49.53	13.95	17.06	4.99
特克斯县	4.06	25.93	0.9	0.12
尼勒克县	44.21	3.18	2.01	-
霍城县	64.92	19.31	7.25	2.80
巩留县	56.31	1.64	2.89	0.91
奎屯市	26.64	4.02	0.95	-

三、耕地主要土壤类型有效土层厚度

如表 6-9，伊犁州直有效土层厚度大于 100cm 的耕地土壤类型主要有灰钙土、黑钙土和栗钙土，合计面积 320.81 千 hm²，占伊犁州直在该厚度耕地面积的 69.86%；伊犁州直有效土层厚度在 60~100cm 的耕地土壤类型主要有灰钙土、栗钙土和黑钙土，合计面积 108.91 千 hm²，占伊犁州直在该厚度耕地面积的 82.40%；伊犁州直有效土层厚度在 30~60cm 的耕地土壤类型主要为灰钙土、栗钙土和草甸土，面积 48.76 千 hm²，占伊犁州直在该厚度耕地面积的 66.74%；伊犁州直有效土层厚度小于 30cm 的耕地土壤类型主要为灰钙土，面积 11.07 千 hm²，占伊犁州直在该厚度耕地面积的 64.78%。

表 6-9 伊犁州直耕地主要土壤类型有效土层厚度面积分布

土类	土壤有效土层厚度分级面积（千 hm²）			
	＞100cm	60~100cm	30~60cm	＜30cm
伊犁州直	459.25	132.18	73.05	17.09

(续表)

土类	土壤有效土层厚度分级面积（千 hm²）			
	>100cm	60~100cm	30~60cm	<30cm
灰钙土	185.74	47.43	19.74	11.07
栗钙土	66.32	44.71	14.38	3.93
沼泽土	8.68	4.40	4.04	—
潮土	57.67	11.77	3.94	—
草甸土	48.20	5.18	14.64	—
风沙土	2.57	0.17	—	—
黑钙土	68.75	16.77	13.24	0.85
林灌草甸土	0.42	0.56	3.07	1.25
灌漠土	1.13	1.21	—	—
草甸盐土	2.46	—	—	—
灰褐土	0.77	—	—	—
新积土	0.32	—	—	—
灰漠土	16.21	—	—	—

第四节　剖面土体构型

一、剖面土体构型各县市分布情况

如表6-10所示，伊犁州直薄层型耕地面积共57.77千hm²，占伊犁州直耕地面积的8.48%，主要分布在察布查尔县，其县评价区薄层型耕地面积共计19.03千hm²，占伊犁州直薄层型耕地面积的32.94%；昭苏县评价区薄层型耕地面积共计10.64千hm²，占该评价区耕地面积的10.16%；伊宁县评价区薄层型耕地面积共计4.19千hm²，占该评价区耕地面积的4.76%；伊宁市评价区薄层型耕地面积共计1.62千hm²，占该评价区耕地面积的10.45%；新源县评价区薄层型耕地面积共计8.89千hm²，占该评价区耕地面积的10.39%；特克斯县评价区薄层型耕地面积共计0.37千hm²，占该评价区耕地面积的1.19%；尼勒克县评价区薄层型耕地面积共计1.02千hm²，占该评价区耕地面积的2.06%；霍城县评价区薄层型耕地面积共计10.04千hm²，占该评价区耕地面积的10.65%；巩留县评价区薄层型耕地面积共计1.02千hm²，占该评价区耕地面积的1.65%；奎屯市评价区薄层型耕地面积共计0.95千hm²，占该评价区耕地面积的3.01%。

如表6-10所示，伊犁州直海绵型耕地面积共416.70千hm²，占伊犁州直耕地面积的 61.14%，主要分布在昭苏县，评价区海绵型耕地面积共计 81.28 千 hm^2，占伊犁州直海绵型耕地面积的 19.51%。察布查尔县评价区海绵型耕地面积共计 59.98 千 hm^2，占该评价区耕地面积的 50.10%；伊宁县评价区海绵型耕地面积共计 46.97 千 hm^2，占该评价区耕地面积的 53.33%；伊宁市评价区海绵型耕地面积共计 10.08 千 hm^2，占该评价区耕地面积的 65.03%；新源县评价区海绵型耕地面积共计 48.10 千 hm^2，占该评价区耕地面积的 56.24%；特克斯县评价区海绵型耕地面积共计 2.84 千 hm^2，占该评价区耕地面积的 9.16%；尼勒克县评价区海绵型耕地面积共计 37.64 千 hm^2，占该评价区耕地面积的 76.19%；霍城县评价区海绵型耕地面积共计 52.35 千 hm^2，占该评价区耕地面积的 55.53%；巩留县评价区海绵型耕地面积共计 47.66 千 hm^2，占该评价区耕地面积的 77.18%；奎屯市评价区海绵型耕地面积共计 29.80 千 hm^2，占该评价区耕地面积的 94.27%。

如表 6-10 所示，伊犁州直夹层型耕地面积共 12.85 千 hm^2，占伊犁州直耕地面积的 1.89%，主要分布在昭苏县，评价区夹层型耕地面积共计 3.42 千 hm^2，占伊犁州直夹层型耕地面积的 26.61%。察布查尔县评价区夹层型耕地面积共计 0.02 千 hm^2，占该评价区耕地面积的 0.02%；伊宁县评价区夹层型耕地面积共计 1.68 千 hm^2，占该评价区耕地面积的 1.91%；伊宁市评价区夹层型耕地面积共计 1.48 千 hm^2，占该评价区耕地面积的 9.55%；新源县评价区夹层型耕地面积共计 0.43 千 hm^2，占该评价区耕地面积的 0.50%；尼勒克县评价区夹层型耕地面积共计 1.55 千 hm^2，占该评价区耕地面积的 3.14%；霍城县评价区夹层型耕地面积共计 1.62 千 hm^2，占该评价区耕地面积的 1.72%；巩留县评价区夹层型耕地面积共计 2.21 千 hm^2，占该评价区耕地面积的 3.58%；奎屯市评价区夹层型耕地面积共计 0.44 千 hm^2，占该评价区耕地面积的 1.39%。

如表 6-10 所示，伊犁州直紧实型耕地面积共 28.44 千 hm^2，占伊犁州直耕地面积的 4.17%，主要分布在伊宁县，评价区紧实型耕地面积共计 14.46 千 hm^2，占伊犁州直紧实型耕地面积的 50.83%。察布查尔县评价区紧实型耕地面积共计 3.82 千 hm^2，占该评价区耕地面积的 3.19%；昭苏县评价区紧实型耕地面积共计 1.83 千 hm^2，占该评价区耕地面积的 1.75%；伊宁市评价区紧实型耕地面积共计 0.99 千 hm^2，占该评价区耕地面积的 6.39%；新源县评价区紧实型耕地面积共计 1.09 千 hm^2，占该评价区耕地面积的 1.27%；特克斯县评价区紧实型耕地面积共计 0.15 千 hm^2，占该评价区耕地面积的 0.48%；尼勒克县评价区紧实型耕地面积共计 0.39 千 hm^2，占该评价区耕地面积的 0.79%；霍城县评价区紧实型耕地面积共计 5.68 千 hm^2，占该评价区耕地面积的 6.03%；巩留县评价区紧实型耕地面积共计 0.03 千 hm^2，占该评价区耕地面积的 0.05%。

如表 6-10 所示，伊犁州直上紧下松型耕地面积共 129.87 千 hm^2，占伊犁州直耕地面积的 19.05%，主要分布在特克斯县，评价区上紧下松型耕地面积共计 26.58 千 hm^2，占伊犁州直上紧下松型耕地面积的 20.47%。察布查尔县评价区上紧下松型耕地面积共计 25.70 千 hm^2，占该评价区耕地面积的 21.47%；昭苏县评价区上紧下松型耕地面积共计 7.54 千 hm^2，占该评价区耕地面积的 7.20%；伊宁县评价区上紧下松型耕地面积共计 18.69 千 hm²，占该评价区耕地面积的 21.22%；伊宁市评价区上紧下松型耕地面积共计 0.90 千 hm²，占该评价区耕地面积的 5.81%；新源县评价区上紧下松型耕地面积共计 23.90 千 hm²，占该评价区耕地面积的 27.95%；尼勒克县评价区上紧下松型耕地面积共计 3.65 千 hm²，占该评价区耕地面积的 7.39%；霍城县评价区上紧下松型耕地面积共计 18.15 千 hm²，占该评价区耕地面积的 19.25%；巩留县评价区上紧下松型耕地面积共计 4.54 千 hm²，占该评价区耕地面积的 7.35%；奎屯市评价区上紧下松型耕地面积共计 0.22 千 hm²，占该评价区耕地面积的 0.70%。

如是表 6-10 所示，伊犁州直上松下紧型耕地面积共 16.37 千 hm²，占伊犁州直耕地面积的 2.40%，主要分布在尼勒克县，评价区上松下紧型耕地面积共计 5.15 千 hm²，占伊犁州直上松下紧型耕地面积的 31.48%。察布查尔县评价区上松下紧型耕地面积共计 0.65 千 hm²，占该评价区耕地面积的 0.54%；伊宁县评价区上松下紧型耕地面积共计 2.09 千 hm²，占该评价区耕地面积的 2.37%；伊宁市评价区上松下紧型耕地面积共计 0.43 千 hm²，占该评价区耕地面积的 2.77%；新源县评价区上松下紧型耕地面积共计 0.13 千 hm²，占该评价区耕地面积的 0.15%；特克斯县评价区上松下紧型耕地面积共计 1.07 千 hm²，占该评价区耕地面积的 3.45%；霍城县评价区上松下紧型耕地面积共计 3.87 千 hm²，占该评价区耕地面积的 4.11%；巩留县评价区上松下紧型耕地面积共计 2.78 千 hm²，占该评价区耕地面积的 4.50%；奎屯市评价区上松下紧型耕地面积共计 0.20 千 hm²，占该评价区耕地面积的 0.63%。

如表 6-10 所示，伊犁州直松散型耕地面积共 19.57 千 hm²，占伊犁州直耕地面积的 2.87%，主要分布在察布查尔县，占伊犁州直松散型耕地面积的 53.71%。察布查尔县评价区松散型耕地面积共计 10.51 千 hm²，占该评价区耕地面积的 8.78%；新源县评价区松散型耕地面积共计 2.99 千 hm²，占该评价区耕地面积的 3.50%；霍城县评价区松散型耕地面积共计 2.56 千 hm²，占该评价区耕地面积的 2.72%；巩留县评价区松散型耕地面积共计 3.51 千 hm²，占该评价区耕地面积的 5.69%。

表 6-10 伊犁州直不同县乡耕地剖面土体构型面积分布

市县	不同质地剖面土体构型面积（千 hm²）						
	薄层型	海绵型	夹层型	紧实型	上紧下松型	上松下紧型	松散型
伊犁州直	57.77	416.70	12.85	28.44	129.87	16.37	19.57
察布查尔县	19.03	59.98	0.02	3.82	25.70	0.65	10.51
昭苏县	10.64	81.28	3.42	1.83	7.54	—	—
伊宁县	4.19	46.97	1.68	14.46	18.69	2.09	—
伊宁市	1.62	10.08	1.48	0.99	0.90	0.43	—
新源县	8.89	48.10	0.43	1.09	23.90	0.13	2.99
特克斯县	0.37	2.84	—	0.15	26.58	1.07	—
尼勒克县	1.02	37.64	1.55	0.39	3.65	5.15	—

（续表）

市县	不同质地剖面土体构型面积（千 hm²）						
	薄层型	海绵型	夹层型	紧实型	上紧下松型	上松下紧型	松散型
霍城县	10.04	52.35	1.62	5.68	18.15	3.87	2.56
巩留县	1.02	47.66	2.21	0.03	4.54	2.78	3.51
奎屯市	0.95	29.80	0.44	-	0.22	0.20	-

二、耕地主要土壤类型剖面土体构型

伊犁州直耕层剖面土体构型为薄层型的面积最大土类为灰钙土，面积为 20.68 千 hm²，占薄层型面积的 35.80%；另外还有部分剖面土体构型为薄层型，如栗钙土、沼泽土、潮土、草甸土和黑钙土等，分别占薄层型面积的 23.87%、3.83%、4.31%、11.49%和 11.96%，见表 6-11。

伊犁州直耕层剖面土体构型为海绵型的面积最大土类为灰钙土，面积为 144.21 千 hm²，占海绵型面积的 34.61%；另外还有部分剖面土体构型为海绵型，如栗钙土、沼泽土、潮土、草甸土、黑钙土、林灌草甸土、灌漠土、草甸盐土、灰褐土、新积土和灰漠土等，分别占海绵型面积的 17.91%、2.74%、12.52%、10.21%、16.91%、0.08%、0.51%、0.40%、0.17%、0.06%和 3.88%。

伊犁州直耕层剖面土体构型为夹层型的面积最大土类为灰钙土，面积为 6.40 千 hm²，占夹层型面积的 49.80%；另外还有部分剖面土体构型为夹层型，如栗钙土、沼泽土、潮土、草甸土、黑钙土和新积土等，分别占夹层型面积的 8.25%、1.09%、9.49%、7.55%、23.66%和 0.16%。

伊犁州直耕层剖面土体构型为紧实型的面积最大土类为灰钙土，面积为 20.98 千 hm²，占紧实型面积的 73.77%；另外还有部分剖面土体构型为紧实型，如栗钙土、沼泽土、潮土、草甸土、黑钙土、林灌草甸土和新积土等，分别占紧实型面积的 1.65%、7.34%、8.23%、6.75%、2.00%、0.04%和 0.25%。

伊犁州直耕层剖面土体构型为上紧下松型的面积最大土类为灰钙土，面积为 54.82 千 hm²，占上紧下松型面积的 42.21%；另外还有部分剖面土体构型为上紧下松型，如栗钙土、沼泽土、潮土、草甸土、黑钙土、林灌草甸土、灌漠土、草甸盐土、灰褐土和灰漠土等，分别占上紧下松型面积的 26.88%、0.55%、7.95%、10.16%、10.01%、1.45%、0.13%、0.61%、0.01%和 0.04%。

伊犁州直耕层剖面土体构型为上松下紧型的面积最大土类为灰钙土，面积为 7.14 千 hm²，占上松下紧型面积的 43.62%；另外还有部分剖面土体构型为上松下紧型，如栗钙土、沼泽土、潮土、草甸土、黑钙土、林灌草甸土、灌漠土和灰褐土等，分别占上松下紧型面积的 26.69%、3.48%、7.15%、14.66%、3.54%、0.37%、0.31%和 0.18%。

伊犁州直耕层剖面土体构型为松散型的面积最大土类为灰钙土，面积为 9.75

千 hm^2，占松散型面积的 49.82%；另外还有部分剖面土体构型为松散型，如栗钙土、潮土、草甸土、风沙土和林灌草甸土等，分别占松散型面积的 0.61%、18.65%、1.64%、14.00% 和 15.28%。

表 6-11 伊犁州直耕地主要土壤类型剖面土体构型面积分布

土类	不同剖面土体构型面积（千 hm^2）						
	薄层型	海绵型	夹层型	紧实型	上紧下松型	上松下紧型	松散型
灰钙土	20.68	144.21	6.40	20.98	54.82	7.14	9.75
栗钙土	13.79	74.62	1.06	0.47	34.91	4.37	0.12
沼泽土	2.21	11.42	0.14	2.08	0.71	0.57	-
潮土	2.49	52.18	1.22	2.34	10.33	1.17	3.65
草甸土	6.64	42.56	0.97	1.92	13.20	2.40	0.32
风沙土	-	-	-	-	-	-	2.74
黑钙土	11.96	70.45	3.04	0.57	13.00	0.58	
林灌草甸土	-	0.35	-	0.01	1.88	0.06	2.99
灌漠土	-	2.12	-	-	0.17	0.05	-
草甸盐土	-	1.67	-	-	0.79	-	-
灰褐土	-	0.73	-	-	0.01	0.03	-
新积土	-	0.23	0.02	0.07	-	-	-
灰漠土	-	16.16	-	-	0.05	-	-

第五节 耕层质地

一、耕层质地各县市分布情况

如表 6-12 所示，伊犁州直砂壤耕地面积共 34.31 千 hm^2，占伊犁州直耕地面积的 5.03%，主要分布在巩留县，面积 9.34 千 hm^2，占伊犁州直砂壤耕地面积的 27.22%。察布查尔县评价区砂壤耕地面积共计 6.42 千 hm^2，占该评价区耕地面积的 5.37%；昭苏县评价区砂壤耕地面积共计 0.47 千 hm^2，占该评价区耕地面积的 0.45%；伊宁县评价区砂壤耕地面积共计 0.56 千 hm^2，占该评价区耕地面积的 0.64%；伊宁市评价区砂壤耕地面积共计 2.28 千 hm^2，占该评价区耕地面积的 14.71%；新源县评价区砂壤耕地面积共计 3.14 千 hm^2，占该评价区耕地面积的 3.67%；特克斯县评价区砂壤耕地面积共计 4.98 千 hm^2，占该评价区耕地面积的 16.06%；尼勒克县评价区砂壤耕地面积共计 5.89 千 hm^2，占该评价区耕地面积的 11.92%；霍城县评价区砂壤耕地面积共计 1.17

千 hm^2，占该评价区耕地面积的 1.24%；奎屯市评价区砂壤耕地面积共计 0.06 千 hm^2，占该评价区耕地面积的 0.19%。

如表 6-12 所示，伊犁州直砂土耕地面积共 12.73 千 hm^2，占伊犁州直耕地面积的 1.87%，主要分布在察布查尔县，面积 5.64 千 hm^2，占伊犁州直砂土耕地面积的 44.30%。新源县评价区砂土耕地面积共计 0.86 千 hm^2，占该评价区耕地面积的 1.01%；尼勒克县评价区砂土耕地面积共计 0.27 千 hm^2，占该评价区耕地面积的 0.55%；霍城县评价区砂土耕地面积共计 2.55 千 hm^2，占该评价区耕地面积的 2.72%；巩留县评价区砂土耕地面积共计 3.41 千 hm^2，占该评价区耕地面积的 5.52%。

如表 6-12 所示，伊犁州直轻壤耕地面积共 215.70 千 hm^2，占伊犁州直耕地面积的 31.65%，主要分布在伊宁县评价区，面积 56.42 千 hm^2，占伊犁州直轻壤耕地面积的 26.16%。察布查尔县评价区轻壤耕地面积共计 47.78 千 hm^2，占该评价区耕地面积的 39.90%；昭苏县评价区轻壤耕地面积共计 12.88 千 hm^2，占该评价区耕地面积的 12.30%；伊宁市评价区轻壤耕地面积共计 2.58 千 hm^2，占该评价区耕地面积的 16.65%；新源县评价区轻壤耕地面积共计 44.21 千 hm^2，占该评价区耕地面积的 51.69%；特克斯县评价区轻壤耕地面积共计 4.55 千 hm^2，占该评价区耕地面积的 14.67%；尼勒克县评价区轻壤耕地面积共计 5.21 千 hm^2，占该评价区耕地面积的 10.55%；霍城县评价区轻壤耕地面积共计 3.04 千 hm^2，占该评价区耕地面积的 3.21%；巩留县评价区轻壤耕地面积共计 36.79 千 hm^2，占该评价区耕地面积的 59.57%；奎屯市评价区轻壤耕地面积共计 2.24 千 hm^2，占该评价区耕地面积的 7.09%。

如表 6-12 所示，伊犁州直中壤耕地面积共 345.56 千 hm^2，占伊犁州直耕地面积的 50.70%，主要分布在昭苏县评价区，面积 80.48 千 hm^2，占伊犁州直中壤土耕地面积的 23.29%。察布查尔县评价区中壤耕地面积共计 49.18 千 hm^2，占该评价区耕地面积的 41.09%；伊宁县评价区中壤耕地面积共计 23.21 千 hm^2，占该评价区耕地面积的 26.35%；伊宁市评价区中壤耕地面积共计 9.68 千 hm^2，占该评价区耕地面积的 62.45%；新源县评价区中壤耕地面积共计 36.84 千 hm^2，占该评价区耕地面积的 43.07%，特克斯县评价区中壤耕地面积共计 11.70 千 hm^2，占该评价区耕地面积的 37.73%，尼勒克县评价区中壤耕地面积共计 26.39 千 hm^2，占该评价区耕地面积的 53.42%；霍城县评价区中壤耕地面积共计 74.94 千 hm^2，占该评价区耕地面积的 79.51%；巩留县评价区中壤耕地面积共计 8.10 千 hm^2，占该评价区耕地面积的 13.12%；奎屯市评价区中壤耕地面积共计 25.04 千 hm^2，占该评价区耕地面积的 79.21%。

如表 6-12 所示，伊犁州直重壤耕地面积共 62.02 千 hm^2，占伊犁州直耕地面积的 9.10%，主要分布在尼勒克县评价区，面积 11.61 千 hm^2，占伊犁州直重壤耕地面积的 18.20%。察布查尔县评价区重壤耕地面积共计 10.69 千 hm^2，占该评价区耕地面积的 8.93%；昭苏县评价区重壤耕地面积共计 10.88 千 hm^2，占该评价区耕地面积的 10.39%；伊宁县评价区重壤耕地面积共计 4.41 千 hm^2，占该评价区耕地面积的 5.01%；伊宁市评价区重壤耕地面积共计 0.40 千 hm^2，占该评价区耕地面积的 2.58%；

新源县评价区重壤耕地面积共计 0.48 千 hm^2，占该评价区耕地面积的 0.56%；特克斯县评价区重壤耕地面积共计 7.92 千 hm^2，占该评价区耕地面积的 25.54%；霍城县评价区重壤耕地面积共计 8.23 千 hm^2，占该评价区耕地面积的 8.72%；巩留县评价区重壤壤耕地面积共计 3.13 千 hm^2，占该评价区耕地面积的 5.07%；奎屯市评价区重壤壤耕地面积共计 4.27 千 hm^2，占该评价区耕地面积的 13.51%。

如表 6-12 所示，伊犁州直黏土耕地面积共 11.25 千 hm^2，占伊犁州直耕地面积的 1.65%，主要分布在霍城县评价区，面积 4.34 千 hm^2，占伊犁州直黏土耕地面积的 38.58%。伊宁县评价区黏土耕地面积共计 3.48 千 hm^2，占该评价区耕地面积的 3.95%；伊宁市评价区黏土耕地面积共计 0.56 千 hm^2，占该评价区耕地面积的 3.61%；特克斯县评价区黏土耕地面积共计 1.86 千 hm^2，占该评价区耕地面积的 6.00%；尼勒克县评价区黏土耕地面积共计 0.03 千 hm^2，占该评价区耕地面积的 0.06%；霍城县评价区黏土耕地面积共计 4.34 千 hm^2，占该评价区耕地面积的 4.60%；巩留县评价区黏土耕地面积共计 0.98 千 hm^2，占该评价区耕地面积的 1.59%。

表 6-12 伊犁州直不同县市耕地耕层质地面积统计

县市	不同耕层质地面积（千 hm^2）					
	砂壤	砂土	轻壤	中壤	重壤	黏土
伊犁州直	34.31	12.73	215.70	345.56	62.02	11.25
察布查尔县	6.42	5.64	47.78	49.18	10.69	-
昭苏县	0.47	-	12.88	80.48	10.88	-
伊宁县	0.56	-	56.42	23.21	4.41	3.48
伊宁市	2.28	-	2.58	9.68	0.40	0.56
新源县	3.14	0.86	44.21	36.84	0.48	-
特克斯县	4.98	-	4.55	11.70	7.92	1.86
尼勒克县	5.89	0.27	5.21	26.39	11.61	0.03
霍城县	1.17	2.55	3.04	74.94	8.23	4.34
巩留县	9.34	3.41	36.79	8.10	3.13	0.98
奎屯市	0.06	-	2.24	25.04	4.27	-

二、耕地主要土壤类型耕层质地

如表 6-13 所示，伊犁州直耕层质地为砂壤的耕地面积最大为灰钙土，面积为 13.49 千 hm^2，占砂壤面积的 39.30%；另外还有部分土类质地为砂壤，如栗钙土、潮土、林灌草甸土、草甸土、黑钙土、沼泽土、新积土和灌漠土等，分别占砂壤面积的 30.11%、10.11%、8.54%、7.34%、3.88%、0.44%、0.20%和 0.06%。

表 6-13　伊犁州直耕地主要土壤类型耕层质地面积分布

土类	不同耕层质地面积（千 hm^2）					
	砂壤	砂土	轻壤	中壤	重壤	黏土
灰钙土	13.49	4.75	98.90	117.17	20.73	8.94
栗钙土	10.33	0.31	33.54	68.02	15.24	1.90
沼泽土	0.15	-	6.90	6.78	3.28	0.02
潮土	3.47	4.02	27.55	34.04	4.04	0.26
草甸土	2.52	0.33	24.14	33.36	7.62	0.04
风沙土	-	2.74	-	-	-	-
黑钙土	1.33	0.58	20.90	66.85	9.94	-
林灌草甸土	2.93	-	1.48	0.77	0.10	0.01
灌漠土	0.02	-	1.18	1.12	0.02	-
草甸盐土	-	-	0.98	1.48	-	-
灰褐土	-	-	0.10	0.60	0.07	-
新积土	0.07	-	0.03	0.12	0.02	0.08
灰漠土	-	-	-	15.25	0.96	-

伊犁州直耕层质地为砂土的耕地面积最大为灰钙土，面积为 4.75 千 hm^2，占砂土面积的 37.31%；另外还有部分土类质地为砂土，如潮土、风沙土、黑钙土和栗钙土等，分别占砂土面积的 31.58%、21.52%、4.56% 和 2.44%。

伊犁州直耕层质地为轻壤的耕地面积最大为灰钙土，面积为 98.90 千 hm^2，占轻壤面积的 45.85%；另外还有部分土类质地为轻壤，如栗钙土、潮土、草甸土、黑钙土、沼泽土、林灌草甸土、灌漠土、草甸盐土、灰褐土和新积土等，分别占轻壤面积的 15.55%、12.77%、11.19%、9.69%、3.20%、0.69%、0.55%、0.45%、0.05% 和 0.01%。

伊犁州直耕层质地为中壤的耕地面积最大为灰钙土，面积为 117.17 千 hm^2，占中壤面积的 33.91%；另外还有部分土类质地为中壤，如栗钙土、黑钙土、潮土、草甸土、灰漠土、沼泽土、草甸盐土、灌漠土、林灌草甸土、灰褐土和新积土等，分别占中壤面积的 19.68%、19.35%、9.85%、9.65%、4.41%、1.96%、0.43%、0.33%、0.22%、0.17% 和 0.04%。

伊犁州直耕层质地为重壤的耕地面积最大为灰钙土，面积为 20.73 千 hm^2，占中壤面积的 33.43%；另外还有部分土类质地为中壤，如栗钙土、沼泽土、草甸土、潮土、黑钙土、灰漠土、林灌草甸土、灰褐土、灌漠土和新积土等，分别占中壤面积的 24.57%、16.03%、12.29%、6.51%、5.29%、1.55%、0.16%、0.11%、0.03% 和 0.03%。

伊犁州直耕层质地为黏土的耕地面积最大为灰钙土，面积为 8.94 千 hm^2，占重壤面积的 79.47%；另外还有部分土类质地为黏土，如栗钙土、潮土、新积土、草甸土、沼泽土和林灌草甸土等，分别占重壤面积的 16.89%、2.31%、0.71%、0.35%、0.18% 和 0.09%。

三、耕层质地与地形部位

从土壤不同耕层质地来看，砂土耕地主要分布在河滩地和平原中阶，合计面积 5.66 千 hm^2，占该质地耕地面积的 41.42%；砂壤耕地主要分布在平原中阶和河滩地，合计面积 15.81 千 hm^2，占该质地耕地面积的 46.10%；轻壤耕地主要分布在平原中阶和河滩地，合计面积 113.68 千 hm^2，占该质地耕地面积的 52.70%；中壤耕地主要分布在河滩地和平原中阶，合计面积 194.25 千 hm^2，占该质地耕地面积的 56.21%；重壤耕地主要分布在河滩地和平原低阶，合计面积 40.46 千 hm^2，占该质地耕地面积的 65.24%；黏土耕地主要分布在河滩地和平原低阶，合计面积 5.36 千 hm^2，占该质地耕地面积的 47.59%。详见表 6-14。

表 6-14 伊犁州直耕地不同地形部位耕层质地面积分布

地形部位	土壤不同耕层质地面积（千 hm^2）					
	砂土	砂壤	轻壤	中壤	重壤	黏土
河滩地	2.69	7.96	47.91	103.69	24.87	3.29
平原高阶	2.28	3.22	27.42	83.85	5.41	1.58
平原中阶	2.97	7.85	65.77	90.56	14.14	1.65
平原低阶	2.26	5.13	41.73	28.83	15.59	2.07
丘陵上部	0.45	7.76	3.57	0.30	0.19	0.26
丘陵中部	0.14	0.09	1.14	—	—	0.04
丘陵下部	0.92	2.14	4.55	13.12	1.01	0.02
山地坡上	—	—	6.55	—	—	—
山地坡下	0.09	0.08	5.58	1.21	0.65	0.47
山间盆地	0.85	0.08	2.25	21.51	0.13	1.86
扇缘	0.08	—	9.21	2.49	0.02	0.01

从地形部位上看，河滩地主要为中壤，占该地形部位面积比例为 54.46%，其砂土、砂壤、轻壤、重壤、黏土耕层质地面积占该地形部位面积比例分别为 1.41%、4.18%、25.16%、13.06%、1.72%；平原高阶主要为中壤，占该地形部位面积比例为 67.75%，其砂土、砂壤、轻壤、重壤、黏土耕层质地面积占该地形部位面积比例分别为 1.85%、2.60%、22.16%、4.37%、1.27%；平原中阶主要为中壤，占该地形部位面积比例为 49.50%，其砂土、砂壤、轻壤、重壤、黏土耕层质地面积占该地形部位面积

比例分别为 1.62%、4.29%、35.95%、7.73%、0.90%；平原低阶主要为轻壤，占该地形部位面积比例为 43.65%，其砂土、砂壤、中壤、重壤、黏土耕层质地面积占该地形部位面积比例分别为 2.37%、5.36%、30.16%、16.30%、2.16%；丘陵上部主要为砂壤，占该地形部位面积比例为 61.87%，其砂土、轻壤、中壤、重壤、黏土耕层质地面积占该地形部位面积比例分别为 3.58%、28.49%、2.43%、1.54%、2.09%；丘陵中部主要为轻壤，占该地形部位面积比例为 80.66%，其砂土、砂壤、黏土耕层质地面积占该地形部位面积比例分别为 10.19%、6.43%、2.72%；丘陵下部主要为中壤，占该地形部位面积比例为 60.29%，其砂土、砂壤、轻壤、重壤、黏土耕层质地面积占该地形部位面积比例分别为 4.20%、9.82%、20.92%、4.66%、0.10%；山地坡上均分布在轻壤；山地坡下主要为轻壤，占该地形部位面积比例为 60.09%，其中砂土、砂壤、中壤、重壤、黏土耕层质地面积占该地形部位面积比例分别为 1.06%、1.02%、14.94%、8.04%、5.85%；山间盆地主要为中壤，占该地形部位面积比例为 80.62%，其中砂土、砂壤、轻壤、重壤、黏土耕层质地面积占该地形部位面积比例分别为 3.20%、0.29%、8.42%、0.49%、6.98%；扇缘主要为轻壤，占该地形部位面积比例为 77.99%，其中砂土、中壤、重壤、黏土耕层质地面积占该地形部位面积比例分别为 0.70%、21.05%、0.19%、0.08%。

四、耕层质地调控

土壤质地是土壤比较稳定的物理性质，与土壤肥力密切相关。但是在人为干预条件下，土壤质地是可以改变的。不合理耕种和滥砍滥伐森林可造成水土流失而改变土壤质地。过砂过黏土壤可通过客土或增施有机肥改善土壤结构而提高土壤肥力。针对伊犁州直实际特提出以下措施供参考。

（一）因土种植

因土种植是扬长避短通过种植适宜的作物，充分发挥不同质地土壤的生产潜力。农谚有："砂地棉花土地麦""砂土棉花胶土瓜，石子地里种芝麻"等，说明根据作物土宜特性种植能收到增产的效果。一般认为：薯类、花生、西瓜、棉花、豆类、杏等较适宜于砂质土壤；小麦、玉米、水稻、高粱、苹果等较适宜于黏质土壤。

（二）因土施肥

砂质土、漏砂型土壤保水保肥力差，在施肥时应做到"少吃多餐"，多次施肥，及时保证作物各生育时期对水肥的需求。砂质土往往氮、磷、钾都缺乏，在施肥时应注意氮磷钾配合施用。黏质土保水保肥力强，但供肥性能差，为此应重视有机肥的施用和秸秆还田措施，改善土壤结构，增加土壤生产力。施肥时应注意采用"重基肥，追氮肥，补微肥，多次叶面肥"的施肥方法，提高肥料利用率。

（三）客土

办法是在平整土地推土时，采用客黏改砂或客砂改黏都是简便而易行的措施。

（四）生物改良

一是种苜蓿、玉米等牧草饲料作物，发展农区畜牧业，增施有机肥，实行过腹还田。二是种植油葵、草木樨等绿肥作物翻压还田和推广作物秸秆粉碎翻压还田。通过这样长期施用有机肥和种植绿肥，秸秆还田等措施在一定程度上是可以改善土壤不良的质地。

第六节　障碍因素

一、障碍因素分类分布

伊犁州直障碍因素主要分为五类：障碍层次型、沙化 & 障碍层次型、障碍层次 & 干旱灌溉型、干旱灌溉型和沙化型。

障碍层次型共计 225.08 千 hm^2，在察布查尔县分布最广，面积为 74.64 千 hm^2，其次为伊宁县、昭苏县和新源县，面积分别为 45.77 千 hm^2、33.21 千 hm^2 和 33.04 千 hm^2；沙化 & 障碍层次型共计 21.40 千 hm^2，在尼勒克县分布最广，面积为 7.80 千 hm^2，其次为察布查尔县和霍城县，面积分别为 5.11 千 hm^2 和 4.50 千 hm^2；障碍层次 & 干旱灌溉型共计 99.89 千 hm^2，在昭苏县分布最广，面积为 71.50 千 hm^2，其次为察布查尔县和伊宁县，面积分别为 12.29 千 hm^2 和 12.67 千 hm^2；干旱灌溉型共计 49.78 千 hm^2，在奎屯市分布最广，面积为 20.67 千 hm^2，其次为尼勒克县，面积分别为 17.78 千 hm^2；沙化型共计 9.33 千 hm^2，在巩留县分布最广，面积为 3.63 千 hm^2，其次为新源县和霍城县，面积分别为 3.17 千 hm^2 和 2.53 千 hm^2；沙化 & 盐碱 & 障碍层次型共计 1.63 千 hm^2，在尼勒克县分布最广，面积为 0.94 千 hm^2，其次为巩留县和奎屯市，面积分别为 0.39 千 hm^2 和 0.29 千 hm^2；其他类型共计 33.43 千 hm^2，在察布查尔县分布最广，面积为 27.67 千 hm^2，其次为尼勒克县，面积为 5.50 千 hm^2。详见表 6-15。

表 6-15　伊犁州直各县市耕地障碍因素面积分布

县市	不同障碍因素面积（千 hm^2）							
	障碍层次	沙化 & 障碍层次	障碍层次 & 干旱灌溉型	干旱灌溉型	沙化	沙化 & 盐碱 & 障碍层次	无	其他
察布查尔县	74.64	5.11	12.29	-	-	-	-	27.67
昭苏县	33.21	-	71.50	-	-	-	-	-
伊宁县	45.77	-	12.67	8.34	-	-	21.15	0.15
伊宁市	2.49	-	1.75	2.53	-	-	8.72	-
新源县	33.04	0.68	0.21	0.46	3.17	-	47.96	-
特克斯县	1.06	1.91	-	-	-	0.01	28.02	0.01
尼勒克县	1.81	7.80	1.42	17.78	-	0.94	14.15	5.50

(续表)

县市	不同障碍因素面积（千 hm^2）							
	障碍层次	沙化 & 障碍层次	障碍层次 & 干旱灌溉型	干旱 灌溉型	沙化	沙化 & 盐碱 & 障碍层次	无	其他
霍城县	25.34	4.50	-	-	2.53	-	61.90	-
巩留县	6.60	1.24	-	-	3.63	0.39	49.80	0.10
奎屯市	1.12	0.16	0.05	20.67	-	0.29	9.33	-
伊犁州直	225.08	21.40	99.89	49.78	9.33	1.63	241.03	33.43

二、障碍因素调控措施

（一）盐碱地改良措施

盐碱地改良须以"水、盐、肥"为中心，贯彻统一规划，综合治理；因地制宜，远近结合；利用与改良相结合的原则。

1. 统一规划综合治理

"盐随水来，盐随水去"，控制与调节土壤中的水盐运动，是防治土壤盐渍化的关键。因此，首先要解决好水的问题，必须从一个流域着手，统一规划，合理布局，满足上、中、下游的需要。

盐分对作物的危害包括盐害、物理化学危害、营养供求失调等方面，从解决盐分危害这个主要矛盾出发，必须采取综合措施。任何单项措施，一般也只能解决某一个具体矛盾，不可能同时解决排水、洗盐、培肥诸多矛盾。例如，排水（沟排、井排、暗管排、扬排）也只能解决切断盐源，防止和控制地下水位升高；洗盐只能脱盐和压盐；农林措施只能巩固脱盐效果，恢复地力，防止土壤返盐等等。实践证明，上述的诸多措施，必须相互配合，综合应用，环环相扣，才能凑效，更能提高改良效果。如精耕细作，增强地面覆盖，可减弱返盐速度，降低临界深度，竖井与明沟相结合，更能发挥排水效果；有完善的灌排系统，才能提高种稻洗盐的效果；增施有机肥料可壮苗抗盐，培育耐盐品种，提高作物保苗率，降低洗盐标准。

2. 因地制宜远近结合

要因地制宜的制订治理方案，才能收到事半功倍的效果。例如，是否需要排水设施，要因地下水位高低而异；条田建设过宽不利于脱盐，易发生盐斑，条田过窄，机耕效率低；排水沟的深度、密度、灌排渠布置方式（并列式或相间式）等都各有其利弊，都要结合当地情况，进行合理规划。对不同程度盐渍化也应区别处理。重盐土地区首先冲洗淋盐，深沟排水，降低地下水位。轻盐土地区可深浅沟相组合，井灌井排，浅、密、通来控制地下水位；平整土地，多施有机肥料，加强淋盐、抑盐。次生盐化地区，可采取井、渠结合，以井代渠，减少地下水的补给，加强农林措施，防止返盐。低洼下潮水盐无出路的地区，可采取扬排与渠排相结合。受盐分威胁的地区，应加强灌溉管理，进行渠道防渗，加强地面覆盖，防止返盐。苏打盐化地区生物措施，配合施石膏进行化学改良。

3. 除盐培肥高产稳产

改良利用盐土要与提高土壤肥力相结合，因为除盐就是为了充分发挥土壤的潜在肥力，但是在洗盐过程中，不可避免地伴随有土壤养分的淋失过程。同时，培肥主要依靠农牧结合，合理种植，牧草田轮作，多种绿肥，精耕细作，相互配合，环环相扣，巩固土壤脱盐效果，防止重新返盐，保证作物丰收。

盐碱地改良是一个较为复杂的综合治理系统工程，包括水利工程措施、农业技术措施、生物措施、化学改良等综合治理方法，要针对实际情况准确合理使用每一项措施来改良治理盐碱地。

（二）贫瘠土壤培肥地力的措施

伊犁州直要以"改、培、保、控"为重点推进耕地质量建设，通过作物秸秆还田，施用有机肥等措施改善过砂或过黏土壤的不良性质，促进土壤中团粒结构的形成，提高土壤的保蓄性和通透性，抑制毛管水的强烈上升，减少土壤蒸发和地表积盐，促进淋盐和脱盐过程，同时提升土壤肥力。具体措施如下。

1. 广辟肥源，增加肥料投入，保持和培肥地力

伊犁州直土壤肥力属中高水平，依旧有部分土壤处于低、较低水平，应重视持续培肥地力。首先必须稳固持续的增加有机肥投入。增加有机肥投入是提高土壤有机质含量、培肥土壤、改善土壤结构最根本的途径之一。增种填闲绿肥，倡导秸秆还田等多方位增加肥料投入。针对风沙土、新积土等土壤类型瘠薄耕地，配合机械深翻实施秸秆还田，改善土壤结构，抑制土壤盐碱化。

2. 有机、无机相结合是高产优质栽培的保证

将来在具体的农业生产中，在增加有机肥、提高土壤肥力的同时，还应该合理地投入化学肥料。有机、无机肥料相结合，一直是科学施肥所倡导的施肥原则，可以对种植的作物生长起到缓急相济、互补长短、缓解氮磷钾比例失调等功效。虽然实施难度比较大，但仍要宣传和坚持这一原则。

3. 重视测土配方施肥技术的推广应用

测土配方施肥技术目的就是解决当前施肥工作中存在的盲目施肥、肥料利用率低、生产效益不高等实际问题。测土配方平衡施肥决不仅仅是指氮、磷、钾三种大量元素之间的平衡，作物生长所必需的中量元素和微量元素之间都必须有均衡供应，任何一种营养元素的缺乏和过剩，都会限制作物产量及品质的提高。伊犁州直有效磷、碱解氮处于中低水平，在农业生产中，要充分保证氮肥，合理配施磷肥、钾肥和硼、铁等微量元素，才能保证作物高产高效生产的需要。

4. 有针对性地施用微量元素肥料

微量元素肥料同大量元素氮磷钾肥料有着同等重要、不可替代的重要性，因此，微量元素肥料虽然作物需要量少，但如果缺乏，仍会成为作物高产的限制因素。伊犁州直微量元素含量不均衡，在生产中可适量补施硼肥，果园中针对性补施铁肥，以消除高产障碍因素。

5. 粮豆间作或间套作绿肥

利用豆科作物固氮，同粮食作物间作或套作，并利用残枝落叶和根茬还田可增加土壤有机质和氮素。由于豆科作物耐阴，间套种植效果好。梨园间套种植的绿肥饲草作物减少地表裸露和地面蒸腾，改善果林生态环境，提高土壤肥力。

（三）土壤质地的调节措施

土壤质地是土壤比较稳定的物理性质，与土壤肥力密切相关。但是在人为干预条件下，土壤质地是可以改变的。不合理耕种和乱砍乱伐森林可造成水土流失而改变土壤质地。过砂过黏土壤可通过容土或增施有机肥改善土壤结构而提高土壤肥力。针对伊犁州直实际特提出以下措施供参考。

1. 因土种植

因土种植是扬长避短通过种植适宜的作物，充分发挥不同质地土壤的生产潜力。农谚有："砂地棉花、土地麦"、"砂土棉花，胶土瓜，石子地里种芝麻"等等，说明根据作物土宜特性种植能收到增产的效果。一般认为：薯类、花生、西瓜、棉花、豆类等较适宜于砂质土壤。小麦、玉米、水稻、高粱、苹果等较适宜于黏质土壤。

2. 因土施肥

砂质土、漏砂型土壤保水保肥力差，在施肥时应做到"少吃多餐"，多次施肥，及时保证作物各生育时期对水肥的需求。砂质土往往氮、磷、钾都缺乏，在施肥时应注意氮磷钾配合施用。黏质土保水保肥力强，但供肥性能差，为此应重视有机肥的施用和秸秆还田措施，改善土壤结构，增加土壤生产力。施肥时应注意采用"重基肥，追氮肥，补微肥，多次叶面肥"的施肥方法，提高肥料利用率。

3. 客土

过砂或过黏土壤在平整土地推土时，采用客黏改砂或客砂改黏等措施。

4. 生物改良

一是种苜蓿、玉米等牧草饲料作物，发展农区畜牧业，增加有机肥，实行过腹还田。二是种植油葵、草木樨等绿肥作物翻压还田和推广作物秸秆粉碎翻压还田。通过这样长期施用有机肥和种植绿肥，秸秆还田等措施在一定程度上是可以改善土壤不良的质地。

（四）干旱灌溉型耕地的调节措施

由于干旱灌溉型耕地土壤保水保肥力差、季节性缺水等问题引起，应大力加强农田基础设施建设，加强渠道防渗、管道输水、滴灌等节水技术应用。培肥地力，形成良好的土壤结构，改善土壤保水性。改进耕作制度，种植耐寒品种；因地制宜实行农林牧相结合的生态产业结构，植树造林，改善农田生态环境，增强抗旱能力。

第七节　农田林网化程度

农田林网具有涵养水源、保持水土、防风固沙、调节气候等功能，是农村生态建设的一项重要组成部分。近年来，由于农村电网、道路、防渗渠的改造建设施工，致使一部分林带消失；一些林带因管护措施跟不上，导致死亡、滥伐以及正常采伐后更新不及时，造成农田防护林面积减少；一些新开发的土地大部分属于边缘乡场、荒漠地带，水土条件差，林网大部分都未配套；林业工作重点放在营造绿洲外围大型基干林和经济林上，对农田防护林建设和管理有所放松等原因，使农田林网化程度趋于下降。一个以农田防护林、大型防风固沙基干林带和天然荒漠林为主体，多林种、多带式、乔灌草、网片带相结合的绿洲综合防护林体系在伊犁州直已初步形成。但是，一些地方新开垦的耕地林网配套没有及时跟上，老林带更新改造工作没有全面开展。造成了林网化程度减低，气候、土壤、植被及微生物的修复逐渐变差。因此，建立完善的农田防护林，进而建设高标准农田势在必行。

一、伊犁州直农田林网化现状

本次伊犁州直耕地质量汇总评价农田林网化程度分为高、中、低。其中林网化程度高的面积为 27.02 千 hm^2，占伊犁州直耕地面积的 3.96%；林网化程度中的面积为 201.82 千 hm^2，占伊犁州直耕地面积的 29.61%；林网化程度低的面积为 452.73 千 hm^2，占伊犁州直耕地面积的 66.43%。详见表 6-16。

察布查尔县农田防护林林网化程度高的面积为 1.37 千 hm^2，占察布查尔县耕地面积的 1.15%；林网化程度中的面积为 29.31 千 hm^2，占察布查尔县耕地面积的 24.48%；林网化程度低的面积为 89.03 千 hm^2，占察布查尔县耕地面积的 74.37%。

昭苏县农田防护林林网化程度中的面积为 3.73 千 hm^2，占昭苏县耕地面积的 3.56%；林网化程度低的面积为 100.98 千 hm^2，占昭苏县耕地面积的 96.44%。

伊宁县农田防护林林网化程度中的面积为 27.60 千 hm^2，占伊宁县耕地面积的 31.34%；林网化程度低的面积为 60.48 千 hm^2，占伊宁县耕地面积的 68.66%。

伊宁市农田防护林林网化程度高的面积为 0.26 千 hm^2，占伊宁市耕地面积的 1.68%；林网化程度中的面积为 4.99 千 hm^2，占伊宁市耕地面积的 32.19%；林网化程度低的面积为 10.25 千 hm^2，占伊宁市耕地面积的 66.13%。

新源县农田防护林林网化程度高的面积为 15.88 千 hm^2，占新源县耕地面积的 18.57%；林网化程度中的面积为 32.36 千 hm^2，占新源县耕地面积的 37.83%；林网化程度低的面积为 37.29 千 hm^2，占新源县耕地面积的 43.60%。

特克斯县农田防护林林网化程度高的面积为 4.09 千 hm^2，占特克斯县耕地面积的 13.19%；林网化程度中的面积为 8.37 千 hm^2，占特克斯县耕地面积的 26.99%；林网化程度低的面积为 18.55 千 hm^2，占特克斯县耕地面积的 59.82%。

尼勒克县农田防护林林网化程度高的面积为 4.66 千 hm^2，占尼勒克县耕地面积的 9.43%；林网化程度中的面积为 21.46 千 hm^2，占尼勒克县耕地面积的 43.44%；林网化程度低的面积为 23.28 千 hm^2，占尼勒克县耕地面积的 47.13%。

霍城县农田防护林林网化程度高的面积为 0.12 千 hm^2，占霍城县耕地面积的 0.13%；林网化程度中的面积为 29.09 千 hm^2，占霍城县耕地面积的 30.86%；林网化程度低的面积为 65.06 千 hm^2，占霍城县耕地面积的 69.01%。

巩留县农田防护林林网化程度中的面积为 37.22 千 hm^2，占巩留县耕地面积的 60.28%；林网化程度低的面积为 24.53 千 hm^2，占巩留县耕地面积的 39.72%。

奎屯市农田防护林林网化程度高的面积为 0.64 千 hm^2，占奎屯市耕地面积的 2.02%；林网化程度中的面积为 7.69 千 hm^2，占奎屯市耕地面积的 24.33%；林网化程度低的面积为 23.28 千 hm^2，占奎屯市耕地面积的 73.65%。

表 6-16　伊犁州直农田防护林建设情况统计

县市	农田林网化程度						合计（千 hm^2）
	高（千 hm^2）	比例（%）	中（千 hm^2）	比例（%）	低（千 hm^2）	比例（%）	
察布查尔县	1.37	1.15	29.31	24.48	89.03	74.37	119.71
昭苏县	-	-	3.73	3.56	100.98	96.44	104.71
伊宁县	-	-	27.60	31.34	60.48	68.66	88.08
伊宁市	0.26	1.68	4.99	32.19	10.25	66.13	15.50
新源县	15.88	18.57	32.36	37.83	37.29	43.60	85.53
特克斯县	4.09	13.19	8.37	26.99	18.55	59.82	31.01
尼勒克县	4.66	9.43	21.46	43.44	23.28	47.13	49.40
霍城县	0.12	0.13	29.09	30.86	65.06	69.01	94.27
巩留县	-	-	37.22	60.28	24.53	39.72	61.75
奎屯市	0.64	2.02	7.69	24.33	23.28	73.65	31.61
伊犁州直	27.02	3.96	201.82	29.61	452.73	66.43	681.56

二、有关措施

（一）加大对农田林网化的资金扶持力度

地方政府配套资金难以到位，对林业项目的实施造成一定的影响。各级政府应将林业生态建设项目纳入财政预算，确保林业生态建设项目的资金落实到位，保证林业各个项目的顺利实施。

（二）多部门统筹合作做好林网化的规划设计

林业部门要对当地的防护林基本情况做详细调查，并结合农田林网化建设的新要求新特点，进一步完善修订农田防护林建设规划，做到因地制宜，统筹兼顾，运用新技术，采取新措施，建立更高水平的农田生态系统，逐渐形成相对完善的农区内部农田防护林体系和农区周边外围生态防护林体系。尤其在建设农田林网、农林间作形成高标准农田的建设中，应建立以植树造林为主的生态防护林，针对不同的生态区域采用远距离种植乔木、近距离种植灌木的种植方式，采取疏透型结构推进农田林网化，农田林网设计规划本着适地适树，统一安排、因害设防、综合利用的原则，充分发挥林网的作用，做到农林兼顾，协调发展。

（三）做好防护林建设的宣传工作

通过广播、电视等媒介对林业相关的政策、法律法规进行深入广泛的宣传，提高广大人民群众对防护林重要性的认识，使他们认识到没有防护林就没有良好的生活环境，就没有农业的稳产丰收。

（四）加强技术服务工作

在防护林的建设过程中，要严格按照植树造林的相关技术要求进行操作，确保植树造林的质量。林业技术人员要做好技术指导工作，同时做好苗木的检疫工作，防止带疫苗木或不合格苗木入地定植，影响建设质量。技术人员也要督促广大造林户做好后期灌水、除草、病虫害防治等工作，防止重栽轻管的现象发生，确保造林质量。

（五）进一步完善防护林的经营体制

要借集体权制度改革的机会，加快林权制度改革的步伐，完善林权制度，使集体林业资源的产权、经营权、收益权和处置权进一步明确。对于个人的防护林，在检查验收合格后，要及时发放林权证，放活经营权，提高林农经营的积极性。

（六）加大新建耕地的林网化程度

严格按照《防沙治沙若干规定》中新垦农田防护林带面积不小于耕地面积的12%。对于以前耕地已经完成林网化的，要加大补植补造和更新的力度，完善防护林体系，提高防护效益。对新开垦的耕地要有林业、土管、农业及水利等部门统一规划，做到开发与造林同步进行，在确保农田林网化工作的顺利完成的同时，改善当地生产和生活条件，促进经济的发展。

第八节　土壤盐渍化程度分析

土地盐碱化的原因是土壤和地下水盐分过高，在强烈的地表蒸发情况下，土壤盐分通过毛细管作用上升并集聚于土壤表层，使农作物生长发育受到抑制。其形成的实质是各种易溶性盐类在土壤剖面水平方向与垂直方向的重新分配。土壤盐碱地不仅涉及农业、土地、水资源问题，还涉及典型的生态环境问题。

一、伊犁州直盐渍化分布及面积

伊犁州直土壤盐渍化分级统计见表6-17。伊犁州直盐渍化面积共计31.48千hm^2，占伊犁州直耕地面积的4.62%，轻度盐渍化、中度盐渍化和重度盐渍化面积分别为25.95千hm^2、4.76千hm^2和0.77千hm^2。

察布查尔县盐渍化主要集中在轻度盐渍化，其盐渍化总面积共计25.66千hm^2，占全县耕地面积的21.44%。

特克斯县盐渍化主要集中在轻度盐渍化，其盐渍化面积共计0.01千hm^2，占全县耕地面积的0.04%。

尼勒克县盐渍化主要集中在轻度盐渍化，其盐渍化面积共计 5.10 千 hm^2，占全县耕地面积的 10.32%。

巩留县盐渍化主要集中在轻度盐渍化，其盐渍化面积共计 0.42 千 hm^2，占全县耕地面积的 0.68%。

奎屯市盐渍化主要集中在轻度盐渍化，其盐渍化面积共计 0.29 千 hm^2，占全市耕地面积的 0.91%。

表 6-17　伊犁州直土壤盐渍化分级统计

县市	盐渍化程度（千 hm^2）					合计（千 hm^2）	盐渍化面积（千 hm^2）	盐渍化面积占比（%）
分级	无	轻度	中度	重度	盐土			
	≤2.5	2.5~6.0	6.0~12.0	12.0~20.0	>20.0			
察布查尔县	94.04	20.13	4.76	0.77	-	119.71	25.66	21.44
昭苏县	104.71	-	-	-	-	104.71	-	-
伊宁县	88.08	-	-	-	-	88.08	-	-
伊宁市	15.50	-	-	-	-	15.50	-	-
新源县	85.53	-	-	-	-	85.53	-	-
特克斯县	31.00	0.01	-	-	-	31.01	0.01	0.04
尼勒克县	44.30	5.10	-	-	-	49.40	5.10	10.32
霍城县	94.27	-	-	-	-	94.27	-	-
巩留县	61.33	0.42	-	-	-	61.75	0.42	0.68
奎屯市	31.32	0.29	-	-	-	31.61	0.29	0.91
伊犁州直	650.08	25.95	4.76	0.77	-	681.57	31.48	4.62

注：盐分单位为 g/kg。

二、各县市之间土壤盐分含量差异

通过对伊犁州直 947 个耕层土壤样品盐分含量测定结果分析，伊犁州直耕层土壤盐分平均值为 1.3g/kg，标准差为 2.0g/kg。平均含量以奎屯市含量最高，为 3.5g/kg，其次分别为巩留县 2.4g/kg、察布查尔县 1.8g/kg、新源县 1.5g/kg、特克斯县 1.2g/kg、尼勒克县 1.1g/kg、伊宁县和昭苏县均为 1.0g/kg、霍城县 0.90g/kg、伊宁市含量最低，为 0.8g/kg。

伊犁州直土壤盐分平均变异系数为 150.82%，最大值出现在巩留县，为 173.05%；最小值出现在特克斯县，为 53.55%。详见表 6-18。

表 6-18　伊犁州直各县市之间土壤盐分含量差异　　　　　　　　　　　　（g/kg）

县市	点位数	平均值	标准差	变异系数（%）
察布查尔县	146	1.8	2.7	151.44
巩留县	81	2.4	4.2	173.05
霍城县	145	0.9	0.8	84.42
奎屯市	23	3.5	3.9	111.48
尼勒克县	76	1.1	0.9	82.39
特克斯县	46	1.2	0.6	53.55
新源县	118	1.5	1.5	105.79
伊宁市	27	0.8	0.7	84.78
伊宁县	133	1.0	1.2	120.04
昭苏县	152	1.0	1.0	104.60
伊犁州直	947	1.3	2.0	150.82

三、不同地形部位土壤盐分含量差异

伊犁州直不同地形部位类型土壤盐分含量平均值由高到低顺序为：山间盆地＞平原中阶＞山地坡下＞平原低阶＞丘陵下部＞丘陵上部＞平原高阶＞河滩地＞扇缘＞丘陵中部＞山地坡上。山间盆地和平原中阶盐分含量较高，分别为 3.5g/kg 和 1.8g/kg，丘陵中部和山地坡上盐分含量较低，分别为 0.8g/kg 和 0.7g/kg。

不同地形部位类型土壤盐分变异系数最大值出现在平原中阶，为 171.42%，最小值出现在扇缘，为 31.46%。详见表 6-19。

表 6-19　伊犁州直不同地形部位土壤盐分含量差异　　　　　　　　　　　（mg/kg）

地形部位	点位数	平均值	标准差	变异系数（%）
河滩地	358	1.1	1.3	114.23
平原高阶	213	1.2	1.8	148.71
平原中阶	223	1.8	3.2	171.42
平原低阶	85	1.4	1.5	106.52
丘陵上部	13	1.3	1.3	98.80
丘陵中部	2	0.8	0.2	28.28
丘陵下部	9	1.3	1.1	85.01
山地坡上	5	0.7	0.4	54.40
山地坡下	7	1.4	1.3	89.64

（续表）

地形部位	点位数	平均值	标准差	变异系数（%）
山间盆地	7	3.5	3.5	101.18
扇缘	25	0.9	0.3	31.46
伊犁州直	947	1.3	2.0	150.82

四、土壤盐化类型

从已有县市监测得到的数据来看，伊犁州直主要盐化类型为氯化物硫酸盐、氯化物碳酸盐、硫酸盐。详见表6-20。

表6-20 伊犁州直部分县市耕地盐化类型

县市	氯化物硫酸盐	氯化物碳酸盐	硫酸盐	硫酸盐氯化物	氯化物	硫化物
察布查尔县	√	√				
尼勒克县	√		√			

察布查尔县的盐化类型有氯化物硫酸盐、氯化物碳酸盐两种，尼勒克县的盐化类型有氯化物硫酸盐、硫酸盐两种。

五、盐渍化土壤的改良和利用

土壤盐碱化防治途径主要是排出土壤中过多的盐分，调节盐分在土壤剖面中的分布，防止盐分在土壤中的重新累积。目前，治理盐碱地的措施主要有物理、生物和化学三大技术措施。

物理措施包括水利改良、平整土地、客土改良、压沙改良、种稻改良等。生物措施主要有培肥土壤，增施有机肥，施行秸秆还田和种植耐盐碱植物或绿肥等。化学改良主要是施用石膏（磷石膏、亚硫酸钙等）等改良剂。施用化学改良剂、客土压碱等方法治理盐碱地，投入大，推广困难。农业及耕作措施如培肥土壤、深耕深松、地面覆盖减少土壤水分蒸发等，大面积的推广还存在一定的困难。

排出土壤中过多盐分最有效的方法仍然是排水、洗盐、压盐。洗盐通常在排水的条件下进行，若排水系统不健全，洗盐不但起不到应有的效果，反而会加重盐碱化程度。压盐是一种无排水条件下的缓解土壤盐分危害的措施，即用大定额的灌溉水将盐分压入深层或压入侧区，这样的治理技术须以大水漫灌为前提，不仅浪费了宝贵的水资源，增加土壤盐分输出量，而且容易抬高地下水位，进一步加重土壤次生盐碱化的隐性危害。实践证明，改良盐渍土是一项复杂、难度大、需时间长的工作，应视具体情况因地制宜，综合治理。

(一) 水利改良措施

建立完善的排灌系统，使旱能灌、涝能排、灌水量适当、排水及时，是盐碱地农业利用中最基本的要求。降低地下水位是盐碱地改良的主要方法，建立排水沟体系，是降低地下水位的根本，依据地下水的深浅确定排水沟的临界水位深度。在低洼、排水不畅、地下水位浅、矿化度高、土壤含盐量重、受盐涝双重威胁的盐碱地，采用深沟排水，地下水位过浅、土质黏重的封闭重盐碱地，修建沟渠条田，以相对降低地下水位，通过排水和灌水措施，排出多余的盐分，控制地下水位，达到改良土壤盐渍化的目的。主推大水压盐和滴灌抑制技术。

(二) 农业生物措施

1. 整地法

削高垫低，平整土地，可以使从降雨和灌溉过程中获得的水分均匀下渗，提高冲洗土壤中盐分的效果，也可以防止土壤斑状盐渍化，减轻盐碱危害。

2. 深耕深翻法

深耕晒垡能够切断土壤毛细管，减弱土壤水分蒸发，提高土壤活性以及肥力，增强土壤的通透性能，从而能够有效地起到控制土壤返盐的作用。盐碱地深耕深翻的时间最好是在返盐较重的春季和秋季，且深翻时间春宜迟，秋宜早，以保作物全苗，秋季耕翻尤其有利于杀死病虫卵和清除杂草。针对中下层土层存在不透水的黏板层的重度盐碱地，可采用深松到 1.2m 的机械深松设备，进行 80cm 左右条状开沟或"品"字形点状机械深松挖坑破除黏板层，机械深松完成后进行大水灌溉洗盐。

3. 推广耐盐新品种

一般块根作物盐渍能力较差，谷类作物和牧草类较强，水生作物最强。但各类作物都有一定的耐盐渍极限。棉花、花生、甜菜、高粱、向日葵、水稻等都是较耐盐碱作物。伊犁州直地区可以引进和推广种植一些耐盐性较高经济植物，如盐生特色蔬菜（耐盐胡萝卜、耐盐黄秋葵、耐盐小豆等）、高附加值产品——植物盐的碱蓬和海蓬子等，以提高土地的产出率，增加效益。

4. 增加有机质和合理控制化肥的施用

盐碱地的特点是低温、土贫、结构差。有机肥经过微生物的分解后，转化形成的腐殖质，不仅提高了土壤的缓冲能力，还能和碳酸钠发生化学反应形成腐殖酸钠，起到降低土壤碱性的作用。形成的腐殖酸钠还可以促进作物生长，增强作物的抗盐能力。腐殖质通过刺激团粒结构的形成，增加孔度，增强透水性，使盐分淋洗更容易，进而控制土壤返盐。有机质通过分解作用产生的有机酸，不仅可以中和土壤碱性，还可以加速养分的分解，刺激迟效养分的转化，促进磷的有效利用。因此，增加有机肥料的施用可以提高土壤肥力，改良盐碱地。此外，化肥对土壤盐碱地的改良作用也受到人们的关注，化肥的施用增加土壤中氮磷钾，促进作物的生长，提高了作物的耐盐能力，通过施用化肥改变土壤盐分组成，抑制盐类对植物的不良影响。无机肥可增加作物产量，多出秸秆，扩大有机肥源，以无机促有机。盐碱地施用化肥时要避免施用碱性肥料，选用酸性和中性肥料较好。硫酸钾复合肥是微酸性肥料，适合在盐碱地上施用，且对盐碱地的改良有良好作用。可通过作物秸秆还田、施用有机肥等措施改善过砂或过黏土壤的不良性质，促进土壤中团粒结构的形成，提高土壤的保蓄性和通透性，抑制毛管水的强烈上升，减少土壤蒸发和地表积盐，促进淋盐和脱盐过程，同时提升土壤肥力。

（三）化学改良技术

针对盐碱重，作物出苗困难的区域，可以施用酸性的腐殖酸类改良剂，对钠、氯等有害离子有很强的吸附作用，能代换碱性土壤上的吸附性钠离子，腐殖酸本身具有两性胶体的特性，可以在耕层局部调整土壤的酸碱度，腐殖酸中的黄腐酸是一种植物调节剂，可以提高植物的耐盐能力，通过施用改良剂可以提高作物的出苗。另外，针对碱化土壤，可以施用工业废弃物制作的石膏类的改良剂，如脱硫石膏改良剂、磷石膏改良剂等，通过钙、钠离子的置换反应，来降低土壤的碱化度，改善土壤的通透性，进而改善盐碱化程度。